हिन्दी शब्द सामर्थ्य

वाणी प्रकाशन
:1-ए, दरियागंज, नयी दिल्ली-110002
: 011-23273167, 23275710, 415626
फैक्स : 011-23275710
mail : vani_prakashan@yahoo.com
vaniprakashan@gmail.com
website : vaniprakashan.com

हिन्दी शब्द सामर्थ्य

शिवनारायण चतुर्वेदी
तुमन सिंह

वाणी प्रकाशन का लोगो
विख्यात चित्रकार मकबूल फिदा हुसेन
की कूची से

ISBN : 978-93-5229-261-5

वाणी प्रकाशन
21-ए, दरियागंज, नयी दिल्ली-110002
द्वारा प्रकाशित

प्रथम संस्करण : 1985
द्वितीय संस्करण : 2001
तृतीय संस्करण : 2007

मूल्य : 250.00

शुभम ऑफसेट, दिल्ली-110032
द्वारा मुद्रित

HINDI SHABDA-SAMARTHYA
by Shiv Narayan Chaturvedi &
Tuman Singh

अपनी बात

हिन्दी एक जीवंत और सशक्त भाषा है और राजभाषा के रूप में मान्य होने के बाद उसका महत्त्व अत्यधिक हो गया है। वह आज केन्द्र सरकार की ही नहीं, अपितु अनेक हिन्दी भाषी राज्यों की राजभाषा के साथ-साथ सम्पर्क भाषा भी है। संघ लोक सेवा आयोग एवं हिन्दी भाषी राज्यों के लोक सेवा आयोग की विभिन्न परीक्षाओं का माध्यम भी अब हिन्दी हो गयी है, इसलिए हिन्दी और हिन्दी वालों के कन्धों पर उसे और अधिक सशक्त, सबल एवं समृद्ध बनाने का गुरुतर दायित्व आ पड़ा है।

अखिल भारतीय एवं राज्यीय आयोगों द्वारा विभिन्न परीक्षाओं में सामान्य हिन्दी-संबंधी ऐसे प्रश्न रखे जाते हैं जिनके उत्तरों के लिए उन्हें अनेक सामान्य हिन्दी-संबंधी पुस्तकों को टटोलना पड़ता है। यही स्थिति विश्वविद्यालय एवं उच्चतर कक्षाओं के विद्यार्थियों की भी है। हमारा प्रयास यही रहा है कि इस तरह की सम्पूर्ण सामग्री यदि विस्तृत रूप में एक स्थान पर एकत्रित कर दी जाए, तो अध्येयताओं को अनेक पुस्तकों के अवलोकन का कष्ट नहीं उठाना पड़ेगा और सुविधा एवं सरलता से वे मनोवांछित फल प्राप्त कर सकेंगे।

पूरी पुस्तक में हमने हिन्दी शब्दों के अंग्रेजी पर्याय दिए हैं। यह इसलिए आवश्यक हो गया है कि कम हिन्दी जानने वाले एवं अहिन्दी भाषी शब्दों के सही-सही अर्थ को समझकर अपने ज्ञान की वृद्धि के साथ-साथ उनका सार्थक उपयोग भी कर सकें। यह पुस्तक न केवल हिन्दी भाषियों के उपयोग के लिए हो, वरन् अहिन्दी भाषी भी उसका पूरा-पूरा लाभ उठा सकें— यह उद्देश्य भी हमारा है।

सभी शब्दों का वाक्यों में प्रयोग करना संभव नहीं था। हमें पुस्तक के आकार को भी देखना था—इसलिए प्रत्येक अध्याय की भूमिका में हमने कतिपय शब्दों को वाक्यों में प्रयोग करके और उदाहरण देकर बात स्पष्ट की है। समूहवाची शब्दों एवं मुहावरे वाले अध्याय में हमने उन्हें वाक्यों में भी प्रयोग किया है।

कुछ सामग्री मूल पुस्तक में न देकर हमने परिशिष्ट में दी है। वह मात्र ज्ञान-वृद्धि के लिए ही है। वर्तनी-संबंधी अद्यतन चिन्तन को भी हमने इसलिए उसमें समाहित किया है।

हमारा मौलिकता का कोई दावा नहीं है। इस तरह की पुस्तक में इस तरह का दावा अर्थहीन भी लगता है। हां, एक दावा है। हमने सम्पूर्ण प्राप्य सामग्री का गहराई से अध्ययन किया है और प्रत्येक अध्याय में अधिक-से-अधिक सामग्री को सार्थक एवं संगत रूप में रखने का प्रयास किया है। हमारा यह दावा अवश्य है कि प्रस्तुत पुस्तक अपने ढंग की एकमात्र पुस्तक है जिसमें एक स्थान पर इस ढंग की सामग्री एकत्रित करने का गंभीर प्रयास किया गया है। अगर अध्येता इससे सचमुच लाभ उठाते हैं तो हमारा परिश्रम सफल होगा।

हम उन सभी लेखकों के आभारी हैं, जिनकी पुस्तकों से हमें सहायता मिली है। हम विशेष रूप से डा० बदरी प्रसाद कपूर के कृतज्ञ हैं, जिनके हिन्दी-अंग्रेजी कोश से अंग्रेजी पर्यायों के चुनाव में हमने भरपूर सहायता ली है।

हम उन सभी सुझावों एवं सम्मतियों का स्वागत करेंगे जो पुस्तक के उन्नयन में सहायक होंगी।

मसूरी

शिवनारायण चतुर्वेदी
सुमन सिंह

भूमिका

हिन्दी भाषा का बहु आयामी पक्ष उभर रहा है। हिन्दी राष्ट्रभाषा तथा राज-काज की ही भाषा नहीं है, हमारे देश की **सम्पर्क भाषा** के रूप में भी महत्त्व प्राप्त करती जा रही है। संख्या की दृष्टि से भी दुनिया में हिन्दी बोलने वालों का स्थान चीनी तथा अंग्रेजी के लगभग समान है। विदेशों में लगभग सौ से अधिक विश्व-विद्यालयों/संस्थानों में हिन्दी का अध्ययन-अध्यापन हो रहा है। हिन्दी-भाषी प्रदेशों की सरकारों द्वारा आयोजित लोक सेवा आयोग की परीक्षाओं का माध्यम अनिवार्य रूप से या तो हिन्दी ही है या हिन्दी और अंग्रेजी में विकल्प है। इन सभी प्रदेशों में हिन्दी भाषा की निर्धारित परीक्षा में उत्तीर्ण होना भी अनिवार्य है। पिछले कुछ वर्षों से संघ लोक सेवा आयोग में परीक्षा का माध्यम संविधान की अष्टम अनुसूची में उल्लिखित सभी भाषाएं हो गयी हैं। इन परीक्षाओं में अंग्रेजी के बाद हिन्दी माध्यम अपनाने वाले प्रतियोगियों की संख्या सर्वाधिक है। इन परीक्षाओं में अनिवार्य रूप से ली जाने वाली भारतीय भाषाओं में 'हिन्दी' का चयन करने वालों की संख्या उत्तरोत्तर बढ़ रही है। इन तथ्यों से स्पष्ट संकेत मिलते हैं कि 'हिन्दी-भाषा' के विभिन्न पक्षों पर गहराई से विचार करने की आवश्यकता है। आवश्यकता के अनुरूप हिन्दी भाषा में सामग्री को उपलब्ध करना, हिन्दी प्रेमियों का पुनीत कर्त्तव्य है।

सामान्य हिन्दी, अच्छी-हिन्दी, व्यावहारिक हिन्दी, हिन्दी-संरचना, हिन्दी व्याकरण आदि शीर्षकों से आजकल बाजार में अनेक पुस्तकें देखने को मिल जाती हैं जिनमें हिन्दी के व्याकरणिक पक्ष पर ही अधिक जोर है, हिन्दी की शब्द-सामर्थ्य पर कम। इच्छुक पाठक को उस सामग्री को बटोरने के लिए अनेक पुस्तकों को टटोलना पड़ता है और कई बार तो तब भी संतोषजनक परिणाम हाथ नहीं आता। मेरे सहयोगी प्राध्यापकगण डा० शिवनारायण चतुर्वेदी तथा श्री तुमनसिंह ने इस अभाव की पूर्ति के लिए स्तुत्य प्रयास किया है। इस पुस्तक के अन्तर्गत जिन अध्यायों को लिया गया है, अनुभवी एवं विद्वान लेखकों ने उसके अन्तर्गत आने वाली भरपूर सामग्री को व्यवस्थित रूप से प्रस्तुत किया है। कई अध्यायों में लेखकों ने हिन्दी के

साथ-साथ अंग्रेजी प्रति-शब्द भी दे दिए हैं, इससे पुस्तक की उपयोगिता बढ़ गयी है। प्रत्येक अध्याय के प्रारम्भ में दी गयी भूमिका उस अध्याय के महत्त्व को स्वयं ही स्पष्ट कर रही है।

मुझे पूरा विश्वास है कि यह पुस्तक अपने तरह की एक नयी पुस्तक है और किसी भी श्रेणी के पाठक के लिए यह निश्चित रूप से लाभदायक सिद्ध होगी।

लेखकगण इस स्तुत्य प्रयास के लिए बधाई के पात्र हैं।

डा० कैलाशचन्द्र भाटिया,
प्रोफेसर तथा अध्यक्ष
हिन्दी तथा प्रादेशिक भाषाएं
राष्ट्रीय प्रशासन अकादमी, मसूरी

अनुक्रमणिका

पर्यायवाची शब्द

'पर्यायवाची' शब्द के लिए हिन्दी में कई शब्द प्रयोग किए जाते हैं। समानार्थक, समानार्थी, पर्यायवाचक—ये शब्द इस सन्दर्भ में अधिक देखने में आते हैं। अंग्रेजी में 'सिनोनिम' का प्रयोग 'पर्याय' के रूप में होता है और 'सिनॉन्इमस' का 'पर्यायवाची' के रूप में।

पारस्परिक संबंध की दृष्टि से वे शब्द जो सामान्यत: किसी एक ही चीज़, बात या भाव का बोध कराते हों, पर्यायवाची शब्द कहलाते हैं। साधारणत: पर्यायों के अभिधेयार्थ समान होते हैं, लक्ष्यार्थों में भिन्नता हो सकती है।

यदि गहराई से देखें तो हम पाएंगे कि हर पर्यायवाची शब्द का अपना महत्त्व है। उनके अर्थ में निकटता और सामीप्य तो अवश्य मिलेगा, लेकिन उनके आर्थी अन्तर की उपेक्षा भी नहीं की जा सकती। कुछ शब्द पूर्ण पर्यायवाची होते हैं और कुछ अपूर्ण पर्यायवाची। अधिक प्रचलन होने से कई अपूर्ण पर्यायवाची शब्द भी पूर्ण पर्यायवाची शब्दों का रूप ग्रहण कर लेते हैं। साधारणत: अवस्था, उम्र, उमर, वय तथा आयु को पर्यायवाची शब्द मान लेते हैं। लेकिन सूक्ष्म रूप से यदि हम शब्दों का अध्ययन करें तो हम पाएंगे कि 'अवस्था' तो 'आयु' का वह भाग है जो कथित समय तक बीत चुका है और 'आयु' जीवन से मरण तक का सारा समय कहलाता है। इस दृष्टि से 'अवस्था' का सही प्रयोग यह होगा—"दस वर्ष की अवस्था में ही वे घर से निकल पड़े थे।" 'आयु' का सही प्रयोग इस प्रकार होगा—"साठ वर्ष की आयु में उनका स्वर्गवास हो गया था।"

इस अध्याय में कुछ पर्यायवाची शब्दों को संकलित किया गया है। यहां शब्दों की अर्थच्छटाओं का विवेचन-विश्लेषण करना हमारा उद्देश्य नहीं है। हमारा प्रयास यह रहा है कि समान अर्थों को ध्वनित करने वाले अधिक से अधिक शब्दों को एक स्थान पर संग्रहीत कर लिया जाए जिससे यथासमय उपयुक्त शब्द को ढूंढ़ने और उसके चयन करने में असुविधा न हो। कई बार शब्द मन में घूमता रहता है लेकिन उसका सही रूप पकड़ में नहीं आता। ऐसी ही परिस्थितियों से निपटने के उद्देश्य से इस अध्याय की रचना की गई है। यह अध्याय सामान्य पाठक के लिए तो उपयोगी होगा ही, शब्दों के अर्थ विश्लेषण में रुचि रखने वाले पाठकों को भी तृप्त करेगा।

१. **अंग** : भाग, विभाग, हिस्सा, अंश, खंड, टुकड़ा ।

२. **अग्नि** : अनल, वह्नि, पावक, हुताशन, वैश्वानर, आग, दहन, धूम्रकेतु, जातवेद, हव्यवाहन, दव, ज्वलन, कृशानु, वायुसख ।

३. **अतिथि** : अभ्यागत, आगन्तुक, पाहुना, मेहमान ।

४. **अनुपम** : अपूर्व, अनोखा, अद्भुत, अनूठा, अद्वितीय, अतुल ।

५. **अन्धकार** : तिमिर, तम, तमिस्र, अंधेरा, अंधियारा ।

६. **अपमान** : अप्रतिष्ठा, अवमानना, अवहेलना, उपेक्षा, तिरस्कार, निरादर, बेइज्जती ।

७. **अमृत** : पीयूष, सुधा, अमिय, अमी, सोम ।

८. **अश्व** : वाजि, तुरंग, हय, सैंधव, घोटक, घोड़ा, तुरंग, अश्व, तुरंगम, किक्यान, रविपुत्र ।

९. **असुर** : दनुज, दैत्य, दानव, राक्षस, रजनीचर, निशाचर, निशिचर, तमीचर, मनुजाद ।

१०. **अहंकार** : अभिमान, अहं, दर्प, दंभ, घमंड ।

११. **आंख** : अक्षि, चक्षु, नयन, लोचन, नेत्र, दृग, दर्शनेन्द्रिय, चश्म ।

१२. **आकाश** : नभ, नभमंडल, गगन, गगनमंडल, व्योम, अम्बर, अन्तरिक्ष, आसमान, द्यु (द्युलोक), ख (खगोल), वियत्, विष्णुपद्, अनन्त, पुष्कर, शून्य, दिव ।

१३. **आनन्द** : मोद, प्रमोद, हर्ष, आमोद, सुख, प्रसन्नता, उल्लास, आह्लाद ।

१४. **आम** : आम्र, रसाल, अमृतफल, कामशर ।

१५. **इच्छा** : अभिप्राय, अभिलाषा, कामना, वासना, मनोरथ, लालसा, वांछा, अभीष्ट, आकांक्षा, चाह, उत्कंठा, ईप्सा, एषण, स्पृहा ।

१६. **इन्द्र** : देवराज, सुरेश, मघवा, देवेन्द्र, सुरपति, शक्र, पुरन्दर, वासव, पुरहूत, मेघवाहन, मरुत्वान, विडौजा, पाकशासन, सुरेन्द्र, शचीपति, शक्, विष्णु, महेन्द्र, देवराज, बज्रधर ।

१७. **इन्द्राणी** : पुंलोमजा, शची, इन्द्रवधू, ऐन्द्री, शतावरी, माहेन्द्री ।

१८. **ईश्वर** : परमात्मा, प्रभु, भगवान, जगदीश, परमेश्वर, ईश, अन्तर्यामी, दीनबंधु, दीनानाथ, सच्चिदानंद, हरि ।

१९. **उद्योग** : उद्यम, श्रम, परिश्रम, प्रयास ।

२०. **उन्नति** : अभ्युदय, उत्थान, उन्नयन, विकास, उत्कर्ष, वृद्धि ।

२१. **उल्लू** : कौशिक, उलूक, दिवान्ध, घोंघा, लक्ष्मीवाहन ।

२२. **कमल** : जलज, पंकज, अरविन्द, उत्पल, नलिन, पद्म, सरोज, राजीव, शतदल, अंबुज, सरसिज, नीरज, अब्ज, पुंडरीक, पुष्कर, अम्भोज, सारस, नामरस, कुबलय, कंज, सरोरुह, सहस्रपत्र, शतपत्र, कोकनद,

इन्दीवर, वारिज़।

२३. **कपड़ा** : वस्त्र, वसन, अम्बर, चीर, दुकूल।

२४. **कान** : कर्ण, श्रवणेन्द्रिय, श्रुतपुर, श्रोत्र, श्रुति।

२५. **कामदेव** : मनसिज, अनंग, पंचशर, मन्मथ, मार, मनोज, कंदर्प, मीन, केतन, मदन, प्रद्युम्न, काम, पंचवाण, शम्बरारि, पुष्पधन्वा, कुसुमवाण, रतिपति, रतिनाथ, मयन।

२६. **किरण** : मरीचि, कर, मयूख, अंशु, रश्मि, दीधिति।

२७. **कुबेर** : यक्षराज, धनद, धनाधिप, राजराज, किन्नरेश।

२८. **कोमल** : मुलायम, मृदु, सुकुमार, नरम ,असृण, अपरुष।

२९. **कौशल** : पटुता, प्रवीणता, दक्षता, चतुरता, चातुरी, कुशलता, पाटव।

३०. **क्रोध** : कोप, प्रकोप, अमर्ष, रोष, गुस्सा, क्षोभ, आक्रोश, तैश, झल्लाहट, बौखलाहट।

३१. **गंगा** : भागीरथी, मंदाकिनी, त्रिपथगा, जाह्नवी, सुरसरि, सुसरिता, देवनदी, नदीश्वरी, सुरनदी, ध्रुवनन्दा, विष्णुपदी, सुरदीपिका, सुरधुनी।

३२. **गणेश** : लम्बोदर, विनायक, एकदन्त, गणपति, मूषिकवाहन, गजवदन, गजानन, मोदकप्रिय, गिरिजानन्दन, गौरीसुत, विघ्नविनाशक, विघ्नेश, पार्वतीनन्दन।

३३. **गधा** : गदहा, खर, गर्दभ, वेशर, वैशाखनन्दन।

३४. **गृह** : भवन, सदन, सद्म, निकेतन, आगार, अयन, निलय, आलय, घर, मन्दिर, आवास, गेह, आयतन, शाला, धाम, ओक, निकेत, दौलतखाना (आदर-सूचक), गरीबखाना (नम्रतासूचक), कुटिया।

३५. **घंमड** : अहंकार, दर्प, दंभ, गर्व, वृथाभिमान, गुमान, अकड़, डींग, शेखी, गरूर, नाज़।

३६. **चतुर** : विज्ञ, दक्ष, प्रवीण, निपुण, पटु, नागर, कुशल, योग्य।

३७. **चन्द्र** : दिवाकर, हिमांशु, विधु, कलानिधि, इन्दु, सुधाकर, चांद, चन्द्रमा, मृगलांछन, सुधांशु, राकेश, शशि, सारंग, निशाकर, मयंक, सोम, रजनीकान्त, निशापति, सुधानिधि, राकापति, रजनीश, कलाधर, हिमकिरण, उडुपति, तारापति, मृगांक।

३८. **चांदनी** : चन्द्रिका, ज्योत्स्ना, चन्द्रप्रभा, कौमुदी, जुन्हाई।

३९. **चोर** : तस्कर, रजनीचर, कुंमिल, खनक।

४०. **जंगल** : वन, कानन, अरण्य, विपिन।

४१. **जल** : नीर, तोय, वारि, अमृत, उदक, अम्बु, पानी, पय, पानीय, सलिल, जीवन, घनरस, मेघपुष्प, भाप।

४२. **जीभ** : जिह्वा, रसना, रसज्ञा, रसेन्द्रिय, जबान।

४३. **झंडा** : केतु, ध्वज, ध्वजा, केतन, पताका, निशान।

४४. **तलवार** : असि, खंग, कृपाण, करवाल, चन्द्रहास, तेग, शमशीर, खंजर, खड्ग।

४५. **तालाब** : सर, सरोवर, तड़ाग, पुष्कर, जलाशय, ताल, कासार, सरसी।

४६. **तोता** : शुक, कीर, सुग्गा, मियां-मिट्ठू।

४७. **थोड़ा** : अल्प, किंचित, परिमित, न्यून, सीमित, स्वल्प।

४८. **दास** : अनुचर, चाकर, सेवक, नौकर, भृत्य, किंकर, परिचारक।

४९. **दुःख** : पीड़ा, व्यथा, कष्ट, संकट, शोक, क्लेश, वेदना, यातना, खेद, क्षोभ, विषाद, संताप, विपद्, अवसाद, उद्वेग।

५०. **दिन** : वासर, वार, दिवा, अहर्, दिवस।

५१. **दुर्गा** : चण्डिका, कालिका, कल्याणी, कामाक्षी, सुभद्रा, महागौरी, चामुंडा, सिंहवाहिनी, धात्री।

५२. **दुष्ट** : खल, अधम, नीच, पामर, शठ, दुर्जन, कुटिल, धूर्त, नृशंस, असज्जन।

५३. **दूध** : दुग्ध, पय, क्षीर, अमृत, स्तन्य, गोरस, पीयूष।

५४. **देवता** : सुर, देव, अमर, विबुध, त्रिदश, गीर्वाण, निर्जर।

५५. **देह** : शरीर तनु, वपु, विग्रह, कलेवर, काया, गात्र, मूर्ति, गात, घट, अंग, जिस्म, बदन।

५६. **[illegible]** : धन, वित्त, सम्पदा, दौलत, मुद्रा, वसु, सम्पत्ति, सम्पत्, विभूति।

५७. **पर्वत** : पहाड़, शैल, अचल, गिरि, नग, भूधर, महीधर, धराधर, धरणीधर, तुंग, अद्रि।

५८. **पुष्प** : सुमन, कुसुम, प्रसून, फूल, पुहुप, मंजरी, लतान्त।

५९. **नदी** : सरिता, तटिनी, निर्झरिणी, तरंगिनी, पयस्विनी, आपगा, निम्नगा कूलंकशा, नद, शैवलिनी, नीचगा, स्रोतस्विनी।

६०. **नरक** : यमलोक, यमालय, यमपुर,।

६१. **नौका** : नाव, तरिणी, जलयान, तरी, बेड़ा, डोंगी, जलपात्र, जनवाहन।

६२. **पंडित** : सुधी, विद्वान, कोविद, बुध, धीर, मनीषी, प्राज्ञ, बुद्धिमान, विज्ञ।

६३. **पक्षी** : विहंग, विहग, खग, पखेरू, चिड़िया, अंडज, पतंग, परिंदा, विहंगम, शकुन्त, द्विज, शकुनि, ग।

६४. **पति** : कंत, वर, रमण, नाथ, भर्त्ता, वल्लभ, स्वामी, आर्यपुत्र, अधिपति, अधीश।

६५. **पवित्र** : पाक, पावन, पुण्य, पूत, शुचि, शुद्ध।

६६. **पत्थर** : प्रस्तर, पाषाण, उपल, पाहन,।

६७. **पत्नी** : भार्या, दारा, सहधर्मिणी, गृहिणी, बहू, बधू, बल्लभा, जोरू, वामा, वामांगी, अर्धांगिनी, कलत्र, प्राणप्रिया, प्राणबल्लभा, ।

६८. **पार्वती** : उमा, गौरी, शिवा, भवानी, गिरिजा, सती, शैलसुता, रुद्राणी, शर्वाणी, सर्वमंगला, अपर्णा, दुर्गा, मृडानी, चंडिका, अंबिका, आर्या ।

६९. **पुत्र** : तनय, सुत, बेटा, लड़का, आत्मज, नन्दन, सुतय, पूत, अपत्य, सूनु, तनुज ।

७०. **पुत्री** : सुता, बेटी, लड़की, दुहिता, तनुजा, आत्मजा, तनया; अनुजा, पुत्रिका, अंगजा, नंदिनी, दुख्तर ।

७१. **प्रकाश** : प्रभा, ज्योति, चमक, आलोक, विभा, दीप्ति, तेज, कान्ति ।

७२. **प्रभात** : प्रातःकाल, विहान, सवेरा, भोर, सकारे, भिनसार ।

७३. **बादल** : मेघ, घन, जलद, वारिद, बालाहक, अम्बुद, सारंग, नीरद, पयोद, वारिवाह, जलधर, पयोधर, धाराधर, वारिधर, तोयद ।

७४. **बाल** : कच, केश, शिरोरुह, अलक, चिकुर, जटा ।

७५. **बिजली** : चंचला, चपला, दामिनी, विद्युत, तड़ित, सौदामिनी, सम्पा, घनधाम, घननाद, विजुरी, क्षणप्रभा, कांचन, बल्ली ।

७६. **ब्रह्मा** : आत्मभू, स्वयंभू, चतुरानन, पितामह, लोकेश, विधि, विधाता, प्रजापति, हिरण्यगर्भ, स्रष्टा, वेधा, कमलासन, अज, विरंचि ।

७७. **भेंट** : उपहार, सौगात, तोहफा, नजराना, पुरस्कार, पारितोषिक, इनाम ।

७८. **मछली** : मत्स्य, मीन, सफरी, (शफरी) ।

७९. **मधुकर** : भौंरा, भ्रमर, भृंग, अलि, अली, आलिंद, भंवरा, मधुप, षट्पद, मिलिंद, चंचरीक, शिलिमुख, भँवर, द्विरेफ ।

८०. **मनुष्य** : नर, जन, मर्त्य, मानव, मनुज, मानुष, मनुजात, पुरुष, आदमी, इन्सान ।

८१. **मित्र** : मीत, सखा, सहचर, सुहृद, दोस्त, यार, हमदम, हमराज, हमनवा, हमज़बान, संगी, साथी, सहचर, हमराही ।

८२. **मृग** : कुरंग, सारंग, हिरन, कृष्णसार ।

८३. **मोक्ष** : मुक्ति, निर्वाण, परमगति, परमधाम, परमपद, अमरपद, अमृत्व, कैवल्य, अपवर्ग, सद्गति ।

८४. **मस्तक** : भाल, ललाट, मौलि, माथा, मत्था, पेशानी ।

८५. **महादेव** : शंभु, पशुपति, शिव, महेश्वर, भूतेश, गिरीश, हर, त्रिलोचन, त्रिनेत्र, कैलाशपति, भोलानाथ, आशुतोष, चन्द्रभाल, चन्द्रमौलि, कैलाशनाथ, भूतनाथ, नीलकंठ, गिरिजापति, चन्द्रशेखर, त्रिपुरारि, भैरव, पशुपति, पंचानन, धूर्जटि ।

८६. **यम** : यमराज, धर्मराज, अन्तक, सूर्यपुत्र, रवितनय, रामन, कीनाश ।

८७. **यमुना** : सूर्यसुता, सूर्यतनया, कालिन्दी, कृष्ण, रविसुता रवितनया, जमुना, रविपुत्री, सूर्यनन्दिनी, अर्कजा, तरणिजा, सूर्यपुत्री।

८८. **युवक** : युवा, नवयुवक, तरुण, जवान, नौजवान।

८९. **युवती** : नवयुवती, तरुणी, रमणी, प्रमदा।

९०. **लड़ाई** : युद्ध, रण, समर, संग्राम, जंग, संघर्ष।

९१. **वसन्त** : ऋतुराज, मधुमास, ऋतुपति, मधुऋतु, कामसखा, बहार, मौसमेगुल।

९२. **वाण** : बाण, शर, तीर, विशिख, शायक, शिलीमुख, आशुग, नाराच।

९३. **विष्णु** : गरुड़ध्वज, जनार्दन, नारायण, चक्रपाणि, विश्वंभर, मुकुन्द, दामोदर, चतुर्भुज, पुंडरीकाक्ष, राम, दाशरथि, हरि, केशव, माधव, लक्ष्मीपति, विधु, वनमाली, पीताम्बर, कृष्ण, हृषीकेश, स्वयंभू, अच्युत, गोविन्द, श्रीश, विश्वरूप, जलाशयी, उपेन्द्र।

९४. **वीर** : शूर, शूरबीर, सूरमा, पराक्रमी, बहादुर।

९५. **वृक्ष** : तरु, द्रुम, पादप, विटप अगम, पेड़, दरख्त, गाछ, वनराई।

९६. **शत्रु** : वैरी, रिपु, अरि, अमित्र, विपक्षी, प्रतिपक्षी, विरोधी, प्रतिद्वन्द्वी दुश्मन, मुखालिफ।

९७. **शोभा** : कान्ति, प्रभा, सुषमा, आभा, सुन्दरता, सौंदर्य, छवि, छटा, श्री, सौष्ठव, लालित्य, रमणीयता, माधुर्य, माधुरी, मधुरिमा।

९८. **सब** : सर्व, समस्त, निखिल, अखिल, समग्र, सकल, पूर्ण, सम्पूर्ण।

९९. **समुद्र** : नदीश, सागर, जलधि, सिन्धु, नीरनिधि, पयोधि, रत्नाकर, नीरधि, उदधि, अंबुधि, पारावार, अर्णव, पयोनिधि, अब्धि, वारिधि, जलधाम, वारींद्र, वारीश, तोयधि, तोयनिधि, क्षीरधि।

१००. **समूह** : समुदाय वृन्द, गण, संघ, पुंज, राशि, समुच्चय, कलाप, दल, झुंड, मंडली, मंडल, टोली, जत्था, निकाय, दल, समाज, समष्टि।

१०१. **सरस्वती** : भारती, भाषा, वाक्, गिरा, वाणी, शारदा, वीणापाणि, विधात्री, श्री, वागीश्वरी ब्राह्मी, इला, वीणावादिनी, हंसवाहिनी, महाश्वेता, ईश्वरी।

१०२. **सर्प** : अहि, भुजंग, भुजग, विषधर, व्याल, तक्षक, नाग, सांप, उरग, पन्नग, भुजंगम, फणी, भुवंग, चक्षुश्रवा, सारग।

१०३. **सावधान** : सतर्क, सजग, जागरूक, जाग्रत, सचेत, सुचेत, चौकन्ना, चौकस, होशियार, खबरदार।

१०४. **सिंह** : शार्दूल, व्याघ्र, मृगराज, मृगेन्द्र, केसरी, नाहर, शेर, बबर, वनराज, पंचमुख, मृगारि।

१०५. **सुख** : हर्ष, आनन्द, उल्लास, प्रमोद, अमन-चैन, सुख-शांति, आराम,

प्रफुल्लता ।

१०६. **सुन्दर** : रुचिर, सम्य, सुहावन, मनोहर, रमणीक, ललित, कमनीय, उत्तम, ललाम ।

१०७. **सूर्य** : दिनकर, रवि, भास्कर, आदित्य, मार्तंड, दिवाकर, भानु, दिनमणि, छायापति, सहस्रदीधित, प्रभाकर, कमल-बन्धु, सविता, पतंग, हंस, अर्क, अंशुमाली, ग्रहपति, सहस्रांशु, तरणि ।

१०८. **सोना** : हाटक, सुवर्ण, स्वर्ण, कंचन, कनक, हेम, कुन्दन, जातरूप, कांचन, हिरण्य, चामीकर ।

१०९. **स्त्री** : अबला, नारी, वनिता, महिला, ललना, कान्ता, रमणी, कामिनी, योषित्, सुन्दरी, मानिनी, प्रमदा, दार, कलत्र, अंगना ।

११०. **स्वर्ग** : द्यौ, सुरलोक, सुरपुर, नाक, दिव, देवलोक, अमरलोक, इन्द्रलोक, त्रिदशालय ।

१११. **हवा** : वायु, समीर, मरुत, मारुत, वात, अनिल, बयार, पवन, पवमान, प्रभंजन, गंधवह।

११२. **हाथी** : भूधर, गज, करी, कुंजर, कुंभी, मतंग, हस्ती, द्विरद, द्विप, वारण, दन्ती, पद्मी, व्याल, कुंभकरी, यम्ब्ररम, शुंडाल, सिन्धुर, मदकल, नाग, हरि, सामन्त, दंतावल ।

११३. **हिमालय** : हिमाचल, हिमगिरि, हिमाद्रि, हिमप्रस्थ, गिरिराज, गिरीश, गिरीन्द्र, नगपति, नगेन्द्र, शैलेन्द्र ।

११४. **हिरण** : हिरन, हरिण, मृग, कुरंग, कुरंगम, सारंग ।

११५. **रमा** : कमला, पद्मा, लक्ष्मी, इन्दिरा, लोकमाता, श्री, भार्गवी, कमलासना, हरिप्रिया, समुद्रजा, क्षीरोदतनया ।

११६. **राजा** : नृप, भूप, महीप, महीपति, नृपति, नरेश, भूपति, सम्राट, भूपाल, नरपति, नरेन्द्र, भूभृत ।

११७. **रात्रि** : निशा, रैन, रात, रजनी, यामिनी, विभावरी, निशि, निशीथ, शर्वरी, निशीथिनी, त्रियामा, तमिस्रा, तमसा ।

शब्द-विवेक

पिछले अध्याय में हमने पर्यायवाची शब्दों के विषय में कुछ चर्चा की थी। वहां, 'अपूर्ण पर्याय' तथा 'पूर्ण पर्याय' की बात भी उठाई गई थी। इस अध्याय में ऐसे शब्द-समूहों को संकलित किया गया है जिन्हें अल्पज्ञान अथवा नासमझी के कारण हम समानार्थी समझ बैठते हैं। सूक्ष्म भावों की अभिव्यक्ति के लिए शब्द-प्रयोग के सम्बन्ध में बहुत सर्तक रहना पड़ता है। उपयुक्त एवं सटीक शब्द का चयन न होने से भाषा उचित भावों का वहन नहीं कर पाती और लेखक अपने उद्देश्य में असफल हो जाता है।

इस प्रकार के शब्दों के प्रयोग के बारे में पर्याप्त रूप से सतर्क रहने की आवश्यकता है। शब्दों के सूक्ष्म अन्तर को पकड़ना तथा उन्हें समझना जरूरी है। ऐसे शब्दों के मूल भाव को यदि एक बार गहरी दृष्टि से पकड़ लिया जाए, तो उनके प्रयोग में अशुद्धि होने की संभावना कम रहती है।

विद्यार्थी, परीक्षार्थी तथा प्रतियोगियों को इस सम्बन्ध में विशेष रूप से सतर्क रहने की आवश्यकता है। शुद्ध और मंजी हुई भाषा का अपना अलग ही महत्त्व है। विद्यार्थी काल में ही यदि शब्दों का विवेकपूर्ण प्रयोग करना आ जाए तो भविष्य में इससे कई लाभ स्वतः ही हो जाते हैं।

इस अध्याय में हमने विभिन्न स्रोतों से ऐसे अनेक शब्द संकलित किए हैं। शब्दों की पहचान कहीं तो सामान्य अर्थ बतलाकर करवाई गयी है और कहीं वाक्य-प्रयोग द्वारा सूक्ष्म अन्तर को स्पष्ट किया गया है। कुछ ऐसे शब्द भी हैं जो एक-दूसरे के क्षेत्र में घुस-पैठ कर लेते हैं। उन शब्दों को उदाहरणों द्वारा स्पष्ट कर दिया गया है।

इस श्रेणी के शब्दों का प्रयोग करते समय प्रयोगकर्त्ता को अपने विवेक से भी काम लेना पड़ता है; इसलिए हमने इस अध्याय का नाम ही 'शब्द-विवेक' रख दिया है। आशा है इस शब्द-सूची का विवेकपूर्वक अनुशीलन करने से पाठकवर्ग अवश्य लाभान्वित होगा। इस प्रकार के शब्दों की और भी वृहत् सूची तैयार करने की आवश्यकता है। हमारा यह प्रयास रहेगा कि हम इस सूची में समय-समय पर संशोधन तथा परिवर्द्धन करते रहेंगे।

१. **अगम** : जहां न पहुंचा जा सके।

दुर्गम : जहां पहुंचना कठिन हो।

२. **अच्छाई** : उसमें यह अच्छाई है कि उसे क्रोध नहीं आता।

भलाई : (भला कार्य) मैंने उसकी बहुत भलाई की लेकिन फिर भी उसने मुझे धोखा दिया।

३. **अज्ञ/अज्ञानी** : जिसे कुछ भी ज्ञान न हो।

मूर्ख : जो समझाने पर भी न समझे।

अनभिज्ञ : जिसे कुछ भी अनुभव न हो पाया हो।

४. **अद्‌भुत** : अपूर्व, आश्चर्यजनक और विचित्र।

विचित्र : सामान्य से निराला।

५. **अद्वितीय** : जिसके जोड़ का कोई न हो।

अनुपम : जिसकी उपमा न हो।

६. **अधिक** : आवश्यकता से ज्यादा।

काफी पर्याप्त : न ज्यादा, न कम।

७. **अधिवेशन** : सेशन।

सम्मेलन : कॉन्फ्रेंस।

बैठक : मीटिंग।

गोष्ठी : सेमिनार।

८. **अध्यक्ष** : मुखिया (विभाग के अध्यक्ष)।

सभापति : अधिवेशन या बैठक के।

प्रधान : पंचायत के प्रधान, प्रमुख कर्मचारी (प्रधान अध्यापक)।

९. **अध्ययन** : साधारण पढ़ाई।

अनुशीलन : गंभीर और सूक्ष्म अध्ययन।

स्वाध्याय : मननपूर्वक अध्ययन।

१०. **अनुकम्पा** : किसी के दुःख को देखकर कृपाभावना।

अनुग्रह : दूसरे का इष्ट सम्पादन।

कृपा : हृदय का उदार भाव, जैसे मित्र की कृपा।

करुणा : किसी के दुःख से व्याकुलता।

दया : किसी का दुःख कम करने के लिए तरस खाना।

११. **अनुभव** : इन्द्रियों के माध्यम से प्राप्त कोई तजुर्बा।

अनुभूति : अनुभव जब आंतरिक तीव्रता प्राप्त कर लेता है तब उसे अनुभूति कहते हैं।

१२. **अनुमति** : जब हम कुछ करना चाहते हैं और वैसा करने के लिए किसी अधिकारी से पूछना आवश्यक होता है, तब हम उसकी अनुमति मांगते हैं।

आदेश : जब कोई माननीय व्यक्ति या बड़ा अधिकारी अपनी ओर से

यह चाहता है कि उसके मातहत या अधिकार क्षेत्र में आने वाले लोग ऐसा करें या न करें तब वह 'आदेश' का रूप लेता है।

आज्ञा : इस शब्द का प्रयोग अक्सर दोनों ही अर्थों में होता है। जब आज्ञा ली जाती है तब वह अनुमति की समानार्थक होती है। जब अधिकारपूर्वक आज्ञा दी जाती है तब वह आदेश के निकट आ जाती है।

१३. **अनिवार्य** : जिसका निवारण न हो सके या जो टाला या छोड़ा न जा सके।

आवश्यक : जरूरी। आवश्यक में अनिवार्य जैसी बाध्यता नहीं होती।

१४. **अनुराग** : वस्तुओं के प्रति लगाव।

आसक्ति : मोह, चसका।

स्नेह : छोटों के प्रति प्रेम।

प्रेम : छोटे-बड़े सबके प्रति।

१५. **अनुयायी** : किसी मत, धर्म, सम्प्रदाय, नेता या विचारक में आस्था रखने वाले या उसके पीछे चलने वाले को अनुयायी कहा जाता है। यह सम्मानसूचक है।

पिछलग्गू : किसी बड़े आदमी, सत्ताधारी या गुटबाज की हर बात अंधाधुंध मान लेने वाले और उसका साथ देने वाले को पिछलग्गू कहा जाता है। यह शब्द तिस्कारसूचक है।

१६. **अन्याय** : नियम या कानून के अनुसार न होना।

अधर्म : धर्म का उल्लंघन।

१७. **अपमान** : छोटे या बराबर वाले अपमान करते हैं।

तिरस्कार : वस्तु या व्यक्ति के आदर की उपेक्षा।

१८. **अपराध** : नियम या कानून तोड़ना अपराध है, जिसका दंड मिलता है।

पाप : नैतिक, सामाजिक या धार्मिक नियमों का उल्लंघन पाप है।

१९. **अभिमान** : अपने को दूसरों से श्रेष्ठ समझना।

अहंकार : गुण न होते हुए भी अपने को बड़ा समझना।

२०. **अभिवादन** : अपने परिचय के साथ प्रणाम।

नमस्कार : बराबर के लोगों के साथ।

प्रणाम : अपने से बड़ों को।

२१. **अमूल्य** : जिसे किसी भी मूल्य पर प्राप्त न किया जा सके।

बहुमूल्य : जिसका मूल्य बहुत अधिक हो।

२२. **अर्पण** : बड़ों को।

प्रदान : छोटों को।

२३. **अवस्था** : आयु की वह अवधि जो पूरी कर ली गई है।

आयु : कुल उम्र।

२४. **अस्त्र** : जो फेंककर इस्तेमाल किया जाता है, जैसे—बम, बाण।
शस्त्र : जो हाथ में रखे-रखे इस्तेमाल किया जाए; जैसे—बन्दूक, पिस्तौल।

२५. **अशक्त** : जिसमें शक्ति ही न हो।
निःशक्त : जिसकी शक्ति समाप्त हो गई हो।

२६. **असंभव** : जो किसी भी हालत में हो न सके।
असंभाव्य : निर्दिष्ट परिस्थितियों में जिसकी संभावना न हो।

२७. **असार** : जिसमें न तो सार है और न कभी था।
निस्सार : जिसमें सार तो था, पर अब निकल गया।

२८. **अस्थाई** : जिसे सदा नहीं बने रहना है।
अस्थिर : जो एक-सी स्थिति में नहीं टिकता।

२९. **अस्वाभाविक** : जो प्रकृति के नियमों के विरुद्ध हो। जैसे—पशुओं का मनुष्य की तरह हंसना अस्वाभाविक है।
अलौकिक : जो सामान्यतः लोक (दुनिया) में न पाया जाए। जैसे—भगवान राम अलौकिक व्यक्ति थे।

३०. **आकार** : आकार से यह निर्दिष्ट होता है कि कोई वस्तु कितनी बड़ी, छोटी, लम्बी, चौड़ी या ऊंची है।
आकृति : रूप-आकृति से यह निर्दिष्ट होता है कि उसका रूप कैसा है, अर्थात् वह गोल, चपटी, सपाट, पिचकी हुई आदि है। समस्त पदों में 'आकार' का प्रयोग 'आकृति' के अर्थ में भी किया जाता है; जैसे—त्रिभुजाकार।

३१. **आग्रह** : थोड़ा-थोड़ा हठ।
अनुरोध : प्रार्थना के साथ आग्रह।

३२. **आचार** : व्यक्तिगत आचरण।
व्यवहार : दूसरों के साथ आचरण।

३३. **आतंक** : अपने से अधिक शक्तिशाली का आतंक होता है।
आशंका : भावी अमंगल की संभावना से आशंका उत्पन्न होती है।
भय : मन की संकुचित अवस्था भय है।

३४. **आदर** : किसी को बड़ा या माननीय समझकर, उसके प्रति विनम्रता प्रदर्शित करना, आदर भी है और सम्मान भी।
सम्मान : आदर में हार्दिकता की प्रधानता रहती है। सम्मान में शिष्टाचार का अधिक ध्यान रखा जाता है।

३५. **आधि** : मानसिक कष्ट।

व्याधि : शारीरिक कष्ट।

३६. **आनंद** : स्थाई तथा व्यापक होता है।

हर्ष : प्रसन्नता से रोमांच तक।

३७. **आपत्ति** : जो संकट या मुसीबत एकदम आ पड़े।

विपत्ति : जो संकट टिका हुआ हो, जिससे निकलने का रास्ता न सूझे, वह विपत्ति है।

३८. **आराधना** : दया-याचना।

भजन : ईश्वर स्तुति और जप।

पूजा : भक्तिपूर्ण स्तुति-प्रार्थना।

अर्चना : नैवेद्यादि सहित पूजा।

३९. **आलोचना** : किसी चीज़ के दोष निकालना आलोचना है।

समालोचना : गुण-दोषों का सम्यक् विवेचन और मूल्यांकन करना समालोचना है।

४०. **आह्लाद** : क्षणिक किन्तु तीव्र मानसिक।

आमोद : मानसिक तथा शारीरिक।

उल्लास : सफलता पर क्षणिक प्रसन्नता।

४१. **आशा** : अभीष्ट वस्तु की प्राप्ति की आशा की जाती है।

विश्वास : सहायता मिलने का भरोसा विश्वास है।

४२. **इच्छा** : किसी छोटी-मोटी वस्तु की चाह इच्छा है।

कामना : किसी विषय की प्राप्ति की चाह कामना है।

संकल्प : किसी कार्य को करने का दृढ़ निश्चय संकल्प है।

४३. **ईर्ष्या** : दूसरों की उन्नति को देखकर दिल में जो जलन होती है, वह ईर्ष्या है।

द्वेष : किसी कारण विशेष से किसी के प्रति बैर की भावना को द्वेष कहते हैं।

स्पर्द्धा : दूसरे को उन्नति करते देख, उसी भांति आगे बढ़ने की भावना को स्पर्द्धा कहते हैं।

४४. **उत्साह** : मन की उमंग।

उद्यम : क्रियाशील रहना।

उद्योग : भरसक या उत्साहपूर्ण सोद्देश्य प्रयत्न।

प्रयास : साधारण प्रयत्न।

साहस : मानसिक शक्ति से कार्य करने की प्रेरणा।

४५. **उदाहरण** : किसी बात को समझने या स्पष्ट करने के लिए अनुभव या कल्पना के आधार पर कोई तथ्य प्रस्तुत करना उदाहरण है।

दृष्टांत : किसी बात को प्रमाणित करने के लिए वैसी ही दूसरी बात की ओर संकेत करना—जो मान्य या प्रमाणित हो—दृष्टांत कहा जाता है।

४६. **उदास** : मन के विरुद्ध कोई बात होने पर या किसी बिछुड़े हुए प्रियजन की याद आने पर मन न लगे तो मनुष्य उदास होता है। इस **अर्थ** में उदासीन का प्रयोग भी होता है।

उदासीन : किन्हीं दो पक्षों में से किसी भी पक्ष की ओर झुकाव न होना उदासीन है। इस सन्दर्भ में उदास का प्रयोग नहीं होता।

४७. **उद्देश्य** : जिस सिद्धि की ओर मन प्रवृत्त हो।

ध्येय : निशाना, जिसपर दृष्टि रखकर कार्य किया जाए।

४८. **उन्नति** : ऊपर उठकर विकास करना।

प्रगति : आगे बढ़ना।

४९. **उपज** : खेत या दिमाग की पैदावार।

उत्पत्ति : जन्म या आरम्भ।

५०. **उपस्थिति** : आदमियों की।

विद्यमानता : वस्तुओं की।

५१. **उपहास** : किसी की कमी या अटपटेपन की ओर संकेत करके, प्रत्यक्ष रूप से किसी की हंसी उड़ाना उपहास है। इसमें दूसरों की प्रतिष्ठा गिराई जाती है।

व्यंग्य : किसी की कमी की ओर प्रत्यक्ष रूप से संकेत न करके, घुमा-फिराकर ध्यान आकृष्ट करना, व्यंग्य है। व्यंग्य करने और उन्हें समझने के लिए सूझ-बूझ की आवश्यकता है।

५२. **उपहार** : प्रायः बराबर वालों को जो सामग्री प्रेमपूर्वक पेश की जाती है, वह उपहार है।

भेंट : प्रायः बड़ों को श्रद्धा और नम्रतापूर्वक जो सामग्री प्रस्तुत की जाती है, वह भेंट है।

५३. **ऋषि** : मंत्रों या आध्यात्मिक तत्त्वों का प्रकाश करने वाला ऋषि है।

मुनि : धर्म के तत्त्वों का मनन करने वाला मुनि है।

५४. **ओज** : मन और शरीर की आन्तरिक शक्ति।

पौरुष : ओज से प्राप्त कार्यक्षमता।

५५. **कंगाल** : भुक्खड़।

दरिद्र : जिसके पास कुछ न हो।

निर्धन : जिसके पास धन न हो।

दीन : दरिद्रता के कारण स्वाभिमान शून्य।

५६. **कर्तव्य** : उचित एवं आवश्यक कार्य ।

कार्य : साधारण काम.।

५७. **कलंक** : किसी एक अपवाद के कारण लगा लांछन ।

अपयश : अधिक स्थाई और व्यापक बदनामी ।

५८. **कविता** : कवि की वह लय प्रधान साहित्यिक कृति या रचना, जो छंदों में होती है ।

काव्य : किसी कवि की वह पद्यात्मक साहित्यिक रचना जिसमें ओजस्वी कोमल और मधुर रूप में ऐसी अनुभूतियां, कल्पनाएं और भावनाएं व्यक्त की गई हों जो मन को मनोवेगों और रसों से परिपूर्ण करके मुग्ध करने वाली हों ।

५९. **कष्ट** : मन और शरीर दोनों की असुविधा ।

दुःख : मानसिक कष्ट ।

क्लेश : पूरे मन का अप्रिय भाव ।

खेद : भूल-चूक से चित्त की शिथिलता ।

व्यथा : कष्टकारक अनुभव ।

वेदना : अनुभूतियुक्त पीड़ा ।

यातना : तीव्र व्यथा ।

यन्त्रणा : दुःख के भार से कचोट पैदा करने की पीड़ा ।

६०. **काम** : कोई साधारण कार्य ।

पेशा : रोजी-रोटी कमाने के लिए अपनाया गया स्थाई काम पेशा है ।

६१. **कर्तव्य** : उचित एवं करणीय ड्यूटी कर्त्तव्य है ।

कार्य : कोई भी सामान्य काम कार्य है ।

६२. **कारण** : जिसकी वजह से कार्य होता है, वह कारण है ।

हेतु : जिस उद्देश्य से कार्य किया जाए, वह हेतु है ।

६३. **काल** : समग्र समय; जैसे—वह अपने सेवा काल में कुछ न कर पाया ।

युग : समय की लम्बी अवधि युग है ।

समय : काल की निर्दिष्ट अवधि समय है; जैसे—आप इस समय कहां जा रहे हैं।

६४. **किराया** : अचल सम्पत्ति का उपभोग करने वाले से बदले में जो धनराशि प्राप्त की जाती है वह किराया है; जैसे—इस मकान का किराया 200 रुपये प्रति मास है ।

भाड़ा : सामान आदि को एक स्थान से दूसरे स्थान तक ले जाने के एवज में जो धन दिया जाता है, वह भाड़ा है; जैसे—इस साल रेल-

भाड़े में पर्याप्त वृद्धि हुई है।

६५. **क्रुद्ध** : अपनी इच्छा के विरुद्ध कार्य होने पर या अपना अथवा अपने प्रियजन का अपमान होने पर व्यक्ति क्रुद्ध या क्रोधित हो जाता है। स्वयं क्रोध आने पर वह क्रुद्ध हो जाता है।

क्रोधित : यदि उसे क्रोध दिलाया जाय तो वह क्रोधित होता है।

क्रोधी : जिस व्यक्ति के स्वभाव में ही क्रोध है, वह क्रोधी है।

६६. **क्रूर** : कठोर हृदय वाला और दुष्कर्मी क्रूर है।

निर्दय : जिसके हृदय में दया न आए, वह निर्दय है।

६७. **खटपट** : छोटे-मोटे आपसी झगड़े को खटपट कहते है; जैसे—उनमें रोज खटपट होती है।

गड़बड़ : किसी भी कार्य में किसी भी तरह का व्यवधान गड़बड़ है; जैसे—दोनों दोस्त आजकल आपस में बातें नहीं करते; जरूर कोई गड़बड़ है।

६८. **खाल** : बिना तैयार किया हुआ चमड़ा या किसी जीव के शरीर का बाह्य आवरण खाल है; जैसे—गैंडे की खाल बहुत मोटी होती है।

चमड़ा : खाल को साफ करने पर चमड़ा प्राप्त होता है।

६९. **खेल** : मनोरंजन और स्वास्थ्य-वर्धन के लिए किया गया काम खेल है।

नाटक : रंगशाला में अभिनयपूर्वक किया जाता है।

७०. **खोज** : कोई चीज मौजूद है, लेकिन सभ्य समाज को उसकी जानकारी नहीं है। उसे ढूंढ़ निकालना खोज है।

आविष्कार : किसी नयी चीज, तथ्य को प्रस्तुत करना, बनाना आविष्कार है।

शोध : छिपी हुई तथा रहस्यपूर्ण बातों की खोज करना—विशेषरूप से ज्ञान के क्षेत्र में।

७१. **गीत** : गाने योग्य कविता को गीत कहते हैं।

संगीत : गाना-बजाना संगीत है।

७२. **गीला** : किसी चीज में थोड़ा-थोड़ा पानी लगा हो तो उसे गीला कहेंगे।

भीगा : यदि पानी बहुत अधिक पड़ जाए या किसी चीज को पानी में डुबो दें या डुबोकर निकाल लें तो उसे भीगा कहेंगे। हल्की वर्षा में हमारे कपड़े गीले हो सकते हैं, तेज वर्षा में वे भीग जाएंगे।

७३. **ग्रामीण** : ग्राम से संबंधित वस्तु या गांव में रहने वाले को ग्रामीण कहा जाता है। ग्रामीण शब्द में तिरस्कार की ध्वनि नहीं है।

गंवार : गंवार शब्द का प्रयोग केवल व्यक्ति के लिए होता है—ऐसे व्यक्ति के लिए, जो गांव में रहने के कारण सभ्यता या शिष्टाचार न

सीख पाया हो। अतः यह शब्द तिरस्कारसूचक है।

७४. **घर** : अपने परिवार और स्वजनों के समूह को घर कहते हैं. जिनके साथ जीवन-यापन की व्यवस्था कर ली गई हो।

मकान : मकान ईंट-पत्थर के उस भवन को कहते हैं जिसमें घर जमाया जाता है।

अतः मकान बनवाया जाता है, या किराये पर लिया जाता है, परन्तु घर बसाया जाता है।

कहीं-कहीं घर का प्रयोग भी मकान के अर्थ में कर लिया जाता है; जैसे 'घर का पता' वास्तव में 'मकान का पता' होता है।

७५. **चिन्ता** : मन में कोई उलझन पैदा होने पर या कोई संकट का अंदेशा होने पर जो सोच-विचार करके हम दुःखी होते हैं, वह चिन्ता है।

चितन : समाज और विश्व की चिरंतन समस्याओं का अध्ययन-मनन करके सुलझे हुए विचार प्रस्तुत करना—जो दुनिया को राह दिखा सकें—चिन्तन हैं।

चिन्ता प्रायः व्यक्तिगत होती है, और ध्वंसात्मक, चिन्तन समाज से संबंधित होता है और रचनात्मक भी।

परवाह : किसी बात को महत्त्व देना परवाह करना है और महत्त्व न देना परवाह न करना है।

७६. **चिह्न** : किसी भी प्रकार के निशान को चिह्न कहेंगे।

लक्षण : विशिष्ट प्रकार के हाव-भाव लक्षण है; जैसे—इस रोगी में टी० बी० के लक्षण दिखाई देते हैं।

७७. **चेष्टा** : अपनी शक्ति के अनुसार कुछ करना चेष्टा है।

प्रयत्न : किसी लक्ष्य को प्राप्त करने के लिए जो कोशिश की जाती है, वह प्रयत्न है; जैसे—सफलता के लिए प्रयत्न करना पड़ता है।

७८. **छाया** : पेड़ की छाया में बैठकर यात्री ने कुछ देर तक विश्राम किया

परछाई : आदमी अपनी परछाई से दूर नहीं जा सकता।

७९. **जांच** : किसी घटना विशेष के कारणों का पता लगाना जांच है।

परीक्षा : किसी व्यक्ति की योग्यता-अयोग्यता की परख करना परीक्षा है।

८०. **ज्ञान** : उन्हें तमिल भाषा का अच्छा ज्ञान है।

बोध : उन्हें यह बोध हो गया कि संसार मिथ्या है।

८१. **टीका** : अर्थविश्लेषण सहित व्याख्या टीका है।

भाष्य : विवाद-विवेचन सहित व्याख्य भाष्य है।

८२. **ठंड** : तापक्रम कम होने पर यदि असुविधा होती है, तो वह ठंड है।

ठंडक : तापक्रम कम हो, परन्तु सुखद अनुभूति हो, तो वह ठंडक है।

८३. **ठोकर** : ठोकर पैर से लगाई जाती है।

धक्का : धक्का हाथ से लगाया जाता है।

टक्कर : दो वस्तुओं का परस्पर टकराना टक्कर है।

८४. **तट** : नदी या समुद्र का किनारा।

तीर : पानी में जलमग्न पृथ्वी का सिरा।

पुलिन : किनारे की नम भूमि।

किनारा : जल या थल किसी वस्तु का सिरा।

८५. **तटस्थ** : दो पक्षों में मतभेद या लड़ाई होने पर जो उनसे सरोकार न रखे या किसी की ओर न झुका हो, वह तटस्थ है।

निष्पक्ष : जो किसी पक्ष का साथ न देकर केवल उचित-अनुचित के आधार पर निर्णय दे, वह निष्पक्ष है।

८६. **तर्क** : सिद्धान्त स्थिर करने के लिए युक्तियुक्त विचार।

युक्ति : किसी कार्य को करने का ढंग।

८७. **तात्कालिक** : जिस पर तत्काल या तुरन्त कार्रवाई करनी हो।

तत्कालीन : जो निर्दिष्ट समय से संबंधित हो; जैसे—तत्कालीन शिक्षामंत्री।

८८. **तालिका** : विवरणयुक्त सूची।

सूची : क्रमबद्ध नाम।

८९. **तुलना** : हिन्दू धर्म की तुलना अन्य किसी धर्म से नहीं की जा सकती।

मिलान : इस पुस्तक का मूल से मिलान करके देख लो।

९०. **तृप्ति** : संतुष्टि से आकांक्षा का अभाव।

संतोष : प्राप्त वस्तु को पर्याप्त मानना।

शांति : स्थाई तृप्ति और शारीरिक या मानसिक हलचल का अभाव।

९१. **त्रुटि** : कमी—इस पत्र में कुछ त्रुटियां रह गई हैं।

दोष : इसमें मेरा कोई दोष नहीं है।

९२. **थियेटर** : (बना हुआ स्थान) थियेटर में बैठकर नाटक या सिनेमा देखा जाता है।

सिनेमा : (चित्र) हम आज सिनेमा देखने जा रहे हैं।

९३. **दया** : विषय परिस्थितियों में फंसे हुए व्यक्ति की मदद करने के लिए तत्पर होना दया है।

कृपा : हम जिसका उपकार कर सकते हैं, उसके उपकार के लिए तैयार रहना कृपा है।

९४. **द्वंद्व**—दो व्यक्तियों या दो भावों में।

संघर्ष : व्यक्तियों या परिस्थितियों के साथ जूझना।

९५. **दर्शनीय** : कोई स्थान या वस्तु सुन्दरता, विशालता या ऐतिहासिक महत्त्व आदि के कारण देखने योग्य हो, तो उसे दर्शनीय कहेंगे।

द्रष्टव्य : लिखित सामग्री में यदि कोई खास बात देखने योग्य हो और उसकी ओर ध्यान खींचना हो, उसे द्रष्टव्य कहेंगे।

९६. **दुर्लभ** : जिसका मिलना या जिसे पाना कठिन हो, वह दुर्लभ भी होता है, दुष्प्राप्य भी। परन्तु दुर्लभ कोई मूल्यवान वस्तु होती है, अतः उसकी अपनी महिमा होती है।

दुष्प्राप्य : साधारण से साधारण वस्तु भी दुष्प्राप्य हो सकती है, जिसका मूल्य तो बहुत अधिक न हो, पर आवश्यकता बहुत हो।

९७. **धर्म** : सर्वव्यापक नियम।

नियम : कुछ व्यक्तियों के नियम।

९८. **धारणा** : मेरी यह धारणा बन गई है कि वह आदमी ईमानदार नहीं है।

विचार : इस बारे में मेरा विचार बदल भी सकता है।

९९. **नमस्कार** : माननीय व्यक्ति के प्रति झुकना, या आदर भाव प्रदर्शित करने के लिए नमस्कार भी करते हैं, प्रणाम भी। नमस्कार बड़े या बराबर वाले से कर सकते हैं, और छोटे के नमस्कार के उत्तर में भी।

प्रणाम : प्रणाम में अधिक नम्रता लक्षित होती है, अतः यह गुरु, माता-पिता या अन्य पूज्य और श्रद्धेय व्यवित के प्रति ही अधिक उपयुक्त है।

१००. **नमूना** : नमूमे की एक प्रति मंगा लो।

बानगी : मेरी कविताओं की बानगी देख लें।

१०१. **नाप** : कपड़े की नाप (लम्बाई-चौड़ाई के लिए)।

माप : दूध की माप (द्रव पदार्थों के लिए)।

१०२ **निंदा** : तथ्यों के आधार पर दोषारोपण।

अपवाद : बात बनाकर की गई बदनामी।

१०३. **निद्रा** : (नींद) रात्रि के दस बज रहे हैं, अब मुझे निद्रा आ रही है।

तंद्रा : आधे सोए आधे जागे की स्थिति (ऊंघ)

१०४. **निराशा** : मन की बात पूरी न होने पर व्यक्ति निराश हो सकता है।

हताश : मन में बड़ी-बड़ी आशाएं संजोए रखना और उनके पूरे न होने पर व्यक्ति कई बार हताश हो जाता है···फिर वह उन्हें पूरी करने की कोशिश भी छोड़ देता है।

१०५. **निवेदन** : नियमपूर्वक कुछ कहना निवेदन है।

प्रार्थना : विनय के साथ कुछ मांगना प्रार्थना है।

१०६. **निश्चय** : पक्की बात।

निर्णय : (फैसला) एक बात पर मत देना।

१०७ **नेता** : किसी दल या पार्टी के नेता।

नायक : सेना या टोली के नायक।

१०८. **पत्नी** : पुरुष की विवाहिता नारी।

स्त्री : कोई नारी।

महिला : स्त्री के अर्थ में शिष्ट प्रयोग है—भद्र नारी।

१०९. **पदार्थ** : सोना, तांबा, दूध, आक्सीजन—ये पदार्थ हैं। ये ठोस, द्रव और गैस—तीन अवस्थाओं में पाए जाते हैं।

वस्तु : जूते, पेन, टेलीविजन, बल्ब, सोफा—ये वस्तुएं हैं।

११०. **परम्परा** : हमारी परम्परा महान् हैं।

मर्यादा : किसी भी कर्मचारी को अपनी मर्यादा का उल्लंघन नहीं करना चाहिए।

१११. **परामर्श** : साधारण सलाह, भले ही एक की हो।

मन्त्रणा : व्यक्तियों द्वारा निर्मित सलाह; अधिकांशतः यह गुप्त होती है।

११२. **परीक्षक** : किसी की योग्यता की जांच करने वाला।

निरीक्षक : प्रबन्ध-व्यवस्था पर निगरानी करने वाला।

११३. **पारितोषिक** : प्रतियोगिता में विजयी होने पर।

पुरस्कार : किसी कार्य या सेवा के लिए।

११४. **पुलकित** : प्रेम या हर्ष से।

रोमांचित : आनन्द या भय से।

११५. **पुत्र** : अपना (बेटा)

बालक : किसी का (लड़का)।

११६. **फल** : फल प्रायः किसी व्यक्ति के समूचे प्रयास के सन्दर्भ में मिलता है।

परिणाम : कई परिस्थितियों के मिले-जुले प्रभाव के कारण सामने आता है। अतः फल मिलता है, परिणाम निकलता है।

११७. **बल** : आपके कथन से मुझे बल मिला।

शक्ति : रोग के कारण शरीर में शक्ति नहीं रही।

११८. **बाधा** : आप मेरे मार्ग में बाधा खड़ी न करें।

अवरोध : साहित्य की प्रगति में अवरोध आ गया है।

११९. **बालोचित** : बाल-सुलभ—जिन गतिविधियों में कोई बालक की तरह

भोला-भाला, मासूम या चंचल प्रतीत हो, उन्हें बालोचित या बाल-सुलभ कहेंगे।

बचकाना : जिनसे बच्चे की तरह मूर्खता या शरारत का परिचय मिले, उन्हें बचकाना कहेंगे।

बालोचित या बालसुलभ प्रशंसात्मक है और बचकाना तिरस्कार सूचक।

१२०. **भक्ति** : ईश्वर या देवता से या वैसा प्रेम।

श्रद्धा : बड़ों से (गुणादि के कारण) प्रेम।

उपासना : ईश्वर से सान्निध्य, लाभ की क्रिया।

साधना : किसी उद्देश्य की पूर्ति के लिए एकनिष्ठ मानसिक चेष्टा।

१२१. **भाव** : मेरे मन में तुम्हारे प्रति कोई बैरभाव नहीं था।

विचार : मेरे विचार से ऐसा करना उचित नहीं है।

१२२. **मन्त्री** : मिनिस्टर।

सचिव : सेक्रेटरी।

१२३. **योग्यता** : काम करने की गुणयुक्त विशेषता।

क्षमता : काम कर सकने की शक्ति।

१२४. **राजा** : छोटे प्रदेश का स्वामी।

सम्राट : समुद्र पर्यन्त भूमि का स्वामी।

१२५. **लज्जा** : बुरे काम को छिपाने की भावना।

ग्लानि : कुकर्म पर मन में फटकार और पछतावा।

संकोच : कोई काम करने में हिचक।

१२६. **लोभ** : अधिक पाने की इच्छा।

लालसा : अपर्याप्त वस्तु की प्राप्ति की इच्छा।

१२७. **वध** : शत्रु, राक्षस या अत्याचारी के प्राण ले लेना वध है, जैसे रावण-वध, कंसवध आदि।

हत्या : निर्दोष के प्राण लेना हत्या है।

वध में वीरता का परिचय दिया जाता है।

१२८. **विकास** : उन्नति—समाज का विकास।

विस्तार : फैलाव जैसे राज्य का।

१२९. **विद्या** : जानने की—वे कई विद्याओं के पंडित हैं।

शिक्षा : सीखने की—उन्होंने विज्ञान की शिक्षा प्राप्त की।

१३०. **वीरता** : वीर का नैसर्गिक गुण।

साहस : भय पर विजय करने का साहस।

उत्साह : मन की उमंग।

१३१. **वेतन** : किसी को नौकरी पर रखकर उसकी सेवा के बदले में नियत-नियमित धन-राशि देना वेतन है ।

पारिश्रमिक : किसी से कोई श्रम कराकर उसके बदले में धनराशि देना पारिश्रमिक है ।

१३२. **वैर** : मन में पाली हुई उग्र शत्रुता ।

शत्रुता : दुष्टतापूर्ण हानि पहुंचाने की भावना ।

१३३. **शंका** : किसी निश्चय के बारे में दुविधा ।

सन्देह : (अनिश्चय) उस पर चोर होने का सन्देह है ।

भ्रम : किसी चीज को कुछ और समझ बैठना ।

आशंका : अनिष्ट हो जाने की संभावना; जैसे पांच व्यक्तियों के डूब जाने की आशंका है ।

१३४. **शील** : शील के साथ विनम्रता और शिष्टता का भाव रहता है ।

स्वभाव : किसी का स्वभाव अच्छा भी हो सकता है और बुरा भी ।

१३५. **श्रम** : (शारीरिक) मजदूरी ।

परिश्रम : (शारीरिक तथा मानसिक) मेहनत ।

१३६. **सभ्यता** : रहन-सहन या व्यवहार से सभ्यता का परिचय मिलता है ।

संस्कृति : हमारे रीति-रिवाजों में संस्कृति झलकती है ।

१३७. **समाचार** : आज का समाचार पढ़ने योग्य है ।

सूचना : मुझे आज सूचना मिली है कि कल बैठक होने जा रही है ।

संदेश : आपके मित्र ने यह संदेश भिजवाया है ।

१३८. **समीर** : शीतल होता है और मन्द-मन्द चलता है ।

पवन : एक-सी गति नहीं होती, कभी धीरे और कभी तेज चलता है ।

१३९. **समृद्धि** : सभी प्रकार की उन्नति से सम्पन्नता समृद्धि है ।

संपत्ति : यह आर्थिक होती है ।

१४०. **सम्राट** : राजाओं का राजा ।

राजा : एक साधारण भूपति ।

१४१. **साथ** : आप मेरे साथ घर चलिए ।

संगित : बुरों की संगति नहीं करनी चाहिए ।

१४२. **साधन** : आय के साधन, यातायात के साधन ।

माध्यम : भाषा के माध्यम से विचार प्रकट किए जाते हैं ।

१४३. **सेवा** : माता-पिता की सेवा करो ।

शुश्रुषा : रोगी की शुश्रुषा ।

परिचर्या : दोनों प्रकार की सेवा शुश्रुषा है ।

१४४. **स्वर्गिक** : स्वर्ग की तरह सुंदर और अनुपम को स्वर्गिक कहेंगे । जैसे

स्वर्गिक छटा।

स्वर्गीय : जिसका देहांत हो चुका हो उसे स्वर्गीय कहेंगे। स्वर्गीय का प्रयोग 'स्वर्गिक' के अर्थ में भी होता है; लेकिन स्वर्गिक का प्रयोग 'स्वर्गीय' के अर्थ में नहीं होता; जैसे—स्वर्गीय आनंद।

१४५. **स्वतंत्र/स्वाधीन :** जो किसी दूसरे के अधीन नहीं उसे स्वाधीन या स्वतंत्र कहेंगे।

स्वायत्त : जिसे अपने अधिकार-क्षेत्र में नियम आदि बनाने का अधिकार हो, उसे स्वायत्त कहेंगे, भारत स्वाधीन या स्वतंत्र देश है। नगरपालिकाएं स्वायत्त सस्थाएं हैं।

१४६. **हंसी :** (विनोदपूर्ण) हंसी-हंसी में टाल दिया।

मजाक : थोड़ा द्वेषपूर्ण उपहास।

१४७. **हानि :** कोई चीज हाथ से निकल जाना हानि है, जैसे—जनहानि, स्वास्थ्य-हानि, धन-हानि आदि।

क्षति : मकान का कोई हिस्सा गिर जाय तो मकान को क्षति पहुंचेगी। प्रतिष्ठा के विरुद्ध कार्य करने पर प्रतिष्ठा को क्षति पहुंचेगी।

कुछ विशिष्ट विशेषण शब्द

१४८. **अनभिज्ञ :** मैं उस घटना से अनभिज्ञ था।

अपरिचित : मैं उनसे अपरिचित था।

१४९. **अनुकूल :** मसूरी की जलवायु बच्चों के लिए अनुकूल है।

अनुरूप : (सदृश) वह इस आकृति के अनुरूप है

१५०. **अनेक :** (एक से अधिक) संख्या।

बहुत : संख्या और परिमाण में; यह क्रिया-विशेषण भी है।

१५१. **उत्तम :** वस्तुएं, व्यापार आदि।

श्रेष्ठ : व्यक्ति और जीवन।

१५२. **उपस्थित :** हाजिर (व्यक्ति); जैसे—आज कक्षा में बहुत कम विद्यार्थी उपस्थित थे।

प्रस्तुत : कोई बात या प्रस्ताव या मत प्रस्तुत करना। किसी वस्तु को भी प्रस्तुत किया जाता है; जैसे—जो वस्तु आप मंगाएंगे, आपके समक्ष प्रस्तुत कर दूंगा।

१५३. **ऊंचा :** यह इमारत बहुत ऊंची है।

लम्बा : वह आदमी छह फुट लम्बा है।

१५४. **ऊपरी :** ऊपरी दिखावट से गुणों की पहचान नहीं होती।

बाहरी : बाहरी आदमी कृपया इससे आगे न जाएं ;

१५५. **कठिन** : यह कार्य बहुत कठिन है।

कठोर : वह बहुत कठोर प्रशासक है।

१५६. **गहरा** : तालाब बहुत गहरा है।

घना : जंगल बहुत घना है।

१५७. **चिन्तनीय** : (चिन्ता का विषय) उसका स्वास्थ्य चिन्तिनीय है।

विचारणीय : (सोचने का विषय) यह मामला विचारणीय है।

१५८. **त्रस्त** : भय से व्याकुल।

भयभीत : थोड़े समय के लिए डरा-डरा।

१५९. **निपुण** : अच्छा जानकार।

कुशल : कार्यविशेष में चतुर।

१६०. **पुरातन** : जिसका चलन अब न हो।

सनातन : जो सदा से चला आ रहा हो।

पुराना : बहुत दिनों का; जैसे—अनाज, वस्त्र, सामान।

प्राचीन : कई शताब्दियों का, जैसे युग, इतिहास।

१६१. **प्रतिकूल** : विपरीत, उलटा—यह काम मेरी आशा के प्रतिकूल हुआ।

विरुद्ध : विरोध में—वह चुनाव में मेरे विरुद्ध खड़ा हुआ।

१६२. **मान्य** : आपकी यह बात मान्य है।

स्वीकृत : आपकी प्रार्थना स्वीकृत हो गई है।

१६३. **मोटा** : आदमी मोटा हो सकता है, कपड़ा भी मोटा हो सकता है !

गाढ़ा : रंग गाढ़ा हो सकता है, दूध भी।

१६४. **सतर्क** : मैंने सतर्क होकर उत्तर दिया।

सावधान : सावधान, आगे तेज घूम है।

१६५. **समस्त** : समस्त देश, समस्त राशि।

सारे : सारे आदमी, सारे अखबार।

१६६. **साधारण** : यह बात साधारण आदमी की समझ से बाहर है।

सामान्य : सुख की ओर भागना मनुष्य का सामान्य धर्म है।

१६७. **स्थाई** : वह इस पद पर स्थाई हो गया है।

दृढ़ : मैं अपने कथन पर दृढ़ रहूंगा।

१६८. **हैरान** : तुम्हारे गिरे हुए स्वास्थ को देखकर मैं हैरान हूं।

परेशान : वह अपनी घरेलू समस्याओं से परेशान है।

समरूप-भिन्नार्थक शब्द

हिन्दी में ऐसे अनेक शब्द हैं जिनमें ध्वन्यात्मक स्तर पर पर्याप्त साम्य मिलता है लेकिन अर्थ की दृष्टि से उनमें बिल्कुल भिन्नता पायी जाती है। अन्य भाषाओं में भी इस प्रकार के शब्द पाए जाते हैं। अंग्रेजी में ऐसे शब्दों को 'पैरेनिम' कहते हैं। हिन्दी में ऐसे शब्दों के उच्चारण में यदि तनिक-सी चूक हो जाए तो लिखने में भी वही त्रुटि दोहराई जाती है। इससे अर्थ का अनर्थ हो जाता है और भाषा में विकार उत्पन्न हो जाता है। भाषा की शुद्धता को बनाए रखने के लिए यह आवश्यक है कि ऐसे शब्दों के वाचन और लेखन में पूर्ण सतर्कता बरती जाए। इस श्रेणी के शब्दों में या तो ह्रस्व और दीर्घ मात्राओं का अन्तर पाया जाता है या अल्प-प्राण और महाप्राण वाले अक्षरों में भिन्नता पायी जाती है। यदि हम भाषा सम्बन्धी इन सूक्षमताओं पर ध्यान दें तो हमारे लेखन में वर्तनी सम्बन्धी भूलें नहीं होंगी और भाषा की शुद्धता हर स्तर पर बनी रहेगी। 'इ' और 'ई' की मात्राओं वाले ऐसे अनेक शब्द हैं। कुछ उदाहरण द्रष्टव्य हैं। 'दिन' और 'दीन' में ध्वनि की दृष्टि से अधिक अन्तर नहीं है। लेकिन दोनों शब्दों के अर्थ बिल्कुल भिन्न हैं। 'समधिन' और 'समधीन' भी ऐसे ही शब्द हैं। 'समधिन' तो समधी का स्त्रीलिंग रूप है जिसका अर्थ सम्बन्ध के विचार से 'किसी के पुत्र या पुत्री की सास' है। 'समधीन' उस व्यक्ति को कहते हैं 'जिसने अच्छी तरह अध्ययन किया है'। 'उ' और 'ऊ' की मात्राओं से युक्त शब्दों को देखिए—उन, ऊन। उन, सर्वनाम शब्द है और 'वह' का तिर्यक् रूप है। ऊन संज्ञा शब्द है जिसके लिए अंग्रेजी प्रतिशब्द 'ऊल' है। 'मेला', 'मैला', 'बेर', 'बैर', 'बेल,' बैल,' आदि शब्दों में 'ए' और 'ऐ' की मात्राओं के महत्त्व को समझा जा सकता है। 'ओ' तथा 'औ' की मात्राओं वाले शब्दों में भी यही कठिनाई आती है। 'ओर' 'और' दो भिन्न शब्न हैं। यहां थोड़ी-सी भूल होने से स्थिति हास्यास्पद बन सकती है। कुछ भाषाओं में अल्पप्राण और महाप्राण की ध्वनियां पृथक् नहीं हैं। तमिल भाषा में क, ख, ग, घ, च, छ, ज, झ, ट, ट, ड, ढ, त, थ, द, ध, और प, फ, ब, भ, के लिए क्रमशः क, च, ट, ज, तथा त और प ध्वनियां ही उपलब्ध हैं। इसलिए वे काना-खाना, गाना-घाना, चोर-छोर, जड़ना-झड़ना, टक्कर-ठक्कर, डाल-दाल, ताल-थाल, दरी-धरी, पल-फल, तथा बालू-भालू के उच्चारण में अन्तर नहीं कर पाते। यह कठिनाई कई अन्य भाषा-भाषी

लोगों के सामने भी आया करती है। इस अध्याय में इस कोटि के अनेक शब्दों को संकलित किया गया है। अर्थ स्पष्ट करने के लिए प्रत्येक शब्द का अंग्रेजी प्रतिशब्द भी दिया गया है। इससे अहिंदी भाषा-भाषियों को शब्दों की सूक्ष्मता को समझने में मदद मिलेगी और वे शुद्ध लेखन के प्रति अधिक सजग रहेंगे। हमारी पूरी कोशिश रही है कि ऐसे अधिक प्रचलित शब्द पाठकों को एक ही स्थान पर उपलब्ध हो जाएं। इन शब्दों का अवलोकन करने से पाठकों में शब्दों के सूक्ष्म अध्ययन करने की क्षमता का विकास होगा, ऐसी आशा है।

१. अंक	अंग	
number	limb	
२. अंकुर	अंगूर	अंगुल
shoot	grape	finger
३. अंतरिम	अंतरीय	
interim	internal	
४. अंतर्गत	अंतर्ग्रस्त	
included	involved	
५. अंतर्धान	अंतर्ज्ञान	
disappearance	intuition	
६. अंदर	अंतर	
inside	difference	
७. अंबर	अंबार	
sky	heap	
८. अग (अज्ञानी)	अघ (पाप)	
ignorant	sin	
९. अगवाई (अगवानी)	अगुआई	
reception	leadership	
१०. अतिचार	अतिसार	
trespass	diarrhoea	
११. अनभिज्ञ	अभिज्ञ	
ignorant	(one) who knows	
१२. अनाड़ी	अनारी	
unskilful	pertaining to a pomegranate	
१३. अनिल	अनल	
wind, air	fire	

१४. अनुसार	अनुस्वार	
according to	a nasal character of the Nagari alphabet	
१५. अन्यान्य	अन्याय	
many others	injustice	
१६. अपकार	उपकार	
wrong	good	
१७. अपनाम	उपनाम	उपमान
bad name	pen name/alias	that with which something is compared
१८. अपेक्षा	उपेक्षा	
requirement	neglect	
१९. अब	आब	
now	water/luster	
२०. अबरक	अदरक	
mica	ginger	
२१. अभिनय	अभिनव	
acting in a drama	novel	
२२. अभिराम	अविराम	
lovely	non-stop	
२३. अमर्त्य	अमृत	
immortal	nectar	
२४. अम्ल	अमल	
acid	acting upon	
२५. अर्क	अर्क़	
the sun	essence	
२६. अलसी	आलसी	
linseed	lazy	
२७. अवधि	अवधी	
limit	a dialect of Hindi, spoken in Awadh	
२८. अवनत	अवनति	
bowed down	down fall	

२९. अवरोहण	आरोहण	
act of descending	assent	
३०. अवलम्ब (सहारा)	अविलम्ब (शीघ्र)	
support	without delay	
३१. अशक्त	आशक्त	
incapable	charmed/enchanted	
३२. आंधी	आधी	आंधि
windstorm	half	mentalagony
३३. आकर	आकार	
after coming	shape	
३४. आवरण	आभरण	
cover	ornament	
३५. आशंका	आशंसा	
apprehension	blessing	
३६. आसन	आसन्न	
seat	adjacent	
३७. आसमान	असमान	
sky	unequal	
३८. आहट	आहत	
light sound	hurt	
३९. इतबार (एतबार)	इतवार	
faith	Sunday	
४०. इत्र	इतर	
scent	other, different	
४१. इस्त्री	स्त्री	
an iron	woman	
४२. ईश	इस (form of 'यह' with	
God	this postposition attached)	
४३. उत्स	उत्सव	
fountain	festival	
४४. उदर	उधर	
abdomen	there, on that side	

४५. उदार	उधार	
generous	debt, loan	
४६. उन (pl of 'उस')	ऊन	
those	wool	
४७. उपपति	उपपत्ति	
haramour	proof	
४८. उपरि	ऊपरी	
denoting 'above'	extra, additional	
४९. ओट	ओठ	
cover/veil	lip	
५०. औषध	औसत	
medicine	average/mean	
५१. कंघा	कंधा	
comb	shoulder	
५२. कड़ाई	कढ़ाई	कड़ाही
strictness	embroidery	a kind of deep frying pan
५३. कर्षक	कृषक	
attractive	peasant, cultivator	
५४. कहां	कहा	
where, at which place	said	
५५. काट	काठ	
the way or style of cutting	timber/wood	
५६. कार्रवाई	कार्यवाही	
action	proceedings	
५७. कालीन	क़ालीन	
denoting period or time	carpet	
५८. की	कि	
post position, fem. form of 'का'	that/since	
५९. कुच	कुछ	कूच
breast of a woman	some, any	departure

६०. कुल	कूल	
१. all, total, २. family	bank	
६१. कूत	कूद	
estimate	jump	
६२. कौड़ी	कोढ़ी	
a small shell used as a coin in Ancient India	leper	
६३. क्षत्री	छतरी (छाता)	
belonging to the Kshatriya class	umbrella	
६४. खाद	खादी	
manure	hand-spun and hand-woven cloth	
६५. खान	ख़ान	
mine	a title used for Pathans (sply. Muslim) as a mark of respect	
६६. खाना	ख़ाना	
food	house	
६७. खिलाना	खिलौना	
१. to cause to play २. to feed	plaything, toy	
६८. गज	गज़	
elephant	measuring yard	
६९. गदा	गद्दा	गधा
mace	mattress	donkey
७०. गर्त	गर्द	
deep or large pit	dust	
७१. ग़ल्ला	गल्ला	
grain	cash box	
७२. गवार (suffix)	गँवार	
agreeable	rustic	

७३. गाड़ी	गाढ़ी (मित्रता)
train	Close (friendship)
७४. गुणा	गुना
multiplication	(so many) times
७५. गुल (used commonly	गुल (फूल)
in combinations)	(never used in
शोर-गुल noise	isolation)
७६. गृह	ग्रह
home-house	planet
७७. चर्च	चर्चा
church	talk
७८. चीर (वस्त्र)	चीड़ (एक वृक्ष-विशेष)
cloth	chira
७९. छटा	छठा
beauty, splendour	sixth
८०. छाता	छाती
umbrella	chest
८१. छात्र	क्षात्र
student	pertaining to 'क्षत्री'
८२. छाल	छाला
bark	blister, burn
८३. जंगला	जंगली
railing	wild
८४. ज़माना	जमाना
time, period	to freeze
८५. जामन	जामुन
curdling element	jambo (fruit and tree)
८६. ज़ाहिर	जाहिल
obvious	uncivil
८७. जुआ	जूआ
gambling	yoke
८८. तरकीब	तरतीब
device, method	arrangement

८९. तरणि	तरणी (नाव)
the sun	boat
९०. तह	तहत
layer, fold	control, authority
९१. तानना	ताना
to stretch as a string	१. taunt २. warp
९२. तार	ताड़
wire	१. palm २. a beating
९३. तारीक	तारीख़
black, dark	date
९४. थान	थाना
full length of cloth	police station
९५. दमक	दमकल
glitter	fiire brigade
९६. दर्ज	दर्जा
entered	class
९७. दलबदल	दलबादल
defection	mass of clouds
९८. दस्त	दस्ता
hand	handle
९९. दाग	दाग़
cremation	to set on fire
१००. दाद	दादा
ringworm	paternal grandfather
१०१. दिक	दिक़
direction	vexed, embarrassed
१०२. दिवालिया	दिवाली (दीवाली)
bankrupt	Divali festival
१०३. देवी	दैवी
goddess	godly
१०४. देहांत	देहात
demise /death	village

१०५. दौर	दौरा
cycle of times	tour
१०६. द्रव	द्रव्य
liquid	matter
१०७. द्वार	द्वारा
door, gate	through
१०८. धंसान	धंसाना
sinking	to thrust into
१०९. नख	नख़
nail of a finger	string used for kite flying
११०. नय	नया
policy	new
१११. नाथ	नाद
master	१. sound २. noise
११२. नायब	नायाब
deputy	not easily available
११३. निकाह	निगाह
marriage (Muslim)	sight
११४. निधन	निधान (जैसे कृपा निधान)
demise	store
११५. निर्माण	निर्वाण
construction	salvation
११६. निश्चल	निश्छल
motionless	innocent
११७. निस्तार	निस्सार
deliverance	worthless
११८. नीर	नीड़
water	nest
११९. पका (जैसे पका फल)	पक्का (जैसे पक्का क़िला)
ripe (fruit)	strong (fortress)

१२०. पड़ना	पढ़ना
to lie	to read
१२१. पतन	पत्तन
down fall, decline	harbour
१२२. पता	पत्ता
address	leaf
१२३. पथ	पथ्य
path	food
१२४. परिणाम	परिमाण
resutt	quantity
१२५. परिवर्तन	परिवर्धन
change	extension
१२६. परुष	पुरुष
hard	man
१२७. पहाड़	पहाड़ा
mountain	(multiplication) table
१२८. पाट (जैसे नदी का पाट)	पाठ
span (of river)	lesson
१२९. पिटना	पीटना
to be beaten	to beat
१३०. पीड़ा	पीढ़ा
pain	low stool
१३१. पूंछ	पूछ
tail	demand
१३२. पूछना	पूजना
to ask	to worship
१३३. प्रकार	प्राकार
kind	clitch
१३४. प्रणाम	प्रमाण
salutation	proof
१३५. प्रदान	प्रधान
granting	head

१३६. फन (फण)	फ़न	
hood	art, skill	
१३७. फालतू	पालतू	
spare, extra	tame, domestic	
१३८. बचना	बजना	
to be saved	to ring	
१३९. बटा (जैसे एक बटा दो १/२)	बट्टा	
upon	discount	
१४०. बद्ध (जैसे वचनबद्ध)	बध/वध	
bound (by promise)	slaughter	
१४१. बलि	बली	बल्ली
sacrifice	powerful	rafter
१४२. बहार	बाहर	
spring	outside	
१४३. बहु	बहू	
great (in number)	daughter-in-law	
१४४. बाग़	बाग	
garden	reign	
१४५. बात	बाद	
word, utterance	after	
१४६. बेकार	बेगार	
out of job	forced labour	
१४७. बेर	बैर (वैर)	
jujube plum	enmity	
१४८. बेल	बैल	
creeper	ox, bullock	
१४९. महामारी	माहवारी	
plague	monthly	
१५०. माथा	मादा	
forehead	female	
१५१. में	मैं	
in	I	

१५२. मोंछ	मोच	
moustache	sprain	
१५३. योग	योग्य	
yoga	able	
१५४. राज	राज़ (जैसे गहरा राज-	
rule	deep secret)	
	secret	
१५५. राजपत्र	राजपथ	
gazette	highway	
१५६. रेखा	लेखा	
line	account	
१५७. लगन	लगान	
devotion	land-rent	
१५८. लेख	लेखा	
१. hand-writing	account	
२. article		
१५९. लोक	लोग	
१. world	people, folk	
२. people		
१६०. लोटना	लौटना	
to lie	to come back	
१६१. वरण	वर्ण	व्रण
to choose	१. colour	abscess
	२. class ३. letter	
१६२. वसन	व्यसन	
cloth	evil habit	
१६३. वात	बात	
wind	१. talk, २. matter, ३. thing	
१६४. वारि	बारी	
water	turn	
१६५. विरुद	विरुद्ध	
eulogy	against	
१६६. विलोप	विलोम	
extinction	converse	

१६७.	विवरण	विवर्ण (रंग उड़ना)	
	description	dis-coloured	
१६८.	व्यंजन	व्यजन	
	१. consonant २. an article of food	hand fan	
१६९.	व्रत	वृत्त	
	१. vow, pledge २. fast	१. circle २. description, account	
१७०.	शाक	शाख़	साख
	vegetable	branch	१. credit २. good will
१७१.	शान	सान	
	pomp	grindstone	
१७२.	शायी (जैसे धराशायी)	शाही	
	lying down	१. kingly, royal २. majestic	
१७३.	शुक्ल (जैसे शुक्ल पक्ष)	शुल्क	
	white, bright	fee, remuneration	
१७४.	सम्बन्ध	सम्बद्ध	
	relation, connection	related	
१७५.	संस्कृत	संस्कृति	
	refined sanskrit	culture	
१७६.	समान	सम्मान	
	equal	respect, honour	
१७७.	सकल	शकल/शक्ल	
	all, whole	form, shape	
१७८.	सन्	सन्न	
	A.D.	stunned	
१७९.	सम्मति	सुमति	
	opinion	right way of thinking	
१८०.	सर	शर	
	pond, tank	arrow	

१८१. साठ	साठा
sixty	(person) sixty years old
१८२. सात	साथ
seven	company
१८३. साधु (जैसे साधु पुरुष)	साधू
saintly (man)	saint
१८४. सीसा	शीशा
lead	mirror
१८५. सुरमा	सूरमा
collyrium	warrior
१८६. सूची	शुचि
list	shining
१८७. सुत	सूत
son	cotton
१८८. सेर	सैर
an Indian unit of weight	१. roving २. excursion ३. picnic
१८९. हंस	हँस (ना)
swan, goose	(to) laugh
१९०. हरम	हराम
harem, (female apartment in a palace)	ill-gotten, improper
१९१. हाल	हॉल
condition	hall
१९२. हिम	हेम
snow	gold
१९३. हुक	हूक
hook	stabbing pain born of some intense longing

विलोम शब्द

अंग्रेजी भाषा में इस संदर्भ में विलोम का अर्थ 'ऑपजिट' है। अंग्रेजी के 'ऐन्. टॅ-निम' शब्द का भी यही अर्थ है। हिन्दी में विपर्याय, विरुद्धार्थ तथा विपरीतार्थ का प्रयोग 'विलोम' के अर्थ में ही होता है। किसी संदर्भ में जिन दो शब्दों के अर्थ एक-दूसरे के विपरीत हों, उन्हें हम 'विलोम-शब्द' कहेंगे।

भाषा पर अधिकार प्राप्त करने के लिए शब्दों के विभिन्न पक्षों की जानकारी आवश्यक है। विपरीतार्थक शब्दों की जानकारी होने से भाषा की पकड़ मज़बूत होती है। भाषा सीखने में, शब्द-सामर्थ्य बढ़ाने में विलोम शब्दों का ज्ञान बहुत ज़रूरी है। विलोम शब्दों के अध्ययन से अर्थ-निर्धारण में बहुत बड़ी मदद मिलती है। साथ ही, भाषा की शक्ति में वृद्धि होती है तथा शब्द-भण्डार पर और अधिक आधिपत्य स्थापित हो जाता है। भाषा के विद्यार्थियों के लिए यह रुचिपूर्ण क्षेत्र है।

कुछ ऐसे शब्द हैं जिनके पूर्ण विलोम उपलब्ध हैं। कुछेक शब्द ऐसे भी मिलते हैं जिनके आंशिक विलोम ही प्राप्य हैं। प्रस्तुत अध्याय में हमने अधिकांशतः उन्हीं शब्दों को संकलित किया है, जिनके पूर्ण विलोम उपलब्ध हैं। सामान्य रूप से काम आनेवाले सभी विलोम शब्दों को यहां प्रस्तुत करने का प्रयास किया गया है।

विलोम शब्दों में कुछ ऐसे शब्द हैं जिनका रूप-साम्य की दृष्टि से मूल शब्द से कोई सम्बन्ध नहीं है। 'गरीब' और 'अमीर' ऐसे ही शब्द हैं। कुछ विलोम शब्दों का निर्माण प्रत्यय लगाने से किया जाता है। 'प्रभावमुक्त' और 'प्रभावशून्य' में विपरीतार्थक भाव प्रकट करने लिए क्रमशः 'युक्त' और 'शून्य' अर्द्ध-प्रत्ययों का प्रयोग किया गया है। इसी तरह विलोमार्थी शब्दों के निर्माण के लिए उपसर्ग और अर्द्ध-उपसर्ग का प्रयोग भी किया जाता है। 'स्थायी' शब्द में 'अ' प्रत्यय लगाने से 'अस्थायी' शब्द बनता है। यह 'स्थायी' शब्द का विलोमार्थी शब्द है। अ, अन्, कु, दुर्, ना, नि, निर्, निष्, निस्, निः, बे, ला, स, तथा सु आदि कुछ ऐसे प्रत्यय हैं जिनको मूल शब्दों के साथ जोड़ने से विलोम शब्द प्राप्त हो जाते हैं। अन्तर, अध, अर्द्ध, गैर, नाना तथा सह आदि अर्द्ध-उपसर्गों से भी विलोम शब्द बनाये जाते हैं। जैसे कानूनी, गैरकानूनी आदि। कभी-कभी शब्द-युग्म के रूप में भी विलोम शब्दों का प्रयोग होता है। कई बार ऐसे शब्द-युग्म एक ही भाव प्रकट करते हैं। 'मुझे हिन्दी का थोड़ा-बहुत ज्ञान है'; इस वाक्य में 'थोड़ा' और 'बहुत' दो विपरीतार्थक

शब्द हैं लेकिन इस शब्द-युग्म का आशय केवल इतना ही है कि 'मुझे हिन्दी का कम ज्ञान है।' यदि पाठक संग्रहीत शब्दों का विवेचन-विश्लेषण इस दृष्टिकोण से करेंगे तो निश्चित रूप से उनमें शब्दों को गहराई से पकड़ने की क्षमता में वृद्धि होगी।

शब्द	**विलोम**
१. अंत	आदि
end	१. beginning, २. et cetra
२. अंतर	समानता
१. difference	१. equality
२. interval of time	२. similarity
३. अंतर्जातीय	बहिर्जातीय
inter caste	out of caste
४. अंतर्जगत	बहिर्जगत
inner world	out world
५. अंतर्भूत	बहिष्कृत
included (in)	excluded
६. अंतर्मुखी	बहिर्मुखी
introvertive	extrovert
७. अंतिम	प्रथम
last	first
८. अंधकार (अंधेरा)	प्रकाश (उजाला)
darkness	light
९. अकथनीय	कथनीय
unutterable	utterable
१०. अकर्मण्य	कर्मण्य
inactive	energetic, hardworking
११. अकुशल	कुशल
unskilful	skilful
१२. अकृतघ्न/कृतज्ञ	कृतघ्न
grateful	ungrateful
१३. अकृत्रिम	कृत्रिम
natural	artificial

१४. अक्रिय (निष्क्रिय)	सक्रिय
inactive	active
१५. अक्लमंद	मूर्ख
intelligent	foolish
१६. अगणनीय (अगणित)	गणनीय
countless	countable
१७. अगोचर	गोचर
imperceptible	perceptible
१८. अग्रज	अनुज
elder brother	younger brother
१९. अचल	चल
immovable	moving
२०. अचेत	सचेत (चेतन)
unconscious	conscious
२१. अच्छा	बुरा
good	bad
२२. अजय	विजेय
unconqrueable	conquerable
२३. अज्ञात	ज्ञात
unkwown	kwown
२४. अतिवृष्टि	अनावृष्टि (अनावर्षण)
excessive rain	drought
२५. अतृप्त	तृप्त
unsatisfied	satisfied
२६. अद्यतन	अनद्यतन
up-to-date	out-of-date
२७. अधार्मिक	धार्मिक
irreligious	religious
२८. अनावश्यक	आवश्यक
unnecessary	necessary
२९. अनीश्वरवादी	ईश्वरवादी
atheist	theist
३०. अनुकूल	प्रतिकूल
favourable	unfavourable

३१. अनुचित — उचित
improper — proper

३२. अनुत्तीर्ण — उत्तीर्ण
failed — passed

३३. अनुपयोगी — उपयोगी
useless — useful

३४. अनुपस्थित — उपस्थित
absent — present

३५. अनुभवहीन — अनुभवी
inexperienced — experienced

३६. अनुरक्त — विरक्त
absorved — disgust

३७. अनुलोम — प्रतिलोम
decending series — opposite

३८. अनेकता — एकता
diversity — unity

३९. अनेकेश्वरवादी — एकेश्वरवादी
polytheist — monotheist

४०. अनैतिकता — नैतिकता
immorality — morality

४१. अन्याय — न्याय
injustice — justice

४२. अपना — पराया
one's own — some one else's, other's

४३. अपमानजनक — सम्माननीय (सम्मानपूर्ण)
insulting — hounrable

४४. अपुष्ट — पुष्ट
unconfirmed — confirmed

४५. अपेक्षा — उपेक्षा
expectation — indifference

४६. अप्रकाशित — प्रकाशित
unpublished — published

४७. अप्रत्यक्ष (परोक्ष) — प्रत्यक्ष
indirect — direct

४८. अभद्र	भद्र
indecent	decent
४९. अभिमुख	पराङ्मुख
facing	looking the other way
५०. अभेद्य	भेद्य
impenetrable	penetrable
५१. अभौतिक	भौतिक
non-physical	physical
५२. अमंगल	मंगल
inauspicious	auspicious
५३. अमर्त्य	मर्त्य
immortal	mortal
५४. अमर्यादित	मर्यादित
१. unlimited	moderate
२. immoderate	(language)
५५. अमानवीय	मानवीय
inhuman	human
५६. अमान्य	मान्य
१. unacceptable	१. acceptable
२. invalid	२. valid
५७. अमितव्ययी	मितव्ययी
unthrifty	thrifty
५८. अमीर	गरीब
wealthy	poor
५९. अमूर्त	मूर्त
—रूप	—रूप
abstract	concrete
—form	—shape
६०. अमृत	विष
nectar	poison
६१. अयश (अपयश)	यश
disgrace, ill-fame	repute, renown
६२. अयोग्य	योग्य
unfit	fit, worthy

६३. अराजपत्रित	राजपत्रित
non-gazetted	gazetted
६४. अराष्ट्रीय	राष्ट्रीय
antinational	national
६५. अरुचिकर (अरोचक)	रुचिकर (रोचक)
uninteresting	interesting
६६. अलिखित—संविधान	लिखित
unwritten—constitution	written
६७. अलोकप्रिय	लोकप्रिय
unpopular	popular
६८. अल्पज्ञ	बहुज्ञ
knowing little	versatile
६९. अल्पमत	बहुमत
minority	majority
७०. अल्पायु	दीर्घायु
short-lived	long-lived
७१. अल्पावस्था	वृद्धावस्था
young age	old age
७२. अवगुण	गुण
demerit	merit
७३. अवनति	उन्नति
downfall	advancement
७४. अवयस्क	वयस्क
underage, minor	adult, major
७५. अवरोह	आरोह
descent	ascent
७६. अविकसित	विकसित
undeveloped	developed
७७. अविनाशी	नाशवान
imperishable	perishable
७८. अविवाहित	विवाहित
unmarried, bachelor	married

७९. अवैतनिक	वैतनिक
honorary	salaried, paid
८०. अवैध	वैध
illegal	legal
८१. अव्यवस्थित	व्यवस्थित
disordered	in order
८२. अशांत	शांत
agitated	calm, quiet
८३. अशुद्ध	शुद्ध
1. impure	1. pure
2. wrong	2. correct
८४. अशुभ	शुभ
inauspicious	auspicious
८५. असंगत	संगत
irrelevant	relevant
८६. असंतुष्ट	संतुष्ट
dissatisfied	satisfied
८७. असंभव	संभव
impossible	possible
८८. असत्य	सत्य
untrue	true
८९. असभ्य	सभ्य
uncivilized	civilized
९०. असांप्रदायिक	सांप्रदायिक
non-communal	communal
९१. असुविधा	सुविधा
inconvenience	convenience
९२. अस्थायी	स्थायी
temporary	permanent
९३. अस्पष्ट	स्पष्ट
not clear	clear
९४. अहित	हित
harm	benefit

९५. आकर्षण	विकर्षण
attraction	repulsion
९६. आकाश	पाताल
sky	hades
९७. आक्रमण	अनाक्रमण
attack	non-aggression
९८. आगत	विगत
arrived	passed
९९. आचार	अनाचार
precept	wickedness
१००. आज	कल
today	tomorrow
१०१. आज़ादी	गुलामी
independence	slavery
१०२. आडंबरपूर्ण	आडंबरहीन
ostentatious	unostentatious
१०३. आदर	अनादर
respect	disrespect
१०४. आदान	प्रदान
act of receiving	act of giving
१०५. आधुनिक	प्राचीन
modern	old
१०६. आनंदप्रद (आनंददायक)	कष्टकर (कष्टप्रद)
delightful, pleasant	troublesome
१०७. आभ्यंतर	बाह्य
internal	external
१०८. आमिषभोजी	निरामिषभोजी
non-vegetarian, meat eater	vegetarian (person)
१०९. आय	व्यय
income	expenditure
११०. आयात	निर्यात
import	export

१११. आरक्षित	अनारक्षित
reserved	unreserved
११२. आर्द्र	शुष्क
wet	dry
११३. आर्य	अनार्य
Aryan	non-Aryan
११४. आवक	जावक
incoming	outgoing
११५. आशा	निराशा
hope	disappointment
११६. आशाजनक	निराशाजनक
hopeful	hopeless
११७. आशावादी	निराशावादी
optimistic	pessimistic
११८. आशीर्वाद/आशीष	शाप
blessing	curse
११९. आसक्ति	अनासक्ति
attachment	detachment
१२०. आसान/सरल	मुश्किल/कठिन
easy	difficult
१२१. आस्था	अनास्था
faith	want of faith
१२२. आहत	अनाहत
hurt	not hurt
१२३. आह्लाद	विषाद
joy	sorrow
१२४. इच्छा	अनिच्छा
desire	want of desire
१२५. इधर	उधर
here	there
१२६. उग्र	सौम्य
wrathful	gentle
१२७. उच्चतम	निम्नतम
highest	lowest

१२८. उत्कर्ष	अपकर्ष
culmination	degradation
१२९. उत्तरदायी	अनुत्तरदायी
responsible	irresponsible
१३०. उत्थान	पतन
rise	fall
१३१. उत्पत्ति	प्रलय
origin	annihilation
१३२. उदार	अनुदार
libral	not libral
१३३. उद्धत	अनुद्धत
arrogant	civilized
१३४. उधार	नक़द
loan	cash
१३५. उन्नति	अवनति
advancement	downfall
१३६. उपयोगी	अनुपयोगी
useful	useless
१६७. ऊँचा	नीचा
high	low
१३८. ऋजुता	वक्रता
१. simplicity २. honesty, ३. sincerity	crookedness
१३९. ओझल	प्रकट
hidden	apparent
१४०. कटुभाषी	मृदुभाषी
(one) who speeks bitterly	soft tongued
१४१. कठिन	सरल
difficult	easy
१४२. कपूत	सपूत
undutiful son	worthy son

१४३. कुंठित	तीक्ष्ण
blunt	sharp
१४४. कुख्यात	विख्यात/प्रसिद्ध
ill-famed	famous
१४५. कुचालक	सुचालक
bad conductor	good conductor
१४६. कुदिन	सुदिन
१. evil day २. bad times	happy times
१४७. कुमार्ग	सुमार्ग
bad way, evil course	good way
१४८. केंद्रीकरण	विकेंद्रीकरण
centralization	decentralization
१४९. क्रय	विक्रय
purchase	sale
१५०. क्रियाशील	निष्क्रिय
active (by disposition)	१. inactive, २. passive
१५१. क्रूर	दयालु
cruel	kind
१५२. क्षीणकाय	स्थूलकाय having a bulky body
having a lean and thin body	
१५३. खंडन	मंडन
refutation	upholding
१५४. खर्चीला	किफ़ायती
lavish, spendthrift	economical. thrifty
१५५. खाद्य	अखाद्य
eatable, edible	uneatable, inedible
१५६. खास	आम
special	common

१५७. खोटा (जैसे, खोटा सिक्का)	खरा
१. counterfeit (coin)	१. pure, genuine
२. wicked, bad	२. upright, honest
१५८. गतिशील	गतिहीन
१. dynamic	static,
२. mobile	motionless
१५९. गमन	आगमन
act of going, departure	arrival
१६०. गरीबी	अमीरी
poverty	wealthiness, richness
१६१. गुण	दोष/अवगुण
quality	defect, flaw
१६२. गैर-मुमकिन	मुमकिन
impossible	possible
१६३. गैर-सरकारी	सरकारी
non-official	official
१६४. ग्रहणीय	त्याज्य
acceptable	worth relinquishing
१६५. घटना	बढ़ना
decrease	increase
१६६. घटिया	बढ़िया
of inferior/low quality	of a high quality
१६७. चढ़ाई	उतराई
ascent	descent, slope
१६८. चिंताग्रस्त	चिंतामुक्त
worried, anxious	free from worry
१६९. चिरजीवी	क्षणजीवी
long-livinig	short-lived
१७०. छोटाई	बढ़ाई
smallness, shortness	greatness

१७१.	जड़	चेतन
	inanimate	animate
१७२.	जमा	खर्च
	credit	debit
१७३.	जय	पराजय
	victory	defeat
१७४.	जल	थल
	water/sea	land
१७५.	ज़हन्नुम	जन्नत
	hell	heaven
१७६.	ज़हर	अमृत
	poison	nectar
१७७.	जागृति	सुषुप्ति
	awakening	profound sleep
१७८.	ज़िंदाबाद	मुर्दाबाद
	long live !	wither away
१७९.	जिताना	हराना
	to help to win	to defeat
१८०.	जीना	मरना
	to live	to die
१८१.	जीवन	मरण
	life	death
१८२.	जोड़ना	घटाना
	to add	to subtract
१८३.	ज्ञानी	अज्ञानी
	wise	ignorant
१८४.	ज्ञेय	अज्ञेय
	knowable	unknowable
१८५.	ज़्यादा	कम
	more	less
१८६.	ज्येष्ठ	कनिष्ठ
	senior	junior
१८७.	झूठा	सच्चा
	false/liar	truthful

१८८. टेढ़ा (जैसे, टेढ़ा आदमी)	सीधा
crooked (man)	straight forward, simple
१८९. डरपोक	निडर
timid	fearless
१९०. तंग	ढीला
tight	loose
१९१. तरतीबवार	बेतरतीब
in proper order	unsystematically
१९२. तर्कसंगत	तर्कहीन
logical	illogical
१९३. ताज़ा	बासी
fresh	having lost freshness, stale.
१९४. तीव्र (जैसे, तीव्रबुद्धि)	मंद (जैसे, मंदबुद्धि)
keen (intellect)	dull (intellect)
१९५. त्यागी	भोगी
one who sacrifice	enjoyer
१९६. त्याज्य	ग्राह्य
renounceable	acceptable
१९७. दंड	पुरस्कार
punishment, fine, penalty	reward, prize
१९८. दयालु	निर्दय/निर्दयी
kindhearted	pitiless/merciless
१९९. दाखिल	ख़ारिज़
admit	dismiss
२००. दीर्घ (जैसे; दीर्घस्वर)	ह्रस्व (जैसे, ह्रस्व स्वर)
long (vowel)	short (vowel)
२०१. दुःखद	सुखद
unfortunate, painful	pleasing, delightful
२०२. दुःखांत	सुखांत
with a tragic end	with a happy ending
२०३. दुरुपयोग	सदुपयोग
mis use, ill use	good use proper use

२०४. दुर्गंध	सुगंध
foul smell	fragrance, aroma
२०५. दुर्गम	सुगम
१. inaccessible	१. accessible
२. difficult	२. easy
२०६. दुर्जन	सज्जन
rascal, rogue	gentleman, good man
२०७. दुर्भाग्य	सौभाग्य
ill-luck	good fortune
२०८. दुर्लभ	सुलभ
unavailable	easily available
२०९. दुर्व्यवहार	सद्व्यवहार
१. ill treatment	good behaviour
२. mis-behaviour	
२१०. दुश्चरित्र	सच्चरित्र
wicked, vile	of good moral character
२११. दूरस्थ	निकटस्थ
distant, nemate	immediate, adjacent
२१२. देवता	दानव
deity	demon, giant
२१३. देशद्रोही	देशभक्त
traiior to the country	patriot
२१४. देशी	विदेशी
native, indigenous	foreigner
२१५. द्रव	ठोस
liquid, fluid	solid
२१६. धनपति	खकपति/धनहीन
rich	poor, moneyless
२१७. धरमी	पापी
religious	१. sinful, sinner
	२. immoral

२१८. धर्म	अधर्म
righteousness	unrighteousness
२१९. धीर	अधीर
patient, steady	impatient
२२०. नकारना	स्वीकारना
to deny	to accept
२२१. नज़दीक	दूर
near, close	faraway
२२२. नतोदर	उन्नतोदर
concave	convex
२२३. नफा	टोटा
profit, gain	loss
२२४. नमकहराम	नमकहलाल
ungrateful	practically loyal
२२५. नरमी	गरमी
softness	warmth
२२६. नाबालिग़	बालिग़
minor under age	adult
२२७. नामंजूरी	मंजूरी
rejection, disapproval refusal	approval, acceptance, sanction
२२८. नासमझ	समझदार
१. innocent २. unintelligent	sensible, wise
२२९. नास्तिक	आस्तिक
atheist	theist
२३०. निंदा	स्तुति
back biting	praise
२३१. निगलना	उगलना
to swallow up	to vomit
२३२. निमीलन	उन्मीलन
winking of the eye	opening of eyes

२३३.	निम्नलिखित	उपरिलिखित उपर्युक्त
	following	above mentioned
२३४.	निरुद्देश्य	सोद्देश्य
	without aim	with aim
२३५.	निर्धन	धनी
	poor	rich
२३६.	निर्बल	सबल
	weak, infirm	strong, powerful
२३७.	निर्भीक/निडर	भीरु/कायर
	१. fearless, bold	fearful, timid
	२. frank	
२३८.	निर्लिप्त	लिप्त
	unattached	involved
२३९.	निष्कलंक	कलंकित
	blameless	blemished
२४०.	निष्क्रिय	सक्रिय
	inactive, inert	active
२४१.	निष्पक्ष	पक्षपाती
	impartial	partial
२४२.	निस्स्नेह	सस्नेह
	without love affection	with love
२४३.	निस्स्वार्थता	स्वार्थपरायणता
	१. selflessness	selfishness
	२. unselfishness	
२४४.	नीरस	सरस
	१. without juice	१. juicy
	२. uninteresting	२. full of tender sentiments/ interest
२४५.	नीरोग/निरीग/नीरोगी	रोगी
	without ailment	sick, patient

२४६. नेकी	बंदी
१. goodness	evil
२. good	
२४७. न्याय	अन्याय
justice	injustice
fairness	
२४८. न्यायसंगत	अन्यायपूर्ण
just,	unjust
equitable	
२४९. पंडित	मूर्ख
learned person	foolish
२५०. पक्ष	विपक्ष
for	against
२५१. परदेश	स्वदेश
foreign country	native land
२५२. परलोक	इहलोक
next/other world,	this world
heaven	
२६३. पराजय	विजय
defeat	conquest/victory
२५४. परोक्ष	अपरोक्ष
indirect	direct
२५५. पर्याप्त	अपर्याप्त
enough	inadequate
adequate	insufficient
sufficient	
२५६. पारदर्शक	अपारदर्शक
transparent	opaque
२५७. पुण्य	पाप
spiritual reward of	sin, evil.
any good act	
२५८. पुरस्कृत	दंडित
rewarded	punished

२५९. पूर्ण	अपूर्ण
complete, full	incomplete
२६०. पूर्वी	पश्चिमी
eastern	western
२६१. पौर्वात्य	पाश्चात्य
of or pertaining to the east	of or pertaining to the west
२६२. प्रतिकूल	अनुकूल
opposite, contrary, adverse	१. favourable, helpful २. suitable
२६३. प्रशंसा	निंदा
praise, admiration	backbiting
२६४. प्रसन्न	अप्रसन्न/दुःखी
happy, pleased, glad	unhappy
२६५. प्रेम	घृणा, नफ़रत
love affection	hatred, scorn, abhorence
२६६. बढ़िया	घटिया
good, of a high quality	of inferior/low quality
२६७. बहुज्ञ	अल्पज्ञ
(a person) of wide knowledge, versatile	having a superficial knowledge
२६८. बृहत्	लघु
great, greater	small
२६९. बेअक्ल	अक्लमंद
void of wisdom, foolish	wise
२७०. बेईमान	ईमानदार
dishonest	honest
२७१. बेक़सूर	क़सूरवार
guiltless, innocent	guilty, at fault

२७२. बेरहम	रहमदिल
merciless, heartless, cruel	kind, merciful, compassionate
२७३. भक्ष्य	अभक्ष्य
edible	inedible
२७४. भाग्यवान	भाग्यहीन/अभागा
lucky	luckless
२७५. भारी	हल्का/हलका
heavy	light, not heavy
२७६. भावी	विगत
coming	past
२७७. भीतरी	बाहरी
१. internal, २. inner	१. external, २. outward
२७८. भेद्य	अभेद्य (जैसे; अभेद्य दुर्ग)
pierceable	impenetrable (fort)
२७९. मंगलकारी	अमंगलकारी
auspicious	inauspicious
२८०. मधुर	कटु
sweet	bitter
२८१. प्रशंसनीय	निंदनीय
admirable	condemnable
२८२. प्रस्थान	आगमन
departure	arrival
२८३. प्राकृतिक	अप्राकृतिक
natural	unnatural
२८४. प्राचीन	अर्वाचीन
ancient	modern, recent
२८५. प्रामाणिक	अप्रामाणिक
authentic	unauthentic
२८६. प्रेषक	प्रापक
despatcher, sender	receiver
२८७. प्रोत्साहित	निरुत्साहित
encouraged	discouraged

२८८. प्रौढ़	युवा
mature	young
२८९. फटकार	दुलार
scolding	fondling, caressing
२९०. फूट	एकता
disunity	unity
२९१. बदनसीबी	खुशनसीबी
ill luck, misfortune	good luck
२९२. बदबू	खुशबू
foul/bad smell	sweet smell
२९३. बदसूरत	खूबसूरत
ugly	beautiful
२९४. बलशाली	बलहीन
powerful	powecless
२९५. बारीक (जैसे, बारीक कपड़ा)	मोटा (जैसे, मोटा कपड़ा)
thin (cloth)	rough (cloth)
२९६. बाह्य	आन्तरिक
external	internal
२९७. बिखेरना	समेटना
to scatter	to gather, to roll up
२९८. बिदाई	अगवाई/अगवानी
forewell	reception
२९९. बुज़दिल	दमदार
coward	brave/powerful
३००. बुझना	जलना
to be extinguished	to burn
३०१. बुद्धू	तेज़तर्रार
simpleton	sharp and short tempered
३०२. बुराई	अच्छाई
defect, flaw	goodness
३०३. बेइंसाफी	इंसाफ
injustice	justice

३०४. बेपरदा	परदानशीन
unveiled	(a woman) who observes purdah
३०५. बेरहम	रहमदिल
merciless	kind, merciful
३०६. बेसमझ	समझदार
simple, senseless	sensible
३०७. बोझिल	बोधगम्य
burdensome	understandable
३०८. भाग्यवान	भाग्यहीन
fortunate	luckless
३०९. भावप्रवण	भावहीन
emotional	unemotional
३१०. मंगलकारी	अमंगलकारी
auspicious	inauspicious
३११. मज़बूत	कमज़ोर
strong	weak
३१२. मतभेद	मतैक्य
disagreement	unanimity
३१३. मनुष्यता	पशुता
humanity	brutality
३१४. मिथ्यावादी	सत्यवादी
liar	true in word/truthful
३१५. म्लान	प्रफुल्ल
gloomy	joyful
३१६. यथार्थवादी	आदर्शवादी
realistic	idealistic
३१७. यश	अपयश
repute, renown	ill-repute
३१८. योग्य	अयोग्य
able	unfit, unworthy
३१९. रक्षित	अरक्षित
protected	unprotected

३२०. राग	विराग
love	renunciation
३२१. लंबा (जैसे; लंबा मार्ग)	छोटा (जैसे; छोटा मार्ग)
long (route)	short (route)
३२२. लज्जालु	निर्लज्ज
bashful/shy	shameless
३२३. विवाद्य	निर्विवाद
disputable	indisputable
३२४. विविधता	एकता
diversity	unity
३२५. विशेष	आम
special, particular	general, common
३२६. विस्तृत	सीमित/संक्षिप्त
extensive, extended	limited/bounded
३२७. विहीन	युक्त
void of Iwithout	combined, fitted
३२८. वैभव	पराभव
magnificanee	disregard
३२९. व्यय	आय
expenditure	income
३३०. व्यावहारिक	अव्यावहारिक
practical	not practical
३३१. शांत (जैसे; शांत वातावरण)	अशांत (जैसे; अशांत वातावरण)
peaceful (atmosphere)	disturbed (atmosphere)
३३२. श्वास	प्रश्वास
inspiration	expiration
३३३. सुकुर्म	दुष्कर्म
good deed	bad deed
३३४. शकुन	अपशकुन
an omen	an bad omen
३३५. संधि	विग्रह
compact	division

३३६.	संयत	असंयत
	restrained	unrestrained
३३७.	संयुक्त	वियुक्त
	united	separate
३३८.	सक्षम	अक्षम
	competent	incompetent
३३९.	सघन	विरल
	dense	rare
३४०.	सचमुच	झूठमूठ
	really	falsely
३४१.	सच्चरित्र	दुश्चरित्र
	of good moral character	wicked, vile
३४२.	सज्जन	दुर्जन
	gentleman	rascal, rogue
३४३.	सतही	गम्भीर
	superficial	deep
३४४.	सदाचारी	दुराचारी
	of good conduct, righteous	immoral
३४५.	सद्भावना	दुर्भावना/दुर्भाव
	good will	ill-will
३४६.	सन्मार्ग	कुमार्ग
	path of righteousness	evil course
३४७.	सपूत	कपूत/कुपूत/कुपुत्र
	worthy son	undutiful son
३४८.	सफल	असफल
	successful	unsuccessful
३४९.	समष्टि	व्यष्टि
	totality	individual
३५०.	समीपस्थ	दूरस्थ
	nearby	distant, remote

३५१. सरस	नीरस
tasty/interesting	dry, uninteresting
३५२. सराहनीय	निंदनीय
praiseworthy	condemnable
३५३. सर्जन	विनाश
creation	destruction
३५४. सर्वश्रेष्ठ	निकृष्ट
best of all	very inferior
३५५. सह्य	असह्य
tolerable	intolerable
३५६. सादा (जैसे; सादा भोजन)	गरिष्ठ (जैसे; गरिष्ठ भोजन)
simple (food)	heavy (food)
३५७. साध्य	असाध्य
attainable, curable	incurable
३५८. सामयिक	असामयिक
current	untimely
३५९. सार्थक	निरर्थक
meaningful	meaningless
३६०. सुखद	दुःखद
delightful	painful
३६१. सुखान्त	दुःखान्त
with a happy ending	with a tragic ending
३६२. सुडौल	बेडौल
shadey	unsymmetrical
३६३. सुरूप	कुरूप
well shaped	ugly
३६४. सुविज्ञ	अल्पज्ञ
having good knowledge	having a superficial knowledge
३६५. सुसंगति	कुसंगति
good company	bad company

३६६. सुस्त	चुस्त
lazy, idle	alert, smart (person)
३६७. सूक्ष्म	स्थूल
minute	bulky
३६८. सृजन/सर्जन	विनाश
creation	destruction
३६९. सृष्टि	प्रलय
creation	total devastation
३७०. सोना	जागना
to sleep	to wake up
३७१. सौभाग्य	दुर्भाग्य
good fortune	misfort une
३७२. स्थायी	अस्थायी
permanent	temporary
३७३. स्थावर	जंगम
immovable	movable
३७४. स्वजातीय	विजातीय
of one's own race/ caste	of foreign genus
३७५. स्वतंत्र	परतंत्र
free	dependent
३७६. स्वावलंबी	पराश्रयी
selfreliant	dependent on others
३७७. स्वीकारात्मक	नकारात्मक
affirmative	negative
३७८. स्वीकृत	अस्वीकृत
accepted	refused
३७९. स्वीकीय	परकीय
one's own	belonging to someone else
३८०. हानिकारक	लाभदायक
causing loss, harmful	gainful
३८१. हार	जीत
defeat	victory

३८२. हित	अहित
good	evil
३८३. हीनभावना	श्रेष्ठता-मनोग्रन्थि
inferiority complex	superiority complex
३८४. हृष्ट-पुष्ट	दुबला-पतला
stout and vobust	lean and thin
३८५. ह्रास	वृद्धि
decrease decrement	increase, enhancement
३८६. ह्रासमान	विकासमान
decreasing	developing

अनेकार्थी शब्द

भूमिका

शब्द किस रूप में व्यवहृत किया जाता है, यह इस बात पर निर्भर करता है कि आप शब्द का सही अर्थ समझकर उसका ठीक-ठीक प्रयोग कर रहे हों। इसीलिए अर्थ के आधार पर शब्दों के दो भेद हैं—

(i) **एकार्थी**—जिनका केवल एक ही अर्थ होता है अथवा यह कहें कि जिनका प्रयोग मान्य रूप से एक ही अर्थ में होता है। एक ही अर्थ में प्रयुक्त होने वाले इन शब्दों को 'एकार्थी' कहते हैं, जैसे, दरवाज़ा, खिड़की, दवात, घर, मेज़, कुर्सी, लाल हरा रंग आदि। इन शब्दों को हम चाहें जिस रूप में प्रयोग करें, उनके अर्थ में परिवर्तन नहीं हो सकता।

(ii) **अनेकार्थी**—कुछ शब्द ऐसे होते हैं, जिनके एक से अधिक अर्थात् कई-कई अर्थ होते हैं। प्रसंग का ज्ञान होने पर ही ऐसे शब्दों का ठीक-ठीक अर्थ समझा जा सकता है—जैसे 'उत्तर' के दो अर्थ हैं—'दिशा का नाम' और 'जवाब'। उसी भांति 'कर' के कई अर्थ हैं—'हाथ', 'टैक्स', 'किरण' और 'करना' क्रिया। इन शब्दों के प्रयोग के आधार पर ही उनके अर्थों को सही ढंग से समझा या समझाया जा सकता है। उदाहरणार्थ, दो-तीन शब्द देखिए—

उत्तर—(i) प्रश्न का सही-सही 'उत्तर' दो। (जवाब)
(ii) हमारे देश के 'उत्तर' में हिमालय पर्वत है। (दिशा का नाम)

फल—(i) आम एक मीठा 'फल' है। (वृक्ष का फल)
(ii) जो जैसा करेगा, उसे वैसा ही 'फल' मिलेगा। (परिणाम)
(iii) हल का 'फल' तेज न हो, तो खेतों की जुताई अच्छी नहीं हो पाती। (हल के नीचे की लोहे की धारवाली नोक)
(iv) चाकू का 'फल' तेज धारवाला होता है। (नोक)
(v) आज जो हम कर्म कर रहे हैं, उसके 'फल' को कुछ समय ही देख सकेंगे। (प्रभाव)

विधि—(i) 'विधि' के विधान को कोई नहीं जानता। (ईश्वर या भाग्य)
(ii) प्रत्येक कार्य को उचित 'विधि' से करना चाहिए। (तरीका)
(iii) अभी मिसिल 'विधि' मंत्रालय से नहीं लौटी है। (कानून)

उक्त उदाहरणों से यह स्पष्ट है कि कुछ शब्दों के एक से अधिक अर्थ होते हैं और हमें प्रसंग के अनुसार ही उनका अर्थ ग्रहण करना चाहिए। डॉ० बाहरी का यह कथन द्रष्टव्य है कि "हमें कोशों में एक-एक शब्द कें कई अर्थ मिल जाते हैं, किन्तु भाषा के व्यवहार में उनका प्राय: एक-एक अर्थ होता है। बहुत थोड़े शब्द हैं, जिनके सचमुच एक से अधिक अर्थ हो सकते हैं, जिनके कारण अर्थ की अस्पष्टता बराबर बनी रहती है। ऐसे शब्द और प्रसंग बहुत कम होते हैं। सामान्यत: एक प्रसंग में अनेक अर्थों में से एक अर्थ लागू होता है।"

निष्कर्ष रूप में यह कहना समीचीन ही होगा कि अनेकार्थी शब्दों के अर्थों का ज्ञान एक ओर तो शब्दावली की समृद्धि में सहायक होता है, वहीं दूसरी ओर हमें अनेक भ्रान्तियों से बचाकर शब्दों का ठीक-ठीक प्रयोग करना सिखाता है।

प्रस्तुत अध्याय में हमने अधिक-से-अधिक अनेकार्थी शब्दों को रखने का प्रयास किया है और उनके अर्थों के अन्तर को हिन्दी एवं अंग्रेजी शब्दों द्वारा ध्वनित भी किया है। इतने अधिक शब्दों का वाक्यों में प्रयोग करना संभव नहीं था, इसलिए मात्र अनेकार्थी शब्द ही यहां दिये गये हैं।

अनेकार्थी शब्द

१. **अंक** (mas.) :
(i) संख्या के अंक (mark, figure or number)
(ii) नाटक के अंक (act of a drama)
(iii) परीक्षा में प्राप्त अंक (marks obtained in a test)
(iv) गोद (lap)

२. **अंकुश** (mas.) :
(i) रोक, बंधन (restraint, control)
(ii) हाथी पर नियंत्रण के लिए लोहे का हुक (iron hook or goad for driving an elephant or keeping him under control)

३. **अंग** (mas.) :
(i) शरीर (body)
(ii) शरीर का कोई भाग (limb)
उसके अंग-अंग मुस्करा रहे थे।
(iii) पक्ष (side, aspect, facet)
(iv) भाग (part) जीवन का अंग (part of life)

४. **अंचल** (mas.) :
(i) साड़ी का छोर (the part of the saree which covers the front portion of the body, border)

(ii) क्षेत्र (region, district) (adj.—आंचलिक)

५. **अंतर** (mas.) : (i) हृदय (heart) उसके अंतर की बात कोई नहीं समझ सकता।
(ii) भेद (difference)
(iii) अवधि (interval of time or space)
(iv) भीतरी (inner)

६. **अंतिम** (adj.) : (i) आखरी (the last) (अंतिम) सांस लेना
(ii) निर्णायक (final)

७. **अंबर** (mas.) : (i) आकाश (sky)
(ii) बादल (cloud)
(iii) वस्त्र (a kind of garment)
(iv) एक प्रकार की सुगंधि (a sort of perfume, usually obtained from the whole)

८. **अंबुज** (mas.) : (i) कमल (lotus)
(ii) चन्द्रमा (moon)
(iii) शंख (conch)

९. **अंश** (mas.) : (i) भाग (part, portion)
(ii) हिस्सा (जायदाद में) (share-in property etc.)
(iii) कोण (degree of an angle)
(iv) खंड (fraction)

१०. **अकाल** (mas.) : (i) दुर्भिक्ष (famine)
(adj.) : (ii) असमय (untimely premeture)
(iii) कमी (acute shortage of anything)

११. **अकेला** (adj.) : (i) संगहीन—बिना किसी साथी के (alone)
(ii) असाधरण (unique) अपने ढंग की अकेली पुस्तक है।
(iii) एकमात्र (solitary, lonely)
(iv) पूर्णरूपेण (sole) अकेला स्वामी (sole proprietor)

१२. **अक्ष** (mas.) : (i) आंख (eye)
(ii) रथ की धुरी (cart-axle)
(iii) आत्मा (soul)
(iv) चक्र (dice) (cubic or oblong)

१३. **अक्षत** (adj.) : (i) बिना किसी चोट के (uninjured, unhurt)
(ii) सम्पूर्ण (whole, entire)

(iii) अखंड (intact, not broken)
(mas.) : (iv) चावल के दाने (whole grain of rice used in religious ceremonies)

१४. अक्षर (adj.) : (i) अविनाशी (undecaying, indestructible)
(ii) वर्ण (letter of the alphabet) (syllable)
(iii) आकाश (sky)
(iv) आत्मा (soul)
(v) जल (water)

१५. अचल (adj.) : (i) जो न हिले (immovable, stationary)
(ii) स्थिर (दृढ़) (firm)
(mas.) : (iii) पर्वत (mountain)

१६. अज (mas.) : (i) ब्रह्मा (an epithet of god)
(ii) बकरा (goat or ram)
(iii) दशरथ के पिता (the name of Dasharath's father)
(adj.) : (iv) अजनबी (unknown)

१७. अड्डा (mas.) : (i) रुकने (आराम) का स्थान (halting/resting place)
(ii) पक्षी के बैठने का (perch of birds)
(iii) गाड़ियों के रुकने का स्थान (stand of vehicles)
(iv) सैनिक अड्डा (base-military)
(v) जुए और जुआरियों का स्थान (den-gambling)
(vi) करघा (loom)

१८. अधर (mas.) : (i) नीचे का ओठ (lower lip)
(ii) धरती और आकाश के बीच का स्थान (अन्तरिक्ष) (space between heaven and earth)
(iii) बिना सहारे के (without support, propless) अधर में झूलना/लटकना (to hang without a support)

१९. अधिकार (mas.) : (i) हक (right)
(ii) दावा (claim)
(iii) कब्जा (possession)
(iv) सरकार/अधिकारी (authority)

(v) नियंत्रण (command—भाषा पर अधिकार)

२०. **अनन्त** (adj.) : (i) अन्तरहित (infinite) (never ending)
(mas) : (ii) आकाश (sky)
(iii) विष्णु (Lord Vishnu)
(iv) धागा (a cord which Hindus tie on the right arm on the Anant Chaturdashi day)

२१. **अनुचर** (mas.) : (i) नौकर (attendant)
(ii) अनुयायी (follower)

२२. **अरुण** (mas.) : (i) प्रातः (धुंधलका) (the dawn)
(adj.) : (ii) लाल रंग (red colour) (reddish, scarlet)

२३. **अर्क** (mas.) : (i) सूर्य (sun)
(ii) प्रकाश-किरण (ray of light)
(iii) आक का पेड़ (a tree)

२४. **अर्थ** (mas.) : (i) अभिप्राय (meaning)
(ii) धन (money, wealth)
(iii) प्रयोजन (purpose, intention)
(iv) कारण (reason)

२५. **अर्थी** (fem.) : (i) मुर्दे की खाट (टिकठी) (a bier)
(mas.) : (ii) आवेदक (a petitioner)
(iii) दावेदार (a claimant, a plaintiff)
(adj.) : (iv) इच्छुक (desirous, craving)(seeker after)

२६. **अलि** (fem.) : (i) सखी (female friend)
(mas.) : (ii) भौंरा (black-bee)
(iii) बिच्छू (scorpion)
(iv) कौआ (crow)

२७. **आग** (fem.) : (i) अग्नि (fire)
(ii) ईर्ष्या (jealousy)
(iii) गरमी (heat) आज तो आग बरस रही है।
(iv) धन के प्रति तीव्र आकर्षण (passion, lust) उन्हें पैसे की आग लगी है।

२८. **आगम** (mas) : (i) आगमन (coming, arrival)
(ii) आय (income)
(iii) साधन (source)
(iv) ज्ञान (source)

(v) वेद (sacred scriptures)
(vi) भविष्य-ज्ञान (future events, to foretell)

२९. आदमी (mas.) : (i) व्यक्ति (person, man)
(ii) नौकर (servant)
(iii) पति (husband)
(iv) सभ्य होना (आदमी बनना) to become civilized, to learn good manners.

३०. आदि (mas.) : (i) आरंभ (beginning)
(ii) प्रथम (first, primary)
(iii) ईश्वर (God)
(iv) इत्यादि (etc.—et cetera)

३१. आब (mas.) : (i) पानी (water)
(ii) सौन्दर्य, चमक (luster, brilliance)—उसके चेहरे पर आब है।

३२. आम (mas.) : (i) आम्र (फल) (mango)
(adj.) (ii) सामान्य (general)
(iii) साधारण (common)
(iv) खुले रूप में (public) आम जलसा (publicly) खुले आम

३३. इलाज (mas.) : (i) चिकित्सा
(ii) हल/निदान (remedy) इस बात का क्या इलाज है?

३४. ईश्वर (mas.) : (i) परमात्मा (God)
(ii) स्वामी (lord, owner)
(iii) राजा (king)
(iv) शिव (Lord Shiva)

३५. उजाला (mas.) : (i) प्रकाश (light, brightness)
(ii) सूर्य-किरण (sun's light)
(iii) कुलदीपक (only son in a family)
(iv) चमकता सितारा (shining star in a dark sky)

३६. उत्तर (mas.) : (i) दिशा (north)
(ii) जवाब (answer, reply)
(iii) ध्रुवतारा (pole star)

(iv) स्पष्टीकरण (to call for an explanation)
—उत्तर मांगना

३७. **उद्यम** (mas.) : (i) कठिन परिश्रम (deligence, strenuous effort)
(ii) कार्य (work, affair)
(iii) धंधा (trade, business)
(iv) व्यापारसंस्थान (enterprise)

३८. **ऊपरी** (adj.) : (i) अधिक खर्च (overhead-expenses) ऊपरी व्यय
(ii) अतिरिक्त (additional, extra)
अतिरिक्त आमदनी
(iii) दिखावटी (showy) ऊपरी प्रेम
(iv) सतही (superficial) ऊपरी तौर से
(v) प्रेत-बाधा (influence of evil spirits) ऊपरी हवा

३९. **औक़ात** (fem.) : (i) स्तर (status) हैसियत
अपनी औक़ात से बाहर जाना
(ii) शक्ति सीमा (capacity)
अपनी औक़ात के अनुसार ही कार्य करना चाहिए।

४०. **औरत** (fem.) : (i) महिला (woman)
(ii) पत्नी (wife)
(iii) नौकरानी (maid-servant)

४१. **कनक** (mas.) : (i) सोना (gold)
(ii) धतूरा (thorn-apple)
(iii) गेहूं (wheat)

४२. **कनीनिका** (fem.): (i) आंख की पुतली (pupil of the eye)
(ii) कुंआरी कन्या (unmarried girl)

४३. **कन्या** (fem.) : (i) कुंवारी (maiden, virgin)
(ii) लड़की (girl)
(iii) पुत्री (daughter)
(iv) कन्या-राशि (virgo)

४४. **क़बीला** (mas.) : (i) जनजाति (tribe)
(fem.) : (ii) पत्नी (wife)

४५. **कमल** (mas.) (i) पंकज (lotus)
(ii) पीलिया रोग (jaundice)
(ii) पानी (water)
(iii) आंख की पुतली

४६. कर (mas.) : (i) हाथ (hand)
(ii) टैक्स (tax)
(iii) हाथी की सूंड (tusk of an elephant)
(iv) किरण (ray of the sun or moon)
(verb.) : (v) करना (to do)

४७. कर्ण (mas.) : (i) कान (ear)
(ii) पतवार (helm of a ship or boat)
(iii) समकोण त्रिभुज में समकोण के सामने की भुजा (hypotenure) (geom.)
(iv) कुन्ती का पुत्र (mother Kunti's son)

४८. कर्ता (mas.) : (i) सृष्टिकर्ता (creator)
(ii) करने वाला (doer, author or agent)
(iii) मुखिया संयुक्त परिवार का (head of a joint Hindu family)
(iv) संज्ञा या सर्वनाम (subject in grammar)

४९. कल (adj.) : (i) बीता दिन (yesterday)
(ii) आने वालादिन (tomorrow)
(fem.) : (iii) मशीन (machine)
(iv) मधुर ध्वनि (soft and tender note)
(v) आराम (peace, rest, repose, satisfaction)

५०. कली (fem.) : (i) कलिका (bud, blossom)
(ii) छत्ता (block), चूने की कली (block of lime)
(iii) कपड़े की तह (triangular piece of cloth)
(iv) हुक्के का निचला हिस्सा (lower part of Hookah) (hubble-bubble)

५१. कांटा (mas.) : (i) चुभने वाला (thorn)
(ii) मछली की हड्डी (bone of fish)
(iii) कील (nail)
(iv) तौलने वाला (scale balance)

५२. कांप (fem.) : (i) पतंग की आधार लकड़ी (bow of a kite)
(ii) कानों का जेवर (an ornament for the ear)
(iii) हाथी की सूंड (tusk of an elephant)
(iv) दलदल (swamp)

५३. काम (mas.) : (i) कार्य (work)

(ii) व्यापार (business)
(iii) नौकरी (service, employment)
(iv) वासना (sexual desire)
(v) कशीदाकारी (embroidery)

५४. क़ायदा (mas.) : (i) नियम (rule)
(ii) रीति (practice)
(iii) शिष्टाचार (etiquitte) (good manners)
(iv) ढंग (method, manner)

५५. काम (mas.) : (i) समय (time)
(ii) मृत्यु (death)
(iii) यमदूत (an epithet of Yama)
(iv) युग (era, age)
(v) दुर्भिक्ष (अकाल) (famine)

५६. किनारा (mas.) : (i) तट (bank, shore)
(ii) छोर (border)
(iii) एक तरफ (side)
(iv) ऊपर तक (brimful)

५७. कीर (mas.) : (i) तोता (parrot)
(ii) बहेलिया चिड़ीमार (fowler)

५८. कुंभ (mas.) : (i) घड़ा (pitcher)
(ii) हाथी का मस्तक (protuberance on an elephant's head)
(iii) कुंभ राशि (aquarius zodiac sign)
(iv) कुंभ मेला (religious congregation of the hindus [usually on the banks of some holy river] held when the sun enters the aquarious constillation)

५९. क़ुदरती (adj.) : (i) प्राकृतिक/ स्वाभाविक (natural)
(ii) ईश्वरीय (divine)
(iii) जन्मजात (inborn)

६०. कुमकुम (mas.) : (i) केसर (saffron)
(ii) रोली (red tilak used by the women—folk on their fore-head)

६१. कुल (adj.) : (i) सम्पूर्ण (entire)

(ii) सब (all)
(mas.) : (iii) परिवार (family)
(iv) वंश (parentage, generation)

६२. **कूट** (mas.) : (i) पर्वत की चोटी (mountain peak)
(ii) ढेर—अन्न का (heap of corn)
(iii) झूठ (lie, falsehood)
(adj.) : (iv) बीज भाषा (code language)
(v) नकली (counterfeit)

६३. **केतु** (mas.) : (i) ध्वजा (banner)
(ii) पुच्छल तारा (comet)
(iii) ग्रह का नाम (name of a planet)

६४. **कोटि** (fem.) : (i) श्रेणी, ग्रेड (rank, order)
(ii) करोड़ (crore)

६५. **कोठा** (mas.) : (i) ऊपरी मंजिल का कमरा (room on the upper storey)
(ii) चकला (brothel)
(iii) पेट (stomach)
कोठा बिगड़ना (up-setting of the stomach)

६६. **कोष** (mas.) : (i) खजाना (treasure)
(ii) भंडार (store)
(iii) म्यान (sheath)

६७. **खंड** (mas.) : (i) टुकड़ा (bit, piece)
(ii) भाग, हिस्सा (part, portion)
(iii) मंजिल (मकान की) (storey—of a building)
(iv) भाग-पुस्तक का (volume—of a book)

६८. **खल** (adj.) : (i) दुष्ट/नीच (wicked/low)
(mas.) : (ii) खलियान (open place where the harvested crop is stored for processing)
(iii) खरल (mortar)

६९. **खूंटी** (fem.) : (i) कपड़े टांगने की कील (peg)
(ii) ठूंठ/टोंटा (stump of reaped corn)
(iii) बालों की जड़ (root of the hair)
(iv) चारदीवारी (boundary)

७०. **खून** (mas.) : (i) रक्त (blood)

(ii) कत्ल (murder)

७१. गद्दी (fem.) : (i) बैठने का टाट (small mattress/cushion)
(ii) काठी (pack—saddle)
(iii) सिंहासन (throne)
(iv) स्थान (seat)
(v) पद (office)

७२. गल्ला (mas.) : (i) झुंड (herd, flock)
(ii) रुपयों की पेटी (cash-box)
(iii) अनाज (grain, corn)

७३. गिरीन्द्र (mas.) : (i) हिमालय (Himalaya)
(ii) भगवान शिव (Lord Shiv)

७४. गिरीश (mas.) : (i) हिमालय (Himalaya)
(ii) भगवान शिव (Lord Shiv)
(iii) कैलाश पर्वत (Kailash, the abode of Lord Shiv)

७५. गुण (mas.) : (i) स्वभाव (nature)
(ii) कौशल (merit)
(fem.) : (iii) रस्सी (rope)
(iv) धनुष की डोरी (bow-string)

टिप्पणी : (i) न्याय में रूप, रस आदि—२४ गुण
(ii) व्याकरण में अ, ए, ओ—३ गुण
(iii) प्रसाद, ओज, माधुर्य—साहित्य में ३ गुण
(iv) सत्व, रजस्, तमस्—वेदान्त में ३ गुण

७६. गुरु (mas.) : (i) भारी (heavy)
(ii) बड़ा (elder)
(iii) गुरु (preceptor, mentor)
(iv) शिक्षक (teacher)
(v) दो मात्रा वाला वर्ण (a sing—denoting a long unit in prosody)

७७. गोदी (fem.) : (i) बन्दरगाह (harbour, dock)
(ii) गोद (lap)

७८. गोप (mas.) : (i) चरवाहा/ग्वाला (cowherd)
(ii) गांव का मुखिया (chieftain of a village)

(iii) गले का आभूषण (ornament for the neck)

७९. **गोलक** (mas.) : (i) गोला (globe)

(ii) आंख की पुतली (socket of the eye)

(iii) गोलाकार शरीर (round body)

(iv) गोल कैशबॉक्स (round cash box)

८०. **गोली** (fem.) : (i) औषधि की टिकिया (tablet, pill)

(ii) बन्दूक की गोली (bullet)

(iii) धागे की रील (reel of thread)

(iv) दासी (maid-servant—in princely families in Rajasthan)

८१. **गौ** (fem.) : (i) गाय (cow)

(ii) इंद्रिय (organ of senses)

(iii) भूमि (ground, land)

(iv) दिशा (direction)

(v) वाणी (speech, voice)

८२. **ग्रहण** (mas.) : (i) लेना (receiving)

(ii) रूप-परिवर्तन (assumption, taking)
संज्ञा ने विशेषण का रूप ग्रहण कर लिया।

(iii) सूर्य या चन्द्र ग्रहण (eclipse)

८३. **ग्राम** (mas.) : (i) गांव (village)

(ii) संगीत-संबंधी (music-garnut)

(iii) तौल या माप (gramme—unit of weight)

(iv) ढेर (heap)

८४. **घन** (mas.) : (i) बादल (cloud)

(ii) हथौड़ा (big hammer)

(iii) घना/गाढ़ा (dense, thick)

(iv) समान लम्बाई-चौड़ाई तथा ऊंचाई वाली वस्तु (cube) (maths.)

(v) किसी संख्या को उसीसे दो बार गुणा की हुई संख्या (third power of a quantity—the cube of 4 is 64)

८५. **चक** (mas.) : (i) पहिया (wheel)

(ii) कृषि भूमि का बड़ा खंड (big plot of agricultural land, holding)

(iii) छोटा गांव (small village)

(iv) चक्र—चकली (खेलने का) (a plaything for children in the form of pulley)

(adj.) : (v) काफी/पर्याप्त (ample, abundant)
चक भोजन

८६. चट्टा (mas.) : (i) चेला (disciple)

(ii) बंजर भूमि का टुकड़ा (barren plot of land)

(iii) खाल पर धब्बा (चमड़ी) (scar on the skin)

(iv) ढेर—ईंट या टाइल्स का (arranged block of bricks, tiles etc.)

८७. चपला (fem.) : (i) बिजली (lightning)

(ii) लक्ष्मी (Lakshmi—Goddess of wealth)

(adj. & fem.) : (iii) चंचल स्वभाव की स्त्री (fickle-minded lady)

८८. चरण (mas.) : (i) पैर (foot/feet)

(ii) श्लोक या दोहे का चरण (line of couplet or Shlokas)

८९. चारा (mas.) : (i) घास (fodder)

(ii) लुभाना (bait, lure)
चारा डालना

(iii) रद्दी भोजन (food of a mean type)

(iv) हल/रास्ता (remedy, device)

९०. चाल (fem.) : (i) चलने का ढंग (manner of going/walking)

(ii) गति (speed) रेल की चाल

(iii) बढ़ाना/चलना (to move)

(iv) चतुराई (trick) (i) चाल चूकना (ii) चाल में आना (iii) चाल में फंसना

(v) परम्परा/रीति (tradition, custom) (i) घर की चाल (ii) गांव की चाल

(vi) ढंग/फैशन (practice/style/design)

(vii) रहने का स्थान (hutment)

९१. चौकी (fem.) : (i) काठ की बनी बैठने की वस्तु (wooden stool/bench)

(ii) पुलिस स्टेशन (police station)

(iii) कर वसूली या निगरानी का स्थान (post, out post, custom house)
(iv) निगरानी (watch, guard)

९२. **जड़** (adj.) : (i) अचेतन (inanimate, inert)
(ii) मूर्ख (idiotic, stupid)
(fem.) : (iii) मूल (root of a tree etc.)

९३. **जन्नत** (fem.) : (i) स्वर्ग (heaven)
(ii) बाग (garden)

९४. **जबान** (fem.) : (i) जीभ (tongue)
(ii) भाषा (language) उर्दू जबान

९५. **ज़मीन** (fem.) : (i) भूमि (land)
(ii) फ़र्श (floor, ground)
(iii) पृष्ठभूमि (background—seting as of a picture)
(iv) आधार (base)

९६. **ज़रदा** (mas.) : (i) तम्बाकू (scented tobacco)
(ii) मीठे चावल (a sweet disk of rice)
(iii) पीला घोड़ा (a yellow horse)

९७. **जलज** (adj.) : (i) जल से उत्पन्न/जल-संबंधी (produced in water, aquatic)
(mas.) : (ii) कमल (lotus)
(iii) जल-जन्तु (aquatic animal)
(iv) मोती (pearl)
(v) शंख (conch)

९८. **जाल** (mas.) : (i) मकड़ी का जाला (spider's web)
(ii) वाग्जाल/तन्तुजाल (cobweb)
(iii) मोतियाबिन्द (cataract—of the eyes)

९९. **जीव** (mas.) : (i) प्राणी (living being, creature, animal)
(ii) आत्मा (soul)
(iii) वृहस्पति (jupiter)

१००. **जीवन** (mas.) : (i) ज़िन्दगी (life)
(ii) पानी (water)
(iii) प्राण (life-soul)

१०१. **जुआ** (mas.) : (i) द्यूत/दांव (gambling)

(ii) बहंगी/जोत (yoke)

१०२. जून (mas.) : (i) समय (time) एक जून का खाना

(ii) पुआल/पयाल (straw)

(iii) महीने का नाम/जून (june)

१०३. ज्येष्ठ (adj.) : (i) बड़ा (elder, eldest)

(ii) श्रेष्ठ (good)

(mas.) : (iii) हिन्दी महीने का नाम—(third month of the Hindu calendar)

(iv) जेठ—पति का बड़ा भाई (husband's elder brother)

१०४. झूमर (mas.) : (i) कानों में पहनने का आभूषण (a kind of ear-ring)

(ii) लोक-नृत्य का एक रूप (a variety of folk-dance)

(iii) उत्सव गीत (a song sung with the dance or in her festivities)

(iv) खिलौना (rocking toy)

(v) गोलाकार घेरा (a ring, a circular arrangement)

१०५. टप्पा (mas.) : (i) जमीन का छोटा टुकड़ा (small tract of land)

(ii) उछाल (bounce) उछाल खाना

(iii) उछाल का स्थान (range of bauncing)

(iv) एक लोकगीत (a type of folk song of the punjab)

१०६. टीका (mas.) : (i) तिलक (a mark put on the forehead)

(ii) बीमारी के रोक के लिए दवाई (inoculation vaccination)

(iii) टिप्पणी (comment, remark)

(iv) व्याख्या (commentary, annotation)

(v) विवाह से पहले की रीति (ceremony performed before marriage at which the engagement is confirmed)

(vi) माथे पर पहनने का आभूषण (an ornament worn on the forehead)

१०७. ठाकुर (mas.) : (i) पूज्य देवता (deity, God, idol)
(ii) भगवान (God)
(iii) स्वामी (Lord, master)
(iv) मुख्य नेता (chief leader)
(v) सम्माननीय व्यक्ति (highly honoured person)
(vi) एक जाति का नाम (surname of a caste)

१०८. डेरा (mas.) : (i) रहने का स्थान (dweling, abode)
(ii) कैम्प (camp)
(iii) तम्बू (tent)

१०९. ढाल (fem.) : (i) ढलान (downward slope)
(ii) रक्षा-शस्त्र (shield)

१५०. ढोला (mas.) : (i) एक प्रकार के कीड़े (a kind of worm found in a rotten articles)
(ii) सीमा-चिह्न (mark of demarcation)
(iii) विवाह-गीत (a kind of song—sung in marriage)

१११. तप (mas.) : (i) संयम/सादगी (austerity, practice of austerity)
(ii) तपस्या (penance)
(iii) अग्नि (fire)
(iv) गर्मी (heat)
(v) बुखार (fever)
(vi) ग्रीष्म ऋतु (summer season)

११२. तरी (fem.) : (i) आनन्दायक ठंडक (delightful coolness)
(ii) ताजापन (freshness)
(iii) नदी के किनारे की जमीन (riverside land)
(iv) नाव (boat)

११३. तात (mas.) : (i) पिता (father)
(ii) पूज्य व्यक्ति (respectable person)
(iii) प्रिय (प्यारा) (word of endearment for a close relation)
(adj.) : (iv) गर्म (heated)

११४. ताप (mas.) : (i) गर्मी (heat)

(ii) बुखार (fever)

११५. तारा (mas.) : (i) नक्षत्र (star)
(ii) आंख की पुतली (pupil—of the eye)
(iii) देवी विशेष (Goddess)
(iv) वृहस्पति की स्त्री (wife of Vrihaspati)
(v) बालि की स्त्री (wife of Bali)

११६. ताल (mas.) : (i) हथेली (palm of the hand)
(ii) तालाब (pool, pond, tank)
(iii) ताड़ का पेड़ (palm tree)
(iv) थपकी देना (timing—music) ताल देना

११७. तीर (mas.) : (i) बाण (arrow)
(ii) किनारा (bank, shore)

११८. तुलना (fem.) : (i) मिलान (comparison)
(ii) समानता (similarity)
(verb) : (iii) तौला जाना (to be weighed)
(iv) निश्चय करके बैठना (to be bent upon)

११९. तेजी (mas.) : (i) धार (sharpness)
(ii) शीघ्रता (quickness, swiftness)
(iii) महंगाई (dearness)
(iv) स्वभाव की विशेषता (short temper) स्वभाव की तेजी
(v) मिर्च-मसालों की तीक्ष्णता (pungency)

१२०. तोड़ा (mas.) : (i) अभाव, कमी (scarcity, dearth)
(ii) मोटे कड़े (a kind of bangle)
(iii) एक हजार रुपये रखने वाली थैली (a bag containing a thousandr upees)

१२१. थान (mas.) : (i) स्थान/घर (place, abode, residence)
(ii) मवेशी बांधने का स्थान (pound—of cattle)
(iii) नस्ल (family, breed) अच्छे थान का घोड़ा
(iv) कपड़े की पूरी लम्बाई (full length of cloth)

१२२. दंड (mas.) : (i) डंडा (rod, stick, staff)
(ii) सजा (punishment)

(iii) व्यायाम (a kind of Indian physical exercise)
(iv) जुर्माना (fine, penalty) दंड भरना

१२३. **दफ़ा** (fem.) : (i) समय (time) दूसरी दफा
(ii) धारा (section) दफ़ा १४४

१२४. **दर्द** (mas.) : (i) पीड़ा (pain, ache)
(ii) सोच/करुणा (pathos) गवैये की आवाज़ मे दर्द है।
(iii) सहानुभूति (sympathy)

१२५. **दल** (mas.) : (i) समूह (party, group, clique)
(ii) जत्था (batch)
(iii) पत्ता (leaf)
(iv) झुंड (flock)
(v) पक्ष (side)

१२६. **दादा** (mas.) : (i) पितामह (paternal grandfather)
(ii) बड़ा भाई (elder brother)
(iii) दल-नेता (leader of a gang, hoolum, gangster)

१२७. **दाना** (mas.) : (i) अनाज (grain)
(ii) माला का मनका (bead)
(iii) मुंहासा (pimple)

१२८. **दीवान** (mas.) : (i) राजदरबार (royal assembly)
(ii) मंत्री—किसी राज्य का (Minister of a state)
(iii) प्रधानमंत्री (Prime Minister)
(iv) काव्य-संग्रह (collected works of a poet)

१२९. **दुर्मुख** (adj.) : (i) गालीगलौज वाला (foul-mouthed, foul-tongued)
(ii) कुरूप (ugly)
(mas.) : (iii) घोड़ा (horse)
(iv) जासूस (spy)
(v) उत्तर-दिशा वाला मकान (a house facing north—considered inauspicious)

१३०. **देव** (mas.) : (i) भगवान (God)
(ii) इष्ट देवता (deity)
(iii) राक्षस (demon)

(iv) विराट शरीर (giant)

१३१. **द्विज** (mas.) : (i) ब्राह्मण, क्षत्रिय या वैश्य (one belonging to the Brahman, Kshatriya or Vaishya caste)
(ii) पक्षी (bird)
(iii) चांद (moon)
(iv) अंडे से उत्पन्न (one born of an egg)
(adj.) : (v) दो बार जन्म (twice-born)

१३२. **धातु** (fem.) : (i) द्रव्य (metal)
(ii) वीर्य (semen)
(iii) क्रिया का मूल रूप (verb-root)

१३३. **धात्री** (fem.) : (i) माता (mother)
(ii) धाय (nurse)
(iii) पृथ्वी (earth)

१३४. **नन्दिनी** (fem.) : (i) पुत्री (daughter)
(ii) देवी दुर्गा (Goddess Durga)

१३५. **नग** (mas.) : (i) पर्वत (mountain)
(ii) रत्न/नगीना (gem, jewel)
(iii) अदद (piece, item)
(iv) वृक्ष (tree)

१३६. **नाग** (mas.) : (i) सर्प (snake, cobra)
(ii) हाथी (elephant)
(iii) नाग-केसर औषधि (a medicine named Nag-Kesar)

१३७. **नाथ** (mas.) : (i) ईश्वर (God)
(ii) स्वामी/पति (master/husband)
(iii) नाक की मुंदरी (nose-rope)

१३८. **पंच** (adj.) : (i) पांच (set of five)
(ii) पंचायत के सदस्य (arbitration)

१३९. **पंचानन** (mas.) : (i) शेर (lion)
(ii) भगवान शिव (Lord Shiv)
(iii) विद्वान (a profound scholar)

१४०. **पक्ष** (mas.) : (i) तरफ (aspect, side)
(ii) पंख (wing)
(iii) पन्द्रह दिन (fortnight)

(iv) दल (party to a suit)

१४१. **पट** (mas.) : (i) कपड़ा (cloth, fabric)
(ii) दरवाजा (gate, door)
(iii) ढक्कन (covering)
(iv) पटल (screen) रजत पट, चित्र पट
(v) एक ध्वनि (pitpat sound)
(adj.) : (vi) पेट के बल लेटना (upside down)

१४२. **पटल** (mas.) : (i) पट/पर्दा (screen)
(ii) छत (roof)
(iii) तह (layer)
(iv) पटरा (wooden plank, table)
(v) तरफ/ओर (side)

१४३. **पतंग** (mas.) : (i) पतंगा (moth, insect)
(ii) गुड्डी (paper—kite)
(iii) सूर्य (sun)

१४४. **पद** (mas.) : (i) ओहदा (post, office, rank)
(ii) पैर (foot)
(iii) छंद (phrase)
(iv) मद (item)
(v) कविता की पंक्ति (verse-line)

१४५. **पत्र** (mas.) : (i) पत्ता (leaf)
(ii) चिट्ठी (letter)
(iii) पन्ना/कागज (paper)
(iv) पंख (wings)

१४६. **परचा** (mas.) : (i) कागज का टुकड़ा (piece of paper chit)
(ii) प्रश्न-पत्र (question paper)
(iii) अखबार (newspaper)
(iv) इश्तिहार (handbill)

१४७. **पाट** (mas.) : (i) जूट (jute)
(ii) चौड़ाई (span—of a river) (नदी की)
(iii) पटरा (plank)

१४८. **पात** (mas.) : (i) पत्ता (leaf)
(ii) नज़र (fall) दृष्टिपात
(iii) बहना (shedding) रक्तपात

(iv) पतन/बर्बादी (collapse, destruction)

१४९. पान (mas.) : (i) पीना (drinking) दुग्धपान
(ii) ताम्बूल (betel leaf)

१५०. पानी (mas.) : (i) जल (water)
(ii) आब (lustre)
(iii) शर्म/हया (innate modesty)

१५१. पुष्कर (mas.) : (i) तालाब (pond, water-pond)
(ii) कमल (lotus)
(iii) बाण (arrow)
(iv) एक तीर्थ का नाम (a religious place)

१५२. पृष्ठ (mas.) : (i) पीठ (back)
(ii) पन्ना (page)
(iii) बाहरी सतह (outer surface)

१५३. फल (mas.) : (i) फल (fruit) (सेब आदि)
(ii) परिणाम (result, consequence)
(iii) प्रभाव (effect)
(iv) हल या चाकू का फल (sharp edge of plough or knife)

१५४. फूट (fem.) : (i) मतभेद (split, rift)
(ii) अलगाव/विरोध (discord, disunity)
(mas.) : (iii) खरबूजे की तरह का फल (a large fruit of the cucumber family resembling a melon)

१५५. फूल (mas.) : (i) पुष्प (flower)
(ii) अस्थि-शेष (remains of a body)

१५६. बंगला (mas.) : (i) खुली बड़ी कोठी (bungalow)
(fem.) : (ii) बंगाल की भाषा (Bengali language)
(adj.) : (iii) बंगाल का और बंगाल से संबंधित (of, or, pertaining to Bengal)

१५७. बराबर (adj.) : (i) समान (equal)
(ii) पड़ोस का (adjoining)
(iii) समतल (to even)

१५८. बल (mas.) : (i) सेना (force)
(ii) शक्ति (vigour)
(iii) ताकत/ज़ोर (strength, power, might)

(iv) दिशा (direction) आड़े बल, खड़े बल, पीठ के बल
(v) जोर देना (stress, emphasis)
(vi) बलभद्र—कृष्ण के भाई (Balbhadra—elder brother of Krishna)

१५९. **बेला** (mas.) : (i) फूल का नाम (a kind of jasmine)
(ii) समय (time, period of time)
(iii) लहर (wave)
(iv) समुद्र-तट (seashore)
(v) वाद्य यंत्र का नाम (a variety of stringed instrument)

१६०. **बैठक** (fem.) : (i) सभा (sitting, session)
(ii) ड्राइंगरूम (sitting room, parlour)
(iii) भारतीय कसरत (an Indian athletic exercise)
(iv) बैठने का ढंग (posture)

१६१. **बोली** (fem.) : (i) उपभाषा (dialect)
(ii) नीलामी में दाम लगाना (to bid)
(iii) व्यंग्य भाषा (sarcastic remark)

१६२. **भट्ठी** (fem.) : (i) आग का बड़ा चूल्हा (big oven, fireplace)
(ii) शराब बनाने की जगह (distillery)
(iii) मदिरालय (liquor shop, wine-shop)

१६३. **भाग** (mas.) : (i) हिस्सा (part)
(ii) खंड (division)
(iii) भाग्य (luck, fortune)
(verb) : (iv) दौड़ (run)

१६४. **भाव** (mas.) : (i) अस्तित्व (existence)
(ii) विचार/उद्देश्य (idea, purport, gist)
(iii) भावना (emotion)
(iv) दाम/दर (rate) बाज़ार का भाव

१६५. **भूत** (mas.) : (i) बीता हुआ काल (past)
(ii) प्रेत (ghost)

१६६. **मंगल** (mas.) : (i) सप्ताह का एक दिन (tuesday)
(ii) ग्रह का नाम (Mars)
(iii) कल्याण/भलाई (welfare)
(adj.) : (iv) शुभ (auspicious)

१६७. **मंत्र** (mas.) : (i) वेद का मंत्र (Vedic hymn)
(ii) झाड़-फूंक (incantation, spell)
(iii) दीक्षा (esoteric formula)
(iv) परामर्श/सलाह (advice)

१६८. **मत** (mas.) : (i) विचार/धारणा (opinion, view)
(ii) वोट (vote)
(iii) सिद्धान्त (theory, doctrine)
(iv) सम्प्रदाय/पंथ (sect, creed) जैन मत
(v) नहीं (नकारात्मक) (no/not) negative

१६९. **मद** (mas.) : (i) घमंड (pride, vanity)
(ii) नशा/उन्माद (intoxication)
(fem.) : (iii) मद्/शीर्ष (item, head)

१७०. **मदार** (mas.) : (i) हाथी (elephant)
(ii) आक (a plant) (पौधा)

१७१. **मधु** (mas.) : (i) शहद (honey)
(ii) चैत्र मास (first month of the Hindu calendar)
(iii) पराग (pollen)
(fem.) : (iv) शराब (wine)
(v) वसन्त ऋतु (Vasant season)
(adj.) : (iv) मीठा (sweet)

१७२. **मान** (mas.) : (i) सम्मान (respect, regard)
(ii) अभिमान (pride)
(iii) कृत्रिम क्रोध (feigned anger)
(iv) परिमाण (quantity)
(v) प्रेम (affection)

१७३. **मार** (mas.) : (i) पिटना (beating/thrashing)
(ii) क्षेत्र/दूरी (range) गोली की मार
(iii) कामदेव (cupid)

१७४. **माला** (fem.) : (i) हार (garland)
(ii) जपमाला/सुमिरनी (rosary)
(iii) स्वर्ण-आभूषण (necklace) (गले का)

१७५. **मीना** (mas.) : (i) बहुरंगी पात्र (multi-coloured glass)
(ii) जाम/सुरापात्र (goblet of wine)

(iii) बहुमूल्य पत्थर (precious stone of a blue colour)
(iv) तामचीनी (enamel)

१७६. **मुद्रा** (fem.) : (i) रुपया (money)
(ii) मुहर (seal)
(iii) सिक्का (coin/currency)
(iv) आकृति/मुखाकृति (mien)

१७७. **मूल** (mas.) : (i) जड़ (root)
(ii) उत्पति/उद्गम (origin) भारतीय मूल के लोग
(adj.) : (iii) मूलभूत (original)
(iv) आदि (primitive)
(v) मौलिक (fundamental)

१७८. **रस** (mas.) : (i) सार (sap—of a tree)
(ii) अर्क (juice)
(iii) स्वाद (taste)
(iv) आनन्द (relish)
(v) रुचि (interest)
(iv) सत्व/निचोड़ (extract)

१७९. **राग** (mas.) : (i) गाना (melody, tune)
(ii) प्रेम (passion, attachment)
(iii) रंग (enjoyment)

१८०. **राशि** (fem.) : (i) धन (amount)
(ii) ढेर (heap)
(iii) ग्रह (फल)/नक्षत्र (coustellation)

१८१. **रास** (mas.) : (i) नृत्य (circular dance associated with Krishna)
(ii) बागडोर/लगाम (reins)
(adj.) : (iii) लाभदायक (favourable, beneficial)

१८२. **घर** (mas.) : (i) दूल्हा (bridegroom)
(ii) वरदान (boon)
(iii) श्रेष्ठ (best)

१८३. **वर्ण** (mas.) : (i) रंग (colour)
(ii) अक्षर (letter, alphabet)
(iii) जाति (class, race)

(iv) ब्राह्मण, क्षत्रिय, वैश्य, शूद्र—चार वर्ण

१८४. **वार** (mas.) : (i) दिन (day) सोमवार

(ii) हमला (stroke), वार करना (to strike)

(iii) द्वार (door)

१८५. **वास** (mas.) : (i) निवास/आवास (abode)

(ii) गंध (smell)

१८६. **वासुदेव** (mas.) : (i) कृष्ण—वासुदेव के पुत्र (Lord Krishna—son of Vasudeo)

(ii) पीपल (वृक्ष) (Peepal tree)

१८७. **विधि** (fem.) : (i) कानून (law)

(ii) ढंग/तरीका (method, mode)

(iii) नियम (rule)

(iv) ब्रह्मा (Lord Brahma)

१८८. **विषय** (mas.) : (i) विषय-वस्तु (subject, subject-matter)

(ii) प्रकरण/प्रसंग (theme, matter)

(iii) शीर्ष (topic)

(iv) वासना (craving, enjoyment of sex)

१८९. **विसंगम** (mas.) : (i) पक्षी (bird)

(ii) सूर्य (sun)

(iii) चन्द्रमा (moon)

(iv) बादल (cloud)

(v) बाण (arrow)

१९०. **विहार** (mas.) : (i) विहरण करना (roaming for pleasure)

(ii) मनोरंजन (merry-making, amusement)

(iii) बौद्ध-विहार (Buddhist monastery)

१९१. **व्यवस्था** (fem.) : (i) प्रबन्ध (arrangement, management)

(ii) पद्धति (system) कर व्यवस्था

(iii) शान्ति/कानून (order) व्यवस्था स्थापित करना

(iv) निर्णय/फतवा (ruling) व्यवस्था देना

१९२. **सन** (mas.) : (i) जूट (hemp) सनई

(ii) वर्ष (year) सन् १९८३

(iii) आवाज़ (sound—resembling a hissing noise)

१९३. **सारंग** (mas.) : (i) हिरण (a variety of deer)

(ii) बादल (cloud)
(iii) हंस (swan)
(iv) शंख (conch)
(v) मोर (peacock)
(vi) सांप (snake)
(vii) पानी (water)
(viii) पपीहा (Indian cuckoo)
(ix) कामदेव (cupid)
(x) एक विशेष राग (a melody in music)
(xi) हाथी (llephant)
(xii) सिंह (lion)

१९४. **सिन्धु** (mas.) : (i) समुद्र (sea)
(ii) सिन्धु नदी (river Indus)
(iii) सिन्धु प्रदेश (Sind Province)

१९५. **सुधानिधि** (mas.) : (i) अमृत (fount of nectar)
(ii) चन्द्रमा (moon)
(iii) समुद्र (sea)

१९६. **सूत** (mas.) : (i) धागा (cotton thread)
(ii) सारथि (charioteer)
(iii) एक ऋषि का नाम (name of a saint)

१९७. **सोम** (mas.) : (i) अमृत (elixir) शराब
(ii) चन्द्रमा (moon)
(iii) लता/वल्लरी (an ancient creeper)

१९८. **हंसुली** (fem.) : (i) गले की हड्डी (collar-bone)
(ii) गले में पहनने का आभूषण (an ornament worn round the neck)

१९९. **हरि** (mas.) : (i) विष्णु (Lord Vishnu)
(ii) सूर्य (sun)
(iii) सिंह (lion)
(iv) मोर (peacock)
(v) घोड़ा (horse)
(vi) हाथी (elephant)
(vii) चन्द्रमा (moon)

(viii) कामदेव (cupid)

२००. **हल** (mas.) : (i) किसान का हल (plough)

(ii) निदान (solution—of a problem)

२०१. **हलधर** (mas.) : (i) हल चलानेवाला (ploughman)

(ii) बलराम—कृष्ण के बड़े भाई (Balram—elder brother of Lord Krishna)

२०२. **हार** (fem.) : (i) पराजय (defeat)

(mas.) : (ii) फूलमाला (garland, wreath)

(iii) गले का आभूषण (necklace)

युग्म शब्द

भूमिका

भाषा में विशेष बल के लिए और अपने भावों अथवा उद्गारों को प्रभावपूर्ण रूप में प्रस्तुत करने के लिए कुछ शब्दों का प्रयोग जोड़ों में भी होता है। वाक्यों में एक ही शब्द जब दो बार आए अथवा सार्थक-सार्थक, सार्थक-निरर्थक एवं समानार्थी-विपरीतार्थी शब्द जोड़ों में आएं तो ये जोड़े 'युग्म शब्द' अथवा 'पुनरुक्त शब्द' कहलाते हैं। ये एक प्रकार के यौगिक शब्द होते हैं, जिनमें ध्वनि या अर्थ (समानार्थी अथवा विपरीतार्थी) की दृष्टि से द्विरुक्ति होती है। यह पुनरुक्ति संज्ञा, सर्वनाम, विशेषण, अव्यय, क्रिया आदि सभी शब्द भेदों में होती है। विद्वानों ने इन 'पुनरुक्त' या 'युग्म' शब्दों को दो भागों में बांटा है—

(i) पूर्ण पुनरुक्त

(ii) अपूर्ण पुनरुक्त

(i) **पूर्ण पुनरुक्त शब्द**—जब कोई एक शब्द एक ही साथ लगातार दो-तीन बार प्रयुक्त होता है, तब उसे 'पूर्ण पुनरुक्त' शब्द कहते हैं—जैसे, घर-घर, बड़े-बड़े, बैठे-बैठे, कभी-कभी आदि।

(ii) **अपूर्ण पुनरुक्त शब्द**—जब सार्थक-सार्थक, सार्थक-निरर्थक या निरर्थक-निरर्थक शब्दों के मेल से 'युग्म शब्द' बनते हैं, तब उसे 'अपूर्ण पुनरुक्त' शब्द कहते हैं, जैसे, काम-काज, अंट-शंट, थोड़ा-बहुत, हट्टा-कट्टा, पान-वान, चाय-वाय, आर-पार, सदा-सर्वदा, हरा-भरा, आदि।

उपर्युक्त वर्गीकरण के आधार पर हम यहां विभिन्न वर्गों के माध्यम से कुछ वाक्य-प्रयोग दे रहे हैं, जो सामान्यतः हमारी भाषा में प्रचलित हैं।

१. एक ही शब्द की पुनरुक्ति से बने हुए—

(i) **घर-घर** में प्रसन्नता की लहर दौड़ गई।

(ii) **बड़े-बड़े** महारथी भी धनुष न उठा पाए।

(iii) मेढ़क **कूद-कूद** कर चलता है।

(iv) वह मेरे घर **कभी-कभी** आता है।

(v) **आगे-आगे** राम जा रहे थे और उनके **पीछे-पीछे** सीताजी एवं लक्ष्मण।

(vi) **हाय-हाय**, यह क्या हो गया ?

२. **मिलते-जुलते अर्थ वाले शब्दों के मेल से बने हुए—**

(i) कोई **चिट्ठी-पत्री** आई या नहीं ?

(ii) आजकल **काम-काज** कैसा चल रहा है ?

(iii) हमें **दीन-दुखियों** पर दया करनी ही चाहिए।

३. **विपरीतार्थी शब्दों के मेल से बने हुए—**

(i) व्यवसाय में **हानि-लाभ** तो होता ही रहता है।

(ii) इस संसार में **छोटा-बड़ा** कोई नहीं, सब समान हैं।

(iii) शर्माजी का हमारे यहां बहुत **आना-जाना** है।

(iv) **आगे-पीछे** देखकर ही सड़क पार करनी चाहिए।

४. **सार्थक और निरर्थक शब्दों के मेल से बने हुए—**

(i) मेले में **भीड़-भाड़** होती ही है।

(ii) मेरा नौकर तो बड़ा **भोला-भाला** है।

(iii) **पढ़-वढ़कर** क्या होगा ? इससे अच्छा तो कुछ तकनीकी काम ही सीखना चाहिए।

(iv) वह सड़क के **बीचों-बीच** खड़ा था।

५. **निरर्थक शब्दों के मेल से बने हुए—**

(i) नशे में आदमी **अंड-बंड** बकने लगता है।

(ii) जैसे ही चोर पकड़ा गया, **तड़ातड़** जूते पड़ने लगे।

(iii) पहाड़ी रास्ता बड़ा **ऊबड़-खाबड़** होता है।

६. **शब्दों के बीच में ही न, से, का, की, ही, विभक्ति लगाकर बनाए गए—**

(i) **कभी न कभी** मेरी उससे मुलाकात होगी ही, तभी उसे देखूंगा।

(ii) देखो, कुछ ही वर्षों में गोपाल **कहां से कहां** पहुंच गया।

प्रस्तुत अध्याय में हमने अकारादि-क्रम से अधिक से अधिक 'युग्म शब्दों' को रखने का प्रयास किया है जिससे अध्येता पूर्ण लाभ उठा सकें।

युग्म शब्द

१. अंगड़-खंगड़ (mas.) : junk/old discarded things of little or no value.

२. अंजर-पंजर (mas.) : joints or parts of a body/machine or structure

३. अंट-शंट (adj.) : incoherent, irrelevant (talk)

४. अंड-बंड (adj.) : incoherent/meaningless

५. अंधेर-खाता (mas.) : १. grave irregularity, २. lawlessness, anarchy
६. अगड़म-बगड़म (mas.) : १. miscellany, २. junk
७. अगर-मगर (fem.) : ifs and buts
८. अगल-बगल (adv.) : on either side/to the right and left
९. अच्छाई-बुराई (fem.) : merit and demerit
१०. अच्छा-खासा (adj.) : fairly good
११. अजर-अमर (adj.) : neither subject to old age nor death/ ever young and immortal
१२. अजीबो-गरीब (adj.) : १. peculiar, २. baffling
१३. अटकल-पच्चू (adj.) : based on conjecture
१४. अड़ोस-पड़ोस (mas.) : neighbourhood/vicinity
१५. अड़ोसी-पड़ोसी (mas.) : neighbours
१६. अदब-कायदा (अदब-लिहाज) (mas.) : respect and regard
१७. अदल-बदल (mas.) : (अदला-बदली) (fem.) : १. interchange, २. baster
१८. अनाप-शनाप (mas.) : incoherent and meaningless talk.
१९. अनुनय-विनय (fem.) : Earnest entreaty, humble supplication
२०. अन्न-जल (mas.) : means of sustenance
२१. अन्न-वस्त्र (mas.) : food and clothing
२२. अपना-पराया (adj.) : distinction between one's own and other's.
२३. अमीर-उमरा (mas-plu.) : the nobility
२४. अलग-थलग (adj.) : cut off
२५. अस्त-व्यस्त (adj.) : १. disordered, pell-mell, २. scattered here and there
२६. आकार-प्रकार (mas.) : size and shape.
२७. आगत-स्वागत (mas.) : welcome accorded to a visitor
२८. आगा-पीछा (mas.) : १. pros and cons, २. hesitation, ३. to waver
२९. आचार-विचार (mas.) : conduct and temperament
३०. आदर-सत्कार (mas.) : hospitality
३१. आदर-सम्मान (mas.) : due respect

३२. आदान-प्रदान (mas.) : give and take

३३. आनन-फानन (adv.) : instantaneously/forthwith/without delay

३४. आन-बान (fem.) : elegance/pomp and show

३५. आपा-धापी (fem.) : state of confusion or disorder in which everyone is seeking his own interest.

३६. आमना-सामना (mas.) : १. encounter, २. face to face meeting

३७. आमोद-प्रमोद (mas.) : merriment/gaiety

३८. आया-गया (mas.) : visitor

३९. आशा-निराशा (fem.) : hope and despair

४०. आहार-विहार (mas.) : daily routine like eating, sleeping, laughting, etc.

४१. इक्के-दुक्के (adv.) : in ones and twos

४२. इधर-उधर (adv.) : १. here and there/to and fro, २. misplaced

४३. इने-गिने (adj.) : a few/very few/a limited few

४४. इष्ट-मित्र (mas.) : close friends and relations

४५. उठना-बैठना (mas.) : close association

४६. उतार-चढ़ाव (mas.) : १. rise and fall/ups and downs, २. fluctuation

४७. उत्थान-पतन (mas.) : rise and fall

४८. उथल-पुथल (fem.) : upheaval, turmoil

४९. उद्योग-धंधा (mas.) : industry

५०. उलट-पलट (fem.) : १. shuffle, २. reversal

५१. उलट-फेर (mas.) : changes

५२. उलटा-सीधा (adj.) : inappropriate/improper

५३. ऊंच-नीच (fem.) : १. the high and the low, २. pros and cons

५४. ऊंचा-नीचा (adj.) : uneven

५५. ऊबड़-खाबड़ (adj.) : rough and rugged/uneven

५६. ऐरा-गैरा (ad.) : unfamiliar
(mas.) : stranger, unfamiliar person

५७. ऐसी-वैसी (adj.) : irrelevant or loose talk

५८. ओढ़ना-बिछौना (mas.) : १. bedding and covering

२. part and pared

५९. ओर-छोर (mas.) : beginning and end

६०. औना-पौना (adj.) : a little less

उदाहरण— इस माल को ओने-पौने दामों पर बेच दीजिए।

६१. कंघी-चोटी (fem.) : hair-do

६२. कंद-मूल (mas.) : any kind of rhizome, edible root or like

६३. कच्चा-पक्का (adj.) : half cooked

६४. कच्चे-बच्चे (mas.) : children

६५. कटा-छंटा (adj.) : will-pruned

६६. कटाई-छंटाई (fem.) : pruning

६७. कटा-फटा (adj.) : torn and mutilated

६८. कतर-ब्योंत (fem.) : १. cutting to measurement, २. manipulation

६९. कताई-बुनाई (fem.) : spinning and weaving

७०. कपड़ा-लत्ता (mas.) : clothings

७१. कपोल-कल्पित (adj.) : imagined

७२. कर्त्ता-धर्त्ता (mas.) : all in all

७३. कसा-कसाया (mas.) : fully harnessed and ready

७४. कहना-सुनना (verb.) : argument
(mas.) :

७५. कहनी-अनकहनी (fem.) : improper utterance

७६. कहा-सुना (mas.) : unpleasant remarks

७७. कहा-सुनी (fem.) : wordy alteraction

७८. काग़ज़-पत्र (mas.) : १. papers, २. documents

७९. काट-पटक (mas.) :
(काट-फांस) (fem.) : deceitful conduct

८०. काट-कूट
(काटा-कूटी) (fem.) : cancellations & overwritings

८१. काट-छांट (fem.) : १. pruning, trimming, २. cuttings & prunings

८२. काट-पीट (fem.) : cancellations & corrections

८३. काठ-कबाड़ (mas.) : lumber

८४. काम-काज (mas.) : १. business, occupation, २. ceremony

८५. काम-धाम
(काम-धंधा) (mas.) : १. business, work, २. affairs
८६. किनारे-किनारे (adv.) : along side
८७. किया-कराया (mas.) : achievements
८८. किस्म-किस्म
(की बातें) (adj.) : variety/sort/kind
८९. कील-कांटा (mas.) : in full attire
९०. कुछ-कुछ (adj.) : a little/somewhat/to some extent
९१. कूद-फांद (fem.) : gambol, frisking about
९२. कैसे-कैसे (adj.) : of which variety
९३. कोई-कोई (pron.) : some
९४. कोर-कसर (fem.) : deficiency, defect, flaw
९५. कौन-कौन (pron.) : who/which people
९६. क्या-क्या (adj.) : what (variety)
९७. क्रय-विक्रय (fem.) : १. buying & selling, २. purchase and sale
९८. क्षत-विक्षत (adj.) : wounded and dismembered
९९. खंड-खंड (mas.) : into pieces
१००. खंडन-मंडन (mas.) : refutation and upholding
१०१. खड़े-खड़े (adj/adv.) : १. forthwith, २. by standing alone
१०२. खरीद-फ़रोख्त (fem.) : buying and selling, sale and purchase
१०३. खाता-पीता (adj.) : fairly well-off
१०४. खाना-कमाना (verb) : to earn one's livelihood
१०५. खाना-ख़राबी (fem.) : coming to grief (of a family)
१०६. खाना-पीना (verb) : to enjoy life
१०७. ख़ास-ख़ास (adj.) : १. specially selected, २. specific
१०८. खिलाई-पिलाई (fem.) : (jolly) good feed and drink
१०९. खुशी-खुशी (fem.) : cheerfully, happily
११०. खुसुर-पुसुर (fem.) : whispering
१११. खून-खराबा (mas.) :
(खून-ख़राबी) (fem.) : blooshed/massacre
११२. खेत-खलिहान (mas.) : field and its granary/field and its surroundings.
११३. खेती-बारी (fem.) : cultivation, agriculture
११४. खेल-खेल में (mas.) : in fun and frolic, just in fun

११५. खेल-कूद (mas.) : sports

११६. खोज-खबर (fem.) : enquiries about (someone' s) welfare and all that

११७. गड़बड़-घोटाला (mas.) : wholesale mess, big muddle

११८. गड़बड़-झाला (mas.) : hotch-potch

११९. गड्ड-मड्ड (adj.) : jumbled

१२०. गया-बीता
(गया-गुजरा) (adj.) : १. dead past, २. good for nothing, ३. tattered and worn out

१२१. गरमा-गरम (adj.) : hot from the oven

१२२. गरमा-गरमी (fem.) : heated discussion, breeze

१२३. गर्द-गुबार (mas.) : clouds of dust

१२४. गाना-बजाना (mas.) : (festivity in the form of) musical merry-making

१२५. गाजा-बाजा (mas.) : pomp and show, merry-making

१२६. गाली-गलौज
(गाली-गुफ्ता) (mas.) : invectives, abusive language

१२७. गिना-गिनाया (adj.) : already counted

१२८. गिने-चुने (adj.) : १. selected few, २. in a limited number

१२९. गिरता-पड़ता (adj.) : anyhow
(गिरते-पड़ते) (adj.) : गिरते पड़ते दामों पर at below market price

१३०. गिरा-पड़ा (adj.) : १. having fallen and lying down, २. dilapidated

१३१. गुजर-बसर (mas.) : subsistence, maintenance

१३२. गुत्थम-गुत्था (fem.) : close combat, scuffle

१३३. घटना-बढ़ना (verb.) : to fluctuate, to rise and fall

१३४. घर-गृहस्थी (fem.) : house-hold, family set-up

१३५. घर-द्वार
(घर-बार) (mas.) : १. household, २. whereabouts of the family

१३६. घास-पात (mas.) : १. grass leaves and the like, २. rubbish

१३७. घास-फूस (mas.) : rubbish

१३८. घिसा-पिटा (adj.) : stereotyped, backneyed

१३९. घुमाना-फिराना (verb.) : to take around to beguile

घुमाव-फिराव (mas.) : circumlocution (in talk)

घुलना-मिलना (verb.) : chummily

१०२. घेर-घार (fem.) : १. encirclement, २. repeated prsuation

१४३. चटक-मटक (fem.) : fascination of dress and gestures

१४४. चटाक-पटाक (adv.) : cheekily

उदाहरण— उसने मेरे प्रश्नों का चटाक-पटाक उत्तर दिया।

१४५. चट्टा-बट्टा (mas.) : persons of similiar (particularly bad) character or characteristics

१४६. चढ़ा-उतरी (fem.) : १. repeated ascents and descents, २. fluctuatinn

१४७. चढ़ा-ऊपरी (चढ़ा-चढ़ी) (fem.) : १. spirit of emulation/competition, २. competitive bidding

१४८. चना-चबैना (mas.) : gram and parched grain (poor man's diet)/sucks.

१४९. चबर-चबर (fem.) : idle/superfluous talk

१५०. चमक-दमक (fem.) : glamour, pomp and show

१५१. चलता-फिरता (mas.) : stranger, one whose whereabouts are unverified

१५२. चलते-चलाते (mas.) : १. while winding up, २. as a finishing touch

उदाहरण— चलते-चलाते चार बज ही जाएंगे।

१५३. चला-चली (fem.) : १. act of departing from the world २. successive emergence and evanescence

१५४. चहल-कदमी (fem.) : stroll for pleasure, sauntre

१५५. चहल-पहल (fem.) : gaiety, merry-making

१५६. चाक-चौबंद (adj.) : fit as a fiddle, smart

१५७. चाय-पानी (mas.) : light refreshment

१५८. चाल-ढाल (fem.) : ways, bearing, deportment, demeanour

१५९. चिकना-चुपड़ा (adj.) : buttered and spooth

१६०. चिकनी-चुपड़ी (adj.) : to flatter/cajole

१६१. चित-पट (mas.) : १. tossing of a coin (चित head, पट tale) २. wrestling duel

१६२. **चित्र-विचित्र** (adj.) : १. variegated, motley, २. multiform, ३. peculiar

१६३. **चिर-परिचित** (adj.) : know since long

१६४. **चीं-चपड़** (fem.) : explicit protest, resentment

१६५. **चीख-पुकार** (fem.) : screaming out for help

१६६. **चुपके-चुपके** (adv.) : very quietly

१६७. **चुप्पा-घुन्ना** (adj.) : secretive

१६८. **चुस्त-चालाक** (adj.) : canny, shrewd, astute

१६९. **चूतिया-चक्कर** (mas.) : stupid (unnecessary) involvment

१७०. **चूमना-चाटना** (verb.) : kissing and licking/caressing

१७१. **चूर-चूर** (adj.) : broken into bits/fragements shattered to pieses

१७२. **चूरन-चटनी** (fem.) : snacks

उदाहरण— अब कुछ चूरन-चटनी हो जाए।

१७३. **चेले-चांटे** (mas.) : pupils and followers (taken collectively)

१७४. **चेहरा-मोहरा** (mas.) : lineament, features of the face

१७५. **चोट-चपेट** (fem.) : hurt or injury

१७६. **चोर-चकार** (mas.) : thief or swindler

१७७. **चोरी-छिपे** (adv.) : clandestinely, stealthily

१७८. **चौका-बरतन** (mas.) : act of cleaning the kitchen and uteinsils

१७९. **छक्का-पंजा** (mas.) : cunning tactics

१८०. **छपते-छपते** (adv.) : stop press

१८१. **छपा-छपाया** (adj.) : printed and ready for use

१८२. **छल-कपट** (mas.) : fraudulent deception

१८३. **छल-बल** (mas.) : tactics, trickery/by hoor or crook

१८४. **छान-बीन** (fem.) : probe, scrutiny

१८५. **छिन्न-भिन्न** (adj.) : broken and scattered

उदाहरण— उसकी सभी मान्यताएं छिन्न-भिन्न हो गईं।

१८६. **छिपे-छिपे** (adj.) : stealthily/secretly

१८७. **छीना-झपटी** (**छीन-झपट**) (fem.) : scramble

१८८. छुई-मुई (fem.) : १. touch-me-not, २. extremely touchy person

१८९. छू-मंतर (mas.) : to disappear/to vanish away

१९०. छेड़-छाड़ (fem.) : unbecoming (indecent) behaviour calculated to provoke

१९१. छैल-छबीला (adj.) : foppish

१९२. छोटाई-बड़ाई (fem.) : १. smallness and greatness २. juniority and seniority

१९३. छोटा-बड़ा (adj.) : १.small and great, २. young and old

१९४. छोटा-मोटा (adj.) : small, pelly, minor

१९५. जग-बीती (fem.) : tale of general sufferings, sufferings of all

१९६. जगर-मगर (जग-मग) (adj.) : glittering, shining

१९७. जगह-जगह (fem.) : at various places

१९८. जन-धन (mas.) : १. man-power, २. men and property

१९९. जप-तप (mas.) : habitual worship, study of religious books etc.

२००. जमा-खर्च (mas.) : credit and debit, debit and credit

२०१. जमा-पूंजी (fem.) (जमा-जथा) (fem.) : १. total assets, २. total accumulations

२०२. जय-पराजय (fem.) : victory and defeat

२०३. जरूर-जरूर (adv.) : without fail/doubt

२०४. जल-जल (mas.) : land and sea, land and water

२०५. जला-भुना (adj.) : burning with rage

२०६. जवाब-सवाल (mas.) : १. questions and answers २. cross questioning

२०७. जांच-पड़ताल (fem.) : १. investigation, २. scrutiny

२०८. जांच-परख (fem.) : thourough test

२०९. जात-पांत (जाति-पांति) (fem.) : distinctions of caste and creed

२१०. जादू-टोना (mas.) : sorcery, obeahism

२११. जान-पहचान (fem.) : acquaintance

२१२. जानी-पहचानी (adj.) : known, familiar

२१३. जान-माल (mas.) : life and property
२१४. जाना-अनजाना (adj.) : practically unknown
२१५. जाने-अनजाने (adv.) : knowingly or unknowingly
(adj.) : unknown
२१६. जी-जान (fem.) : १. heart and soul,
२. to make an all-out effort
२१७. जी-तोड़ (adj.) : all out
२१८. जीव-जन्तु (mas.) : creatures, tiny creatures
२१९. जीवन-मरण (mas.) : life and death
२२०. जी-हुजूर (mas.) : yes-man, sychophant
२२१. जी-हुजूरी (fem.) : sychophancy
२२२. जुगल-जोड़ी (fem.) : duo, harmonious pair
२२३. जैसे-तैसे (adv.) : somehow, anyhow
२२४. जोड़-तोड़ (mas.) : unscrupulous manoeuvres, manipulations
२२५. जोड़-बाकी (fem.) : addition and subtraction
२२६. जोर-आजमाई (fem.) : trial of strength
२२७. जोर-जबरदस्ती (fem.) : duress, coercion
२२८. जोर-जुल्म (mas.) : oppression, tyranny, cruel use of power
२२९. जोर-शोर (mas.) : vigour and zest, gusto
२३०. जोरू-जांता (mas.-plu.) : wife and children, family
२३१. जोश-खरोश (mas.) : great zeal
२३२. झगड़ा-टंटा (mas.) : troublesome affair, imbroglio
२३३. झड़पा-झड़पी (fem.) : high words
२३४. झांसा-पट्टी (fem.) : trickery
२३५. झाड़-झंखाड़ (mas.) : jumble of bushes and shrubs
२३६. झाड़-फूंक (fem.) : exorcism, practice of occult art
२३७. झूठ-मूठ (adv.) : falsely, without any real cause or reason
२३८. झूठ-सच (adj./mas.) : partly true, partly false, mixture of fact and fiction
२३९. टपका-टपकी (fem.) : drizzle
२४०. टांय-टांय (fem.) : १. hoarse sounds, २. jabber, prattle

२४१. टाल-मटोल (fem.) : delaying tactics, procrastination, prevarication

२४२. टीका-टिप्पणी (fem.) : comments, criticism

२४३. टुकुर-टुकुर (adv.) : (देखना) to gaze with longing looks

२४४. टूट-फूट (fem.) : breakage, wear and tear

२४५. टूटा-फूटा (adj.) : broken, ramshacle

२४६. टेढ़ा-मेढ़ा (adj.) : १. zig-zag, not straight, full of turnings (bents), २. (work) arduous or difficult

२४७. टोना-टोटका (mas.) : superstious device

२४८. ठसा-ठस (adv.) : १. full to the brim, २. over crowded ३. overpacked

२४९. ठाट-बाट (mas.) : pomp and show

२५०. ठीक-ठीक (adj.) : १. just, proper, accurate, O.K., २. over settlement, certainty

२५१. ठीकम-ठीक (adv.) : quite right

२५२. ठेल-ठाल (ठेलम-ठेल) (fem.) : jostling

२५३. ठौर-कुठौर (adv.) : out of place, २. at a vital part

२५४. ठौर-ठिकाना (mas.) : weereabouts

२५५. डंडा-बेड़ी (fem.) : bar-fetters

२५६. डील-डौल (mas.) : (massive) structure of the body

२५७. डेरा-डंडा (mas.) : bag and baggage

२५८. डोल-डाल (mas.) : device, strategy·

२५९. ढीला-ढाला (adj.) : loose-fit

२६०. ढोर-डंगर (mas.) : livestock, cattle

२६१. तड़क-भड़क (fem.) : १. pomp and show, २. pompousness, ostentation

२६२. तड़ाक-फड़ाक (adv.) : at once, instantaneously

२६३. तड़ा-तड़ (adv.) : १. in quick succession, promptly

२६४. तना-तनी (fem.) : tension, tenseness, strained relationship

२६५. तपा-तपाया (adj.) : tried and seasoned

२६६. तरह-तरह (fem.) : of so mony/various kinds, of various ways

२६७. तर्क-कुतर्क (mas.) : good and bad argument, argument for the sake of argument
२६८. तर्क-वितर्क (mas.) : argument and counter-argument
२६९. तहस-नहस (adj.) : ruined, destroyed, devasted
२७०. ताक-झांक (fem.) : १. casting glances around, २. look-out
२७१. ताना-बाना (mas.) : warp and woof
२७२. ताबड़-तोड़ (adv.) : in quick succession, non-stop
२७३. ताम-झाम (mas.) : १. open palanquin, २. paraphernelia
२७४. ताल-मेल (mas.) : coordination, harmony, concord
२७५. तितर-बितर (adj.) : helter-skelter
२७६. तीज-त्यौहार (mas.) : festive occasion
२७७. तेज-तर्रार (adj.) : sharp and short-tempered
२७८. तोड़-फोड़ (mas.) : sabotage
२७९. तोड़-मरोड़ (mas.) : distortion, mutilation
२८०. तौर-तरीका (mas.) : cunduct, ways
२८१. थर-थर (adv.) : shuddering, trembling
२८२. थुका-फ़जीहत (fem.) : १. scurrilous wrangling, २. censure and calumney
२८३. थोड़ा-बहुत (adj.) : not much
२८४. दम-खम (mas.) : १. strength, २. firmness, ३. sharpness
२८५. दम-दिलासा (mas.) : १. encouragement, २. consolation
२८६. दांव-पेंच (mas.) : tactics, manoeuvres
२८७. दाना-पानी (mas.) : (food and fodder, susttenance,
२८८. दाल-दलिया (mas.) : coarse food, poor man's diet
२८९. दाल-रोटी (fem.) : livelihood, sustenance
२९०. दीन-दुनिया (fem.) : this world and the next
२९१. दीन-हीन (adj.) : destitute
२९२. दुःख-सुख (mas.) : pleasure and pain, happiness and sorrow
२९३. देखते-देखते (verb.) : in the twinkling of an eye, in a jiffy
२९४. देख-भाल (fem.) : care, supervision
२९५. देख-रेख (fem.) : care, supervision, guidance

२९६. देखा-देखी (fem.) : १. blind imitation, २. nodding acquaintance

२९७. देन-लेन (mas.) : १. banking business, २. giving and taking

२९८. देना-लेना (mas.) : assets and liabilities (in cash)

२९९. देर-सबेर (adv.) : sooner or later

३००. देश-विदेश (mas.) : १. different countries, २. native and foreign lands

३०१. दौड़-धूप (fem.) : bustle, hectic activity

३०२. दौड़ा-दौड़ी (fem.) : hurry and scurry

३०३. धक्कम-धक्का (mas.) : shoving and pushing, jostling

३०४. धक्का-मुक्की (fem.) : pushing and jostling, elbowing and shoving

३०५. धड़ा-धड़ (adv.) : in quick succession

३०६. धन-जन (mas.) : llfe and property

३०७. धन-दौलत (fem.) : wealth and property

३०८. धन-धान्य (mas.) : wealth and plenty, affluence

३०९. धनी-मानी (adj.) : rich and respected

३१०. धमा-चौकड़ी (fem.) : furore, frisk, gambols

३११. धमा-धम (adv.) : १. with a thumping sound, २. in quick succession

३१२. धर-पकड़ (fem.) : rounding up, arrest

३१३. धर्म-कर्म (mas.) : religious or virtuous acts/conducts

३१४. धर्म-अधर्म (mas.) : moral consideration, discrimination between just and unjust

३१५. धींगा-मुश्ती (fem.) : coercive dealing highhandedness

३१६. धीमे-धीमे (adv.) : very slowly, mildly

३१७. धीरे-धीरे (adv.) : slowly, by slow progress

३१८. धूम-धड़क्का (mas.) : ballyhoo, hulla-baloo, pompously

३१९. धूम-धाम (fem.) : pomp and show, eclat, fanfare

३२०. धूल-धक्कड़ (mas.) : dust and din

३२१. धोखा-धड़ी (fem.) : deceit, deception, fraud

३२२. धौल-धप्पा
(धौल-धप्पड़) (mas.) : slapping and boxing, exchange of blows
३२३. नंगा-झोली (fem.) : thorough search (of a person)
३२४. नंगा-नाच (mas.) : shameless/disgraceful conduct
३२५. नंगा-भूखा
(नंगा-बूचा) (adj.) : penniless and starving
३२६. नंगा-लुच्चा (adj.) : penniless and wicked
३२७. नक़द-नारायण (mas.) : ready cash
३२८. नख-शिख (mas.) : from head to foot, cap-a-piecc
३२९. नशा-पानी (mas.) : intoxicants and concomitant snacks
३३०. नहाना-धोना (mas.) : washing and bathing
३३१. नाक-नक्शा (mas.) : features, the cut of the face
३३२. नाच-गाना (mas.) : dancing and singing
३३३. नाच-रंग (mas.) : dancing and merry-making
३३४. नाज़-नख़रा (mas.) : coquetishness
३३५. नाप-जोख (fem.) : १. measurement, २. estimation
३३६. नास-पीटा (adj.) : totally worthless, good for nothing
३३७. नेकी-बदी (fem.) : good and evil
३३८. नेम-धर्म (mas.) : religious practices
३३९. नोंक-झोंक (fem.) : wordy encounter/skirmish
३४०. नोच-खसोट
(नोचा-नोची) (fem.) : १. pinching and snatching, २. grabbing
३४१. नौकर-चाकर (mas.) : retinue of servants
३४२. नौकरी-पेशा (adj.) : in service (people) working (folk)
३४३. पकड़-धकड़
(पकड़ा-धकड़ी) (fem.) : rounding up
३४४. पक्ष-विपक्ष (mas.) : the two parties/sides to a dispute
३४५. पढ़ना-लिखना (verb) : १. to read and write, २. to study
३४६. पसंद-नापसंद (fem.) : liking, choice/liking and disliking
३४७. पाई-पाई (fem.) : every bit of money
३४८. पाक-साफ (adj.) : १. pure and clean, २. upright (person)
३४९. पान-पत्ता (mas.) : meagre offering
३५०. पाप-पुण्य (mas.) : sin (evil) and virtues

३५१. पाला-पोसा (adj.) : brought up, nurtured, fostered
३५२. पीछे-पीछे (adv.) : strictly behind
३५३. पीठ-पीछे (fem.) : behind one's back
३५४. पीना-पिलाना (verb.) : to indulge in drinking/in company
३५५. पूछ-ताछ (पूछ-पूछ, पूछा-ताछी, पूछा-पाछी)
(fem.) : enquiry
३५६. फल-फलार (mas.) : fruit diet and the like
३५७. फला-फूला (adj.) : prosperous
३५८. फलना-फूलना
(फूलना-फलना) (verb.) : to flourish, to thrive, to prosper
३५९. बक-झक (fem.) : babbling, jabbering
३६०. बक-बक (fem.) : prattle
३६१. बगला-भगत (mas.) : hypocrite
३६२. बचा-खुचा (adj.) : left over
३६३. बचे-खुचे (adj.) : remaining/left over
३६४. बड़-बड़ (fem.) : multer, murmur
३६५. बढ़ा-चढ़ा (adj.) : surpassing, excelling
३६६. बना-बनाया (adj.) : १. ready-made, २. well-made
३६७. बल-बूता (mas.) : strength, support, backing
३६८. बहकी-बहकी
(adj. बातें) : incoherently, off the point
३६९. बहस-मुबाहिसा (mas.) : prolonged discussion
३७०. बही-खाता (mas.) : account book
३७१. बाजा-गाजा (mas.) : fanfare, band
३७२. बाप-दादा (mas.-plu) : forefathers, ancestors
३७३. बार-बार (adv.) : time and again
३७४. बाल-बच्चा (mas.) : offspring
३७५. बिक्री-बट्टा (mas.) : sale or transaction
३७६. बीच-बीच (में)
(indecliable) : at intervals
३७७. बीच-बचाव (mas.) : mediation

३७८. **बीचों-बीच**
(indecliable) : exactly or just in the middle or midway

३७९. **बुरा-भला** (mas.) : good side and bad (कहना) to reprimand and upbraid

३८०. **बेल-बूटा** (mas.) : embroidery

३८१. **बैठे-ठाले** (बैठे-बिठाए)
(indecliable) : unexpectedly, without any warning

३८२. **बोरिया-बिस्तर** (mas.) : bag and baggage, lock-stock and barrel

३८३. **बोलना-चालना** (verb) : to converse

३८४. **बोल-बाला** (mas.) : sway

३८५. **बोला-चाली** (fem.) : speaking terms, colloquial parlance

३८६. **बोली-ठोली** (fem.) : sarcastic remark

३८७. **भजन-पूजन** (mas.) : worshipping and reciting of hymns

३८८. **भरण-पोषण** (mas.) : maintenance

३८९. **भलाई-बुराई** (fem.) : १. good or bad, २. pros and cons

३९०. **भला-चंगा** (adj.) : hale and hearty

३९१. **भला-बुरा** (adj.) : good and evil, (mas.) pros and cons

३९२. **भाई-भतीजे** (mas. plu.) : kith and kin, relations

३९३. **भागम-भाग** (adv.) : १. with a running speed, in hot haste, २. running/fleeing about

३९४. **भाग-दौड़** (fem.) : १. running about, २. hustle and bustle

३९५. **भारी-भरकम** (adj.) : massive, voluminous and heavy

३९६. **भाव-ताव** (mas.) : cost, price (करना) to haggle

३९७. **भीड़-भड़क्का** (mas.) :
(भीड़-भाड़) (fem.) : thick of a crowd

३९८. **भूखा-प्यासा** (adj.) : hungry and thirsty

३९९. **भूत-प्रेत** (mas.-plu.) : evil spirits

४००. **भूल-चूक** (fem.) : errors and omissions

४०१. **भूला-बिसरा** (adj.) : forgotten through a lapse of memory

४०२. **भूला-भटका** (adj.) : strayed, once in a while

४०३. **भेड़-चाल** (fem.) : tendency to follow unthinkingly, mob-mentality

४०४. भेड़िया-धसान (fem.) : to follow others blindly, mob mentality

४०५. भेद-भाव (mas.) : discrimination

४०६. भोजन-वस्त्र (mas.) : alimony

४०७. भोला-भाला (adj.) : naive, very simple, ingenuous

४०८. मंत्र-तंत्र (mas.) : incantations accompanied by ritual

४०९. मरना-खपना (मरना-पचना) (mas.) : taking great pains

४१०. मरना-जीना (verb.) : birth and death, coming to and leaving this world

४११. मांग-चोटी (fem.) : hair-do (करना) hair-dressing

४१२. माई-बाप (mas.) : all in all

४१३. माथा-पच्ची (fem.) : taxing of brain

४१४. मान-मनौअल (mas.) :
(मान-मनौती) (fem.) : propitiation of feigning anger

४१५. मान-मर्यादा (fem.) : established prestige

४१६. मार-काट (fem.) : bloody scuffle/encounter

४१७. मार-धाड़ (fem.) : fighting and killing, fracas, affray

४१८. मार-पीट (fem.) : exchange of blows, scuffle, battery

४१९. माल-असबाब (mas.) : luggage

४२०. माल-टाल (mas.) : १. valuables, riches, २. cash money

४२१. माल-मता (mas.) : १. effects, assests, २. wealth

४२२. मियां-मिट्ठू (adj.) : self-complacent, self-praise

४२३. मिलता-जुलता (adj.) : resembling, very much alike

४२४. मिलना-जुलना (verb.) : to mix, to have social intercourse

४२५. मिली-भगत (fem.) : collusion

४२६. मीन-मेख (mas.) : uncharitable criticism, to pick holes

४२७. मुंह-लगा (मुंह-चढ़ा) (adj.) : cheeky, impertinent

४२८. मुक्का-मुक्की (fem.) : exchange af blows/punches

४२९. मेरा-तेरा (adj.) : mine and thine

४३०. मेल-जोल (mas.) : intimacy

४३१. मेल-मिलाप (mas.) : १. unison, २. reconciliation

४३२. मेल-मुलाकात (fem.) : social relationship, friendly association

४३३. **मेल-मुहब्बत** (fem.) : mutual affection, close relationship
४३४. **मेला-ठेला** (mas.) : festive gathering, crowdy gathering
४३५. **मेहनत-मजदूरी** (fem.) : manual labour
४३६. **मैला-कुचैला** (adj.) : dirty and pugnacious
४३७. **मोटा-झोटा** (adj.) : coarse, rough
४३८. **मोटा-ताजा** (adj.) : fleshy and pump
४३९. **मोल-भाव** (मोल-तोल)
(mas.) : haggling, higgling
४४०. **मोह-ममता** (fem.) : attachment
४४१. **मौज-पानी** (fem.) : easy life
४४२. **मौज-मजा** (mas.) : revelry, merry-making
४४३. **यत्र-तत्र**
(indeclinable.) : here and there
४४४. **यदा-कदा**
(indeclinable.) : occasionally
४४५. **यहां-वहां** (adv.) : here and there
४४६. **येन-केन-प्रकारेण**
(indeclinable.) : somehow or other
४४७. **रंग-रोगन** (mas.) : paint and varnish
४४८. **रख-रखाव** (mas.) : maintenance, upkeep
४४९. **रग-रग** (fem.) :
(रग-रेशा) (mas) : nerve/very nature
४५०. **रफ़ा-दफ़ा** (adj.) : settled and finished, done away with
४५१. **रहन-सहन** (mas.) : (way of) living
४५२. **रहा-सहा** (adj.) : all that remained, residual, leftover
४५३. **राग-रंग** (mas.) : merry-making, enjoyment
४५४. **राज-काज** (mas.) : state affairs
४५५. **राज-पाट** (mas.) : empire and its paraphernalia
४५६. **रात-दिन** (mas.) : day and night
४५७. **राह-रस्म** (fem.) : social dealings or intercourse
४५८. **राहु-केतु** (mas.) : ever-pestering enemies
४५९. **रिम-झिम** (fem.) : light drizzle
४६०. **रीति-रिवाज** (mas.) : customs and manners, rits and rituals
४६१. **रुपया-पैसा** (mas.) : money

४६२. रूखा-सूखा (adj.) : plain and simple
४६३. रू-रिआयत (fem.) : concession, leniency, consideration
४६४. रोक-टोक (fem.) : too much of restriction
४६५. रोक-थाम (fem.) : prevention, check
४६६. रोज़-रोज़ (adv.) : everyday
४६७. रोजी-रोटी (fem.) : means of livelihood
४६८. रोना-कल्पना
(रोना-धोना) (verb.) : to wail, to bemoan
४६९. रोना-पीटना (verb.) : to cry and wail loudly
४७०. रोब-दाब (mas.) : awe
४७१. रोम-रोम (में) (mas.) : in the whole being, cap-a-piece
४७२. लंगड़ा-लूला (adj.) : lame and maimed, crippled
४७३. लगा-लगी (fem.) : attchment, deep intimacy,
२. rivalry, competition
४७४. लगी-बदी (fem.) : fighting terms, state of being daggers drawn
४७५. लड़ना-झगड़ना
(लड़ना-भिड़ना) (verb.) : to quarrel
४७६. लड़ाई-झगड़ा (mas.) : broil, quarrel
४७७. लदा-फंदा (adj.) : १. overladen, overloaded,
२. overburdened
४७८. लल्लो-चप्पो (fem.) : flattery, servility
४७९. लस्टम-पस्टम (adv.) : haphazardly, in a disorderly manner
४८०. लस्त-पस्त (adj.) : totally exhausted
४८१. लहू-लुहान (adj.) : smeared with/bathed in blood
४८२. लाग-डाट (fem.) : rivalry, competition
४८३. लाग-लपेट (fem.) : hidden meaning/implication
४८४. लाड़-प्यार (mas.) : excessive fondness, too much of indulgence
४८५. लाव-लश्कर (mas.) : array of attendants, satellites, parrphernalia
४८६. लिखत-पढ़त (fem.) : (written) deed, document
४८७. लिखना-पढ़ना (verb.) : reading and writing
४८८. लिखाई-पढ़ाई (fem.) : १. education, २. studies

४८९. लिखा-पढ़ा (adj.) : educated, literate
४९०. लिखा-पढ़ी (fem.) : १. reduction to written form, २. correspondence (of letters)
४९१. लिपाई-पुताई (fem.) : plastering and white-washing
४९२. लिपा-पुता (adj.) : plastered and white-washed
४९३. लीपना-पोतना (verb.) : to plaster/coat and whitewash paint
४९४. लीपा-पोती (fem.) : १. clumsy white-washing, २. patching up, ३. spoiling, ४. unclear writing
४९५. लुंज-पुंज (adj.) : devoid of motor activity/mobility
४९६. लुकना-छिपना (verb) : to hide
४९७. लुका-छिपी (fem.) : hide and seek
४९८. लूट-खसोट (fem.) : pillage
४९९. लूट-पाट (fem.) : plundering and destruction, looting and arson
५००. लूट-मार (fem.) : pillage, marauding
५०१. लूल-लंगड़ा (adj.) : maimed and crippled
५०२. लेखा-जोखा (mas.) : calculation of accounts (रखना) to keep an account
५०३. लेन-देन (fem.) :
(लेना-देना) (mas.) : social dealings, transactions
५०४. लोक-लज्जा
(लोक-लाज) (fem.) : regard for public opinion
५०५. लोग-बाग (mas.) : common people
५०६. लोट-पोट (adj.) : rolling, weltering (होना) to burst into laughter, to roll in laughter
५०७. लौट-फेर (mas.) : interchange, substantial derangement
५०८. वाद-प्रतिवाद (mas.) : argument and counter-argument, discussion
५०९. वाद-विवाद (mas.) : १. discussion, २. debate
५१०. वारा-न्यारा (mas.) : final settlement of issues
५११. वाह-वाही (fem.) : applause, cheer
५१२. विचार-विमर्श (mas.) : delib eration
५१३. विधि-विधान (mas.) : rules and regulations
५१४. शक्ल-सूरत (fem.) : appearance, looks

५१५. शरमा-शरमी (adv.) : out of bashfulness/shyness
(fem.) : shyness, bashfulness

५१६. शराबी-कबाबी (adj.) : drunkard and meat-eater

५१७. शान-शौकत (fem.) : pomp and show

५१८. शान-बान (fem.) : magnificence, grandeur

५१९. शाम-सवेरे (adv.) : १. almost all the time, २. occasionally, ३. in the very near future

५२०. सच-सच (adv.) : real truth

५२१. सज-धज (fem.) : pomp and show

५२२. सजना-संवरना (verb) : to make up cap-a-pie

५२३. सजा-धजा (adj.) : made up and adorned

५२४. सजाना-संवारना (verb) : to embellish and decorate

५२५. सब-कुछ (mas.) : all entire, all in all

५२६. समझना-बूझना
(verb) : to understand (the matter) through and through

५२७. समझ-बूझ (fem.) : prudence, shrewdness

५२८. समझाना-बुझाना
(verb.) : to put (someone) wise through pursuation, to calm down

५२९. समय-कुसमय (adverb) : at all odd hours

५३०. सवाल-जवाब (mas.) : १. question and answer, २. argumentation

५३१. सही-सही (adj.) : whole truth, absolutely correct

५३२. सांठ-गांठ (fem.) : complicity, unholy alliance, intrigue

५३३. साग-पात (mas.) : herbs and vegetables

५३४. साग-भाजी (fem.) : vegetables

५३५. साज-सज्जा (fem.) : १. decoration, २. equipment

५३६. साज-सामान (mas.) : १. equipment २. furniture, luggage

५३७. साथ-साथ (adv.) : together

५३८. सिखाना-पढ़ाना (verb) : to tutor/coach

५३९. सिर-फिरा
(adj. & mas.) : crank, crankish

५४०. सिला-सिलाया (adj.) : made to wear, ready-made (garment)

५४१. सीखा-पढ़ा (adj.) : well-instructed, tutored
५४२. सीखा-सिखाया (adj.) : well-tutored, well-versed
५४३. सीधा-सादा (adj.) : plain and simple
५४४. सीधे-सीधे (adv.) : straight, directly, without ado, plainly
५४५. सुख-दुःख (mas.) : happiness and sorrow, pleasure and pain
५४६. सुख-शांति (fem.) : peace and happiness
५४७. सुख-संपत्ति (fem.) : happiness and prosperity
५४८. सुख-सुभीता (mas.) : pleasure and convenience
५४९. सुख-सुविधा (fem.) : pleasures and amenities
५५०. सुध-बुध (fem.) : awareness
५५१. सुन-गुन (fem.) : whispreing, rumour
५५२. सुनना-गुनना (verb.) : to listen and assimilate
५५३. सुबह-शाम (adv.) : morning and evening (करना) putting off on some pretext or the other
५५४. सुबह-सवेरे (adv.) : in the early morning, at dawn
५५५. सुलझा-सुलझाया (adj.) : well-nigh settled
५५६. सुलह-सफाई (fem.) : settlement and compromise
५५७. सूझ-बूझ (fem.) : imagination and wisdom
५५८. सूरत-शक्ल (fem.) : face and looks
५५९. सेवा-टहल (fem.) : attendance and service
५६०. सेवा-सुश्रूषा (fem.) : attendance (on a patient) and nursing
५६१. सैर-सपाटा (mas.) : excursion, roving for joy
५६२. सोचना-समझना (verb.) : to weigh the pros and cons
५६३. सोच-विचार (mas.)
(सोचा-विचारी) (fem.) : deliberation, due thought
५६४. हंसता-बोलता (adj.) : wreathed in smile, beaming with joy
५६५. हंसना-खेलना (mas.) : merry-making
५६६. हंसना-बोलना (verb) : to exchange pleasantries
५६७. हंसना-हंसाना (verb.) : to be joyous and to spread an atmosphere of joy around
५६८. हंसी-खुशी (adv.) : cheerfully
५६९. हंसी-खेल (mas.) : १. joke, fun and frolic, २. easy job, almost a joke

५७०. हंसी-ठट्ठा (mas.) : jesting and laughing
५७१. हंसी-दिल्लगी (fem.) : joking and jesting, wit and hour
५७२. हक्का-बक्का (adj.) : taken aback
५७३. हट्टा-कट्टा (adj.) : lusty, stout and sturdy
५७४. हमप्याला-हमनिवाला (mas.) : those who drink and dine together, born companions
५७५. हल्का-फुल्का (adj.) : light
५७६. हल्ला-गुल्ला (mas.) : hulla-ballow, commotion, tumult
५७७. हवा-पानी (mas.) : climate
५७८. हाय-तोबा (fem.) : uproar, tumult, hulla-ballow
५७९. हार-जीत (fem.) : defeat and victory
५८०. हाल-चाल (mas.) : state of affairs, goings-on
४८१. हाव-भाव (mas.) : gestures and postures
५८२. हास-परिहास (mas.) : fun and laughter
५८३. हास्य-व्यंग्य (mas.) : humour and satire
५८४. हाहा-हूहू (mas.) : joyous hilarity
५८५. हिलना-मिलना (verb.) : to hob-nob
५८६. हिलना-डुलना (verb.) : movement of the body
५८७. हिसाब-किताब (mas.) : accounts
५८८. हीला-हवाली (fem.) :
(हीला-हवाला) (mas.) : false excuse
५८९. हुक्का-पानी (mas.) : social dealings/relations
५९०. हृष्ट-पुष्ट (adj.) : stout and robust
५९१. हेर-फेर (mas.) : interchange of articles
५९२. हेरा-फेरी (fem.) : १. moving about to and fro with some ulterior motive, २. interchange of articles with some (ulterior) motive
५९३. हेल-मेल (mas.) : hob-nobbing
५९४. होड़ा-होड़ी (fem.) : competition
५९५. होशो-हवास (mas.) : fully in senses
५९६. हौले-हौले (adv.) : slowly and gently, slow and easy, with steps

समूहवाची शब्द

समूहवाची शब्द समूह या समुदाय के द्योतक होते हैं। किसी वस्तु की समग्रता या एकत्रित रूप अथवा व्यक्तियों या पशुओं की सामूहिकता 'समूहवाची शब्दों' द्वारा ध्वनित होती है। कुछ 'समूहवाची शब्द' कुछ विशेष समूह के लिए ही प्रयुक्त होते हैं, जैसे 'कुंज' लताओं के कुंज, 'गुच्छा' अंगूरों या चाबी का गुच्छा के लिए प्रयुक्त होता है। इसी भांति 'गिरोह' शब्द डाकुओं या चोरों के गिरोह के लिए, 'जत्था' स्वयंसेवकों या मजदूरों का जत्था के लिए, 'रेवड़' पशुओं के झुंड के लिए, 'गारद' सिपाहियों के एकत्रित समूह के लिए, 'पुंज' तारों का पुंज के लिए प्रयोग में आते हैं। हमारा प्रयत्न यह होना चाहिए कि हम 'समूहवाची शब्दों' को भी सार्थक एवं संगत रूप में प्रयोग करें।

१. **अंबार** (mas.) heap, bulk, pile
कपड़ों के इस **अंबार** में से धोबी को देने के लिए वस्त्र छांट लो।

२. **अजायबघर** (mas.) museum
इस **अजायबघर** में पुराने अस्त्र-शस्त्र, वस्त्र-अलंकार, शाही घरानों में प्रयुक्त वस्तुओं के अलावा जीव-जन्तुओं के अवशेष भी हैं।

३. **अड्डा** (mas.) १. stand (of vehicles, २. perch (of birds), ३. halting place
यह अन्तर्राज्यीय बसों का **अड्डा** है।

४. **अलबम** (mas.) album
यह पुराने चित्रों (फोटोग्राफ्स) का **अलबम** है, इसे संभालकर रखिए।

५. **अवलि** (fem.) १. line, row, २. range, ३. series
दिवाली पर दियों की **अवलि** ने अत्यन्त शोभा बरसाई है।

६. **कक्षा** (fem.) १. class, २. class-room, ३. orbit
इस **कक्षा** में ३० विद्यार्थी हैं।

७. **कतार** (fem.) row, line

आकाश में उड़ते हुए तोतों की **क़तार** को देखो कितनी खूबसूरत लग रही है।

८. **कारखाना** (mas.) mill, factory
कारखानों में मजदूर यदि परिश्रम और निष्ठा से कार्य करें, तो उत्पादन में निरन्तर वृद्धि होती है।

९. **कॉलेज** (mas.) college
(महाविद्यालय) **कॉलेज** में विद्यार्थी-समुदाय शिक्षा प्राप्त करने के लिए जाता है।

१०. **कारवां** (mas.) caravan
रेगिस्तान में ऊंटों का **कारवां** सामान लादे हुए जा रहा है।

११. **कुंज** (mas.) grove
बाग के एक कोने में लताओं का सुन्दर **कुंज** है।

१२. **कुटुम्ब** (mas.) १. kinsfolk, २. family including near relatives
मेरा **कुटुम्ब** तो बहुत बड़ा है, जिसमें मेरे परिवार के बारह सदस्यों के अलावा मेरे ताऊजी तथा चाचाजी के भी बीस सदस्य हैं।

१३. **कोलाहल** (mas.) noise, tumult, hue and cry
आवाजों के कोलाहल में मेरी चीख किसी को नहीं सुनाई दी।

१४. **कोष** (mas.) treasure, repository
जयपुर के किले में किसी स्थान पर एक बड़ा भारी **कोष** छिपा पड़ा है।

१५. **गट्ठर** (mas.) big bundle or package, bale or parcel
मकान के एक कोने पर लकड़ियों का बड़ा **गट्ठर** पड़ा है।

१६. **गारद** (fem.) party or batch of soldiers
सेना की एक **गारद** मोर्चे पर भेजी गई है।

१७. **गिरोह** (mas.) gang
माधव सिंह डाकू का पूरा-का-पूरा **गिरोह** पकड़ा गया।

१८. **गुच्छा** (mas.) bunch, cluster
मेरा चाबियों का **गुच्छा** रास्ते में कहीं गिर गया।

१९. **गुल्म** (mas.) cluster of plants
लताओं का एक बड़ा भारी **गुल्म** बाग के एक कोने में है।

२०. **चिड़ियाघर** (mas.) zoo
कलकत्ता का **चिड़ियाघर** बहुत बड़ा है, जिसमें तरह-तरह के जानवर हैं।

२१. **छत्ता** (mas.) bee,s hive
भिड़ों के **छत्ते** को कभी नहीं छेड़ना चाहिए।

२२. **जत्था** (mas.) १. batch, २. band, gang
स्वयं सेवकों का **जत्था** कांग्रेस के अधिवेशन में भाग लेने जा रहा है।

२३. **जनता** (fem.) public
आज **जनता** में बहुत जागृति है।

२४. **जन समुदाय** (mas.) men folk, masses, community
श्रीमती इन्दिरा गांधी का भाषण सुनने के लिए **जन समुदाय** उमड़ा जा रहा था।

२५. **जन-समूह** (mas.) crowd, throng
जन-समूह बड़ी शांति से राष्ट्रपति का भाषण सुन रहा था।

२६. **झुंड** (mas.) herd, flock, group
भेड़-बकरियों का **झुंड** खेत में चर रहा था।

२७. **झुरमुट** (mas.) cheump (of trees, bushes etc.)
जंगल में पेड़ों के **झुरमुट** के नीचे दो-तीन हिरण आराम कर रहे थे।

२८. **टीम** (fem.) team, batch
हमारी क्रिकेट की **टीम** अभी विश्व-कप जीतकर आई है।

२९. **टुकड़ी** (fem.) battalion, group, batch
सेना की **टुकड़ी** ने दुश्मनों की फौज पर हमला कर दिया।

३०. **ढेर** (mas.) heap
दूकान में गेहूं, चना और दालों का **ढेर** लगा हुआ था।

३१. **दल** (mas.) group, party
टिड्डियों के **दल** ने इस बार हरियाणा में हमला किया है।

३२. **दस्ता** (mas.) squad, squadron
फौजी **दस्ता** दुश्मनों की गोलियों के बौछार के बीच में भी बहादुरी से आगे बढ़ रहा था।

३३. **नागरिक सेना** (fem.) militia
आपात काल में **नागरिक सेना** का बहुत महत्त्व है।

३४. **नौ सेना** (fem.) naval force, navy, sea-force
समुद्र की ओर से आक्रमण को बचाने में **नौ-सेना** की बड़ी महत्त्वपूर्ण भूमिका है।

३५. **पंक्ति** (fem.) line, row
आकाश में उड़ती हुई बगुलों की **पंक्ति** अत्यन्त सुन्दर लगती है।

३६. **पलटन** (fem.) platoon, battalion
कैप्टन ने अपनी **पलटन** को आगे बढ़ने का आदेश दिया।

३७. **पाठशाला** (fem.) school
प्राथमिक **पाठशाला** के बच्चे राष्ट्र-गान गा रहे हैं।

३८. **पुंज** (mas.) heap, collection, accumulation

निर्मल आकाश में तारों के **पुंज** की छटा अनोखी ही होती है।

३९. **पुलिस** (fem.) police

पुलिस को जनता का रक्षक होना चाहिए, भक्षक नहीं।

४०. **पुस्तकालय** (mas.) library

पुस्तकालय में पुस्तकों को व्यवस्थित ढंग से रखना अत्यन्त आवश्यक है।

४१. **फौज** (fem.) army

भारतीय **फौज** दुश्मनों का मुंह-तोड़ जवाब देने के लिए सदा ही तत्पर रहती है।

४२. **बेड़ा** (mas) १. fleet २. raft

अमेरिका का सातवां जहाजी **बेड़ा** हिन्द महासगर में है।

४३. **भंडार** (mas.) storehouse, repository

पुराने प्रसिद्ध मन्दिरों में सोने-चांदी के **भंडार** हैं।

४४. **भीड़** (fem.) crowd, mob, throng

पुलिस ने उपद्रवी **भीड़** पर गोली चलाई।

४५. **मंडल** (mas.) circle, circumference, multitude

नक्षत्रों का **मंडल** आकाश में चमक रहा था।

४६. **मंडली** (fem.) party, concourse, assembly

गाने वालों की **मंडली** श्रद्धापूर्वक भजन गा रही थी।

४७. **महफिल** (fem.) recreational assemblage

संगीत की **महफिल** जोरों पर जमी हुई थी।

४८. **माला** (fem.) garland, row, chain

पर्वतों की **माला** के पीछे एक सुन्दर गांव था।

४९. **राशि** (fem.), fund, sum, heap, collection

उनके पास इतनी धन-**राशि** है कि वे सोच नहीं पाते कि क्या करें।

५०. **रिसाला** (mas.) a troop of horses

घुड़सवारों का **रिसाला** जंगल में धीरे-धीरे आगे बढ़ रहा था।

५१. **रेवड़** (mas.) flock

भेड़ों और बकरियों का **रेवड़** उसके खेत को पूरी तरह चर गया।

५२. **वायुसेना** (fem.) airforce

युद्ध के समय **वायुसेना** का विशेष महत्त्व है।

५३. **वृन्द** (mas.) an assembly, a collection, multitude

पाठक **वृन्द** इस पुस्तक को गहराई से पढ़ें।

५४. **श्रृंखला** (fem.) chain, belt, girdle
पहाड़ों की **श्रृंखला** का ओर-छोर नहीं था।

५५. **श्रेणी** (fem.) row, line, chain, assembly
विद्यार्थियों की **श्रेणियां** एक के बाद एक आगे बढ़ रही थीं।

५६. **संघ** (mas.) association, confederation
संयुक्त राष्ट्र **संघ** एक महत्त्वपूर्ण संस्था है।

५७. **सभा** (fem.) meeting, assembly
चुनाव-**सभा** में नेता गण भाषण दे रहे थे।

५८. **समिति** (fem.) committee
इस विधेयक पर विचार करने के लिए संसद-सदस्यों की एक **समिति** गठित की गई है।

५९. **समुदाय** (mas.) group, body, assemblage, community
छात्र-**समुदाय** में आजकल अनुशासनहीनता बढ़ती जा रही है।

६०. **समूह** (mas.) group, assemblage
मुस्लिम यात्रियों का **समूह** हज-यात्रा पर जा रहा था।

६१. **सम्मेलन** (mas.) conference, convention
गुट निरपेक्ष राष्ट्रों का **सम्मेलन** पिछले महीने ही समाप्त हुआ है।

६२. **सेना** (fem.) army
हमें अपनी **सेना** पर बहुत अधिक गर्व है।

वाक्य या वाक्यांश के लिए एक शब्द

भूमिका

हम अनेक शब्दों से जिस बात को या भाव को प्रकट कर सकें, यदि उसे एक शब्द द्वारा ध्वनित कर दें, तो एक ओर तो भाषा-सौन्दर्य बढ़ जाता है दूसरी ओर रचना में कसावट आती है।. भाषा की सार्थकता भी इसी में है कि अनेक शब्दों के स्थान पर एक उपयुक्त, सार्थक और संगत शब्द का प्रयोग किया जाए। एक महत्त्वपूर्ण बात यह भी है कि अनेक शब्दों के स्थान पर या वाक्य के लिए यदि एक उपयुक्त शब्द का प्रयोग किया जाए तो स्थान की बचत भी होती है। उदाहरण के लिए—'यह स्थान तो देखने योग्य था' के स्थान पर 'यह स्थान तो **दर्शनीय** था' (अथवा) ''मेरा पड़ोसी राम तो बहुत लड़ाई-झगड़ा करने वाला व्यक्ति है' की अपेक्षा यह कहें कि 'मेरा पड़ोसी राम बहुत झगड़ालू है' तो वाक्य अधिक गठे व सुन्दर लगते हैं।

भाषा में भावों को संक्षिप्त रूप में व्यक्त करनेवाले 'एक शब्द' प्रायः उपसर्ग और प्रत्यय जोड़कर अथवा समास की विधि अपनाकर बनाए जाते हैं। कुछ एक प्रकार से पारिभाषिक शब्द भी हैं। स्पष्टतः ये सभी भाषा के गहरे ज्ञान की अपेक्षा रखते हैं। शब्द की सही वर्तनी और उसका सही-सही अर्थ जानना भी इसीलिए परमावश्यक है।

सामान्यतः यह तर्क दिया जाता है कि अनेक शब्दों या वाक्यांश के लिए जो 'एक शब्द' प्रयुक्त होते हैं, वे कठिन और संस्कृतनिष्ठ होते हैं और बहुधा उनकी सही-सही वर्तनी लिखने की समस्या सामने आ जाती है। वस्तुतः सदा ऐसा नहीं है। एक अच्छी भाषा व रचना के लिए गठे व कसे हुए वाक्यों, भापा में स्पष्टता, संक्षिप्तता एवं सुन्दरता के लिए, उपयुक्त एवं सार्थक शब्दों का ज्ञान अत्यन्त आवश्यक है। और वर्तनी की कठिनाई की समस्या भी कुछ शब्दों के साथ ही जुड़ी है, अधिकतर शब्द सीधे, सरल और स्पष्ट हैं।

इस अध्याय में पाठकों की ज्ञान-वृद्धि के लिए अधिक से अधिक वाक्यांश के लिए एक शब्द को अकारादि क्रम से रखने का प्र यास किया गया है जिसमे पाठक

शब्दों की पर्याप्त जानकरी एवं उनके सही ढंग से प्रयोग भी जान लें।

वाक्य या वाक्यांश के लिए एक शब्द

१. हाथी हाँकने का लोहे का डंडेदार हुक
अंकुश (mas.) (the ironhook with which elephants are driven)

२. शरीर के किसी अवयव का टूटना
अंगभंग (mas.) (mutilitation of some limb of the body)

३. अंडे से उत्पन्न होने वाला
अंडज (mas.) (born from an egg)

४. ओछी जाति में जन्म लेनेवाला
अंत्यज (mas.) (a person of low caste)

५. लाभ-हानि सोचे बिना किया गया विश्वास
अंधविश्वास (mas.) (blind faith)

६. न करने योग्य
अकरणीय (adj.) (unfit to be performed)

७. जो कहा न जा सके
अकथनीय (adj.) (inexpressible, unspeakable)

८. जो कुछ न करे
अकर्मण्य (adj.) (idle, good for nothing)

९. जिसे प्रमाण एवं तर्क आदि से काटा न जा सके
अकाट्य (adj.) (firm, solid, strong)

१०. जो क्षमा करने लायक नहीं
अक्षम्य (adj.) (unpardonable)

११. एक-एक अक्षर
अक्षरशः (adj.) (letter by letter/word by word)

१२. जो इन्द्रियों द्वारा समझा न जा सके
अगोचर (adj.) (imperceivable)

१३. पहले उत्पन्न होने वाला अर्थात् बड़ा भाई
अग्रज (mas.) (elder brother)

१४. जो सबसे आगे रहे
अग्रणी/अग्रसर (adj.) (prominent/pioneer)

१५. जो सोचने योग्य न हो
अचिंत्य (adj.) (incogitable inconceivable)

१६. न छूने योग्य
अछूत (adj.) (untouchable)
१७. जिसे छुआ न गया हो
अछूता (adj.) (untouched)
१८ जो कभी बूढ़ न होता हो
अजर (adj.) (not liable to decay or old age)
१९. जिसका शत्रु जन्मा ही न हो
अजातशत्रु (adj.) (having no enemy)
२०. जिसे कोई जीत न सके
अजेय (adj.) (unconquerable)
२१. जो टाला नहीं जा सके
अटल (adj.) (unmoved/irrevocable)
२२. चलने में बार-बार अड़ जाने वाला
अड़ियल (adj.) (obstinate/stubborn)
२३. बहुत बढ़ा-चढ़ाकर कहना
अतिशयोक्ति (fem.) (exaggaration)
२४. जिसका इन्द्रियों से अनुभव न किया जा सके
अतीन्द्रिय (adj.) (unperceived by the senses)
२५. जिसकी तुलना न हो
अतुलनीय (adj.) (matchless/unparallel)
२६. बढ़ा-चढ़ाकर कही गई बात
अत्युक्ति (fem.) (superfluous talk)
२७. जिसकी थाह मापी न जा सके
अथाह (adj.) immeasureable
२८. जो दूर की (भविष्य) बात नहीं सोचता हो
अदूरदर्शी (adj.) (not far sighted)
२९. जो देखा न जा सके
अदृश्य (adj.) (invisible)
३०. जिसके समान कोई दूसरा न हो
अद्वितीय (adj.) (unique/matchless, peerless)
३१. पहाड़ के ऊपर की समभूमि
अधित्यका (fem.) (plateau/level ground situated over a hill)
३२. जो नीचे की पंक्तियों में लिखा हो
अधोलिखित (adj.) (written below/following)

३३. आत्मा से संबंध रखनेवाला
अध्यात्म (adj.) (spiritual)

३४. जिसका कहीं अन्त न होता हो
अनन्त (adj.) endless/infinite)

३५. जिसका दूसरा उपाय न हो
अनन्योपाय (mas.) no other solution

३६. जो बिलकुल भी पढ़ा-लिखा न हो
अनपढ़ (adj. & mas.) (illiterate)

३७. जो नष्ट न होनेवाला हो
अनश्वर (adj.) (immortal/imperishable)

३८. जिसके माता-पिता न हों
अनाथ (adj.) (orphan)

३९. जिसका आदि न हो
अनादि (adj.) without beginning/eternal

४०. शब्द द्वारा जो व्यक्त नहीं हो सके/जो वचन या वाणी द्वारा कहा न जा सके
अनिर्वचनीय (adj.)indescribable/undefinable

४१. जिसे टाला न जा सके
अनिवार्य (adj.) (inevitable/necessary, unavoidable)

४२. अनुकरण करने योग्य
अनुकरणीय (adj.) imitable

४३. पीछे उत्पन्न होनेवाला (छोटा भाई)
अनुज (mas.) younger brother

४४. जो परीक्षा में उत्तीर्ण न हो
अनुत्तीर्ण (adj./mas.) failure/unsuccessful

४५. नाक से बोला जानेवाला
अनुनासिक (adj.) nasal

४६. जिसकी उपमा न हो
अनुपम (adj.) unequalled/peerless/incomparable

४७. जो किसी का अनुसरण करे
अनुयायी (adj. & noun) follower

४८. जो विषय-वासना में फंसा हो
अनुरक्त (adj.) enamoured/attached in love

४९. जिसका मन किसी दूसरी ओर हो
अन्यमनस्क (adj.) absent-minded/unmindful

५०. जो एक-दूसरे पर आश्रित हों
अन्योन्याश्रित (mas.) interdependent

५१. जो पढ़ा न जा सके
अपठ्य (adj.) unreadable

५२. दोपहर के बाद का समय
अपराह्न (mas.) afternoon

५३. जिससे परिचय न हो
अपरिचित (adj.) unacquainted/stranger

५४. जो मापा न जा सके
अपरिमेय (adj.) countless/innumerable

५५. जो नियमों के विरुद्ध हो
अपवाद (mas.) exception

५६. जिसका पार न हो
अपार (adj.) infinite/endless

५७. जिसके आर-पार न देखा जा सके
अपारदर्शक (adj.) opaque

५८. जिसकी आशा न की गई हो
अप्रत्याशित (adj.) unexpected

५९. जो प्रमाण द्वारा सिद्ध न हो सके
अप्रेय (अप्रमेय)(adj.) unable to be proved, authentically

६०. देवलोक या इन्द्रपुरी की नर्तकी
अप्सरा (fem.) fairy/angel

६१. जिसे खाना नहीं चाहिए
अभक्ष्य (adj.) not fit to be eaten, (noun) forbedden food

६२. जिसका भाग्य अच्छा न हो
अभागा (adj.) unfortunate/unlucky

६३. अभिनय करने वाली स्त्री
अभिनेत्री (fem.) actress

६४. जिसपर अभियोग चलाया जाए
अभियुक्त (mas.) (adj.) accused/charged

६५. जैसा (या जो) पहले कभी न हुआ हो
अभूतपूर्व (अपूर्व) (adj.) unprecedented/unique

६६. जिसे छेदा या भेदा न जा सके
अभेद्य (adj.) impenetrable

६७. जो कभी न मरता हो

अमर (adj.) immortal

६८. जिसका कोई मूल्य निश्चित न किया जा सके

अमूल्य (adj.) priceless/invaluable

६९. निष्फल न होने वाला

अमोघ (adj.) unfailing/infallible

७०. जो देखा नहीं जा सके

अलक्ष्य (adj.) invisible

७१. जो इस लोक में न हुआ हो

अलौकिक (adj.) supernatural/rare/ not of this world

७२. जिसका कम ज्ञान हो

अल्पज्ञ (adj.) knowing little/unwise

७३. बहुत कम बोलने वाला

अल्पभाषी (adj.) reserved/taciturn

७४. जो मारने योग्य न हो

अवध्य (adj.) not fit to be slaughtered

७५. जिसका वर्णन न हो सके

अवर्णनीय (adj.) indescribale

७६. जिसपर विश्वास न किया जा सके

अविश्वसनीय (adj.) incredible/unworthy of belief

७७. बिना वेतन के काम करने वाला

अवैतनिक (adj.) honorary/unpaid

७८. कानून के विरुद्ध

अवैध (adj.) unlawful

७९. जो शिक्षित या पढ़ा-लिखा न हो

अशिक्षित (adj.) uneducated/illiterate

८०. जिनकी संख्या न की जा सके

असंख्य (adj.) innumerable/countless

८१. जो काम न हो सके

असंभव (adj.) impossible

८२. सहन न कर सकने योग्य

असह्य (adj.) unbearable/intolerable

८३. जो सहन न कर सके

असहिष्णु (adj.) intolerant/peevish

८४. जिस रोग का इलाज न हो सके/जो साधा न जा सके
असाध्य (adj.) incurable/incorrigible

८५. जिस स्त्री को सूर्य भी न देख सके
असूर्यपश्या (adj.) not seen even by the sun/said of a lady observing strict purdah system.

८६. जो स्पर्श करने लायक न हो
अस्पृश्य (adj.) untouchable

८७. अचानक होने वाला
आकस्मिक (adj.) sudden/unexpected

८८. अनिश्चित जीविका
आकाशवृत्ति (fem.) a casual or temporary existence/a living from hand to mouth

८९. जांघ तक जिसके हाथ हों
आजानुबाहु (adj.) whose hands are long enough to reach the knee or thigh

९०. सारा जीवनभर
आजीवन (adv.) throughout life

९१. आगे आनेवाला
आगामी (adj.) ensuing/coming/next

९२. स्वयं लिखी हुई अपनी कहानी
आत्मकथा (fem.) autobiography

९३. अपनी हत्या करनेवाला
आत्मघाती (आत्महत्या) (fem.) one who commits (suicide)

९४. धन से संबंधित
आर्थिक (adj.) financial/economic

९५. जन्म लेते ही मर जाना
आदण्डपात (verb) death just after birth

९६. जो अपने ऊपर बीती हो
आपबीती (fem.) self experienced

९७. पैर से लेकर सिर तक
आपादमस्तक (mas.) from top to bottom

९८. मरने तक
आमरण (adv.) till death

९९. किसी पुस्तक का गुण-दोष विवेचन
आलोचना (fem.) criticism

१००. जो एक दम नयी चीज निकाले (बनाए)
आविष्कारक (mas.) inventor

१०१. ईश्वर में विश्वास करनेवाला
आस्तिक (mas.) theist

१०२. इतिहास को जानने वाला
इतिहासज्ञ (mas.) historian

१०३. पूरब और उत्तर के बीच की दिशा
ईशान (mas.) the north-east quarter

१०४. जो दूसरों की उन्नति देखकर जले
ईर्ष्यालु (adj.) jealous/enviable

१०५. जिसने अपने ऊपर का ऋण उतार दिया हो
उऋण (adj.) free from debt

१०६. सबसे ऊंचा
उच्चतम (adj.) highest

१०७. अधिक उपज देने वाली धरती
उपजाऊ (adj.) fertile/productive

१०८. पहाड़ के नीचे की समभूमि
उपत्यका (fem.) valley at the foot of a mountain

१०९. जिसकी उपमा दी जाए
उपमेय (adj.) comparable

११०. ऊपर कहा हुआ
उपर्युक्त (adj.) aforesaid/above mentioned

१११. जल और भू पर समान रूप से चलनेवाला जन्तु
उभयचर (nown) both side mover (sea and earth)

११२. जो छाती के बल चलता है
उरग (mas.) a crawling reptile/snake

११३. वह पिण्ड जो आकाश से जलता हुआ पृथ्वी पर गिरता है
उल्कापात (mas.) the falling of a meteor

११४. जिसकी ऊपर की ओर भुजा हो
ऊर्ध्वबाहु (mas.) a sect of anchorites who always hold up their hands in the air

११५. जो इच्छा के अधीन हो
ऐच्छिक (adj.) optional

११६. जादू या इन्द्रजाल करनेवाला
ऐन्द्रजालिक (mas.) a juggler/wizard

११७. इस लोक से संबंधित
ऐहिक (adj.) pertaining to this world/worldly

११८. कांटों से भरा हुआ
कंटकाकीर्ण (adj.) thorney

११९. जो कहने योग्य हो
कथनीय (adj.) worth narrating

१२०. दोनों कानों को ढांपने की बड़ी टोपी
कनटोप (mas.) a night cap which covers the ears

१२१. ऐसी लड़की जिसका विवाह न हुआ हो
कन्या/कुमारी (fem.) maid

१२२. जिसकी गर्दन कबूतर की तरह सुन्दर हो
कपोतग्रीव (mas.) a pigeon necked

१२३. कमल के समान नयनों वाली
कमलनयनी (mas.) having eyes like the lotus flower

१२४. कर्म करने में तत्पर व्यक्ति
कर्मठ (adj.) active, energetic

१२५. बिना खिला फूल
कली (fem.) a bud, a gussest

१२६. जिसकी कल्पना भी न की जा सके
कल्पनातीत (fem.) out of scheme

१२७. बर्तन बेचने वाला
कसेरा (mas.) brazier/tinker

१२८. जो काम से जी चुराए
कामचोर (adj.) shrinking from work

१२९. काया का
कायिक (adj.) pertaing to body

१३०. कुछ निश्चय न कर पाने वाला
किंकर्तव्यविमूढ़ (adj.) in a fix

१३१. जो बात लोगों से सुनी गई हो
किंवदंती (जनश्रुति) (fem.) rumour, tidings.

१३२. अविवाहित पुरुष

कुंआरा (कुमार) (mas.) unmarried (person)

१३३. धन का देवता

कुबेर (adj.) God of weath

१३४. बुरे मार्ग पर चलने वाला

कुमार्गगामी (adj.) one who follows evil path

१३५. जिसका रूप अच्छा न हो

कुरूप (adj.) ugly

१३६. जो अच्छे कुल में उत्पन्न हुआ हो

कुलीन (adj.) of noble descent

१३७. बहुत तेज बुद्धिवाला

कुशाग्रबुद्धि (adj.) of keen intelligence

१३८. बुरी संगत में रहने वाला

कुसंगी (adj.) one who lives in evil company

१३९. किए हुए उपकार को न मानने वाला

कृतघ्न (adj.) ungrateful

१४०. किए हुए उपकार को मानने वाला

कृतज्ञ (adj.) grateful

१४१. जो धन खर्च न करे

कृपण (कंजूस) (adj.) miser

१४२. सिंह या घोड़े की गरदन के बाल

केशर (mas.) saffron

१४३. क्षमा मांगने वाला

क्षमाप्रार्थी (noun) to ask forgiveness

१४४. क्षमा करने वाला

क्षमाशील (adj.) of forgiving disposition

१४५. जो क्षमा किया जा सके

क्षम्य (adj.) pardonable

१४६. आकाश में विचरण करने वाले जन्तु

खेचर (mas.) birds

१४७. हाथी की चाल जैसी चाल वाली (स्त्री)

गजगामिनी (adj.) having a graceful gait

१४८. आकाश चूमने वाला

गगनचुम्बी (adj.) very high

१४९. गांठ (जेब) को काटने वाला

गिरहकट (mas.) a pick-pocket

१५०. गुप्त रूप से घूमने वाला राजकर्मचारी

गुप्तचर (mas.) spy

१५१. जो बोल नहीं सकता है

गूंगा (adj.) dumb/mute

१५२. जो इन्द्रियों से अनुभव किया जा सके

गोचर (mas.) an object of sense perceptions

१५३. जो इन्द्रियों (गो) के ज्ञान के बाहर है

गोतीत (mas.) out of sense perceptions

१५४. सांझ और रात के बीच का समय

गोधूलि (fem.) dusk

१५५. जो छिपाने लायक है

गोपनीय (adj.) concealable/confidential

१५६. जो ग्राम (गांव) में रहता हो

ग्रामीण (mas.) villager

१५७. घास छीलकर जीवन-निर्वाह करने वाला

घसियारा (mas.) grass-cutter

१५८. घोड़ों के रखे जाने का स्थान

घुड़साल (अस्तबल) (mas.) stable

१५९. जिसके हाथ में चक्र है

चक्रपाणि (mas.) an epithet of Vishnu

१६०. जिसकी चार भुजाएं हैं

चतुर्भुज (adj.) quadrilateral/an epithet of Brahma

१६१. जिसके चार मुख हैं

चतुर्मुख (adj.) four faced (noun) the God Brahma

१६२. जिसके चार पैर हों

चतुष्पद (adj.) four feeted (mas.) quadruped

१६३. रोगियों का इलाज करने की जगह

चिकित्सालय (mas.) hospital

१६४. करने की इच्छा रखनेवाला

चिकीर्ण (adj.) who wants to do samething

१६५. (करने की) इच्छा रखनेवाला

चिकीर्षु (mas.) desirous to do a thing

१६६. चबाने की इच्छा
चिर्चाविषा (fem.) desire to chew

१६७. जो बहुत समय तक ठहरे/जो देर तक रहे
चिरस्थायी (टिकाऊ) (adj.) lasting for a longtime

१६८. जो चुगली करता है
चुगलखोर (mas.) backbiter

१६९. चूहे फंसाने का पिंजरा
चूहेदानी (fem.) rat-trap

१७०. चौथे दिन आने वाला ज्वर
चौथिया (mas.) quarten ague

१७१. चार पांवों वाला जानवर
चौपाया (mas.) quadruped/cattle

१७२. बरसात के चार महीने
चौमासा (चतुर्मास) (mas.) four months of rainy season

१७३. जहां चार रास्ते मिलते हों
चौराहा (mas.) a place where four roads meet

१७४. चारों ओर की सीमा
चौहद्दी (fem.) boundary of the four sides

१७५. छह मास के अन्तराल में होने वाला
छमाही (adj.) six monthly

१७६. विद्यार्थियों के रहने का भवन
छात्रावास (mas.) hostel

१७७. जो फ़ोटो या चित्र खींचता है
छायाकार (mas.) photographer

१७८. पेट के अन्दर रहने वाली आग/पेट की आग (भूख)
जठराग्नि (जठरानल) (fem.) the fire of the stomach which helps to digest food/hunger

१७९. प्रजा द्वारा चलाया हुआ राज्य
जनतंत्र (प्रजातंत्र) (mas.) democracy

१८०. जो जन्म से अन्धा हो
जन्मान्ध (adj.) born-blind

१८१. जल में रहने वाले जीव-जन्तु/जो जल में रहता हो
जलचर (mas.) an aquatic animal

१८२. जल की सवारी
जलयान (mas.) a ship, a boat

१८३. जो जादू के खेल दिखाता है
जादूगर (मदारी) (mas.) magician/sorcerer

१८४. जीने की इच्छा
जिगमिषा (fem.) desire of life

१८५. जीने का इच्छुक
जिगमिषु (adj.) desiring of life

१८६. जानने की इच्छा रखने वाला
जिज्ञासु (adj.) inquisitive/curious

१८७. पति के बड़े भाई की स्त्री
जिठानी (fem.) husband's elder brother' wife

१८८. इन्द्रियों को जीतने वाला
जितेन्द्रिय (mas.) ascetic

१८९. धरती (जमीन) जोतने का काम
जुताई (fem.) the work of ploughing a field

१९०. पति के बड़े भाई (जेठ) का लड़का
जैठोत (mas.) husband's elder brother's son

१९१. जो ज्योतिष जानता हो
ज्योतिषी (mas.) astrologer

१९२. वह पहाड़ जिससे आग निकले
ज्वालामुखी (mas.) volcano

१९३. लड़ाई-झगड़ा करने वाला
झगड़ालू (adj.) quarrelsome

१९४. जिसके लम्बे-लम्बे बिखरे हुए बाल हों
झबरा (adj.) covered with long entangled hairs

१९५. अधिक देर रहने वाला या चलने वाला
टिकाऊ (adj.) durable/lasting

१९६. सिक्के ढालने का कारखाना
टकसाल (mas.) mint

१९७. छोटे कद का आदमी
ठिगना (adj.) short, dwarfish

१९८. जो किसी पक्ष का न हो
तटस्थ/निष्पक्ष (adj.) neutral

१९९. उसी समय का
तत्कालीन (adj.) contemporary

२००. ऋषियों का निवास स्थान
तपोभूमि (fem.) sacred grove

२०१. जो किसी कार्य या विषय में डूबा हो
तल्लीन (mas.) absorbed

२०२. जो चोरी-छिपे माल लाता-ले जाता हो
तस्कर (mas.) smuggler

२०३. तमोगुण का
तामसिक (adj.) wicked

२०४. जिसके तीन नेत्र (आंखें) हैं
त्रिनेत्र (mas.) Shiva/God

२०५. तीन महीनों में एक बार
त्रैमासिक (adj.) quarterly

२०६. तीन युगों में होने या रहने वाला
त्रियुगी (adj.) which presents in three Yugas

२०७. तीन लोकों का समूह
त्रिलोक (mas.) the three worlds

२०८. तीन नदियों का समूह
त्रिवेणी (fem.) the confl uence of the three rivers

२०९. धरती पर चलनेवाला
थलचर (mas.) animals that live on land

२१०. गोद लिया हुआ पुत्र
दत्तक (mas.) adopted son

२११. स्त्री-पुरुष का जोड़ा
दम्पति (mas.) husband and wife

२१२. जो दया का पात्र हो
दयनीय (दयापात्र) (mas.) one deserving favour

२१३. दया करनेवाला
दयालु (adj.) generous

२१४. जिसके पास कुछ न हो
दरिद्र (adj.) poor, penniless

२१५. देखने वाला
दर्शक (mas.) spectator

२१६. जो देखने योग्य हो

दर्शनीय (adj.) handsome, beautiful

२१७. दस वर्षों का समूह

दशक (adj.) decade

२१८. जिसके दस मुख हैं

दशानन (mas.) ten faced person, demon Ravana

२१९. जो दान करता हो

दानी (mas.) benefactor, generous

२२०. वन (लकड़ी) में रहने वाली अग्नि

दावानल (mas.) forest conflagration

२२१. वन में लगने वाली आग

दावाग्नि (fem.) forest conflagration

२२२. दर्शनशास्त्र का ज्ञाता

दार्शनिक (mas.) philosopher

२२३. देने की इच्छा

दित्सा (fem.) desire to give

२२४. जिसे देने या दान करने की इच्छा हो

दित्सु (adj.) desiring to give

२२५. दिनभर का कार्यक्रम

दिनचर्या (fem.) daily routine

२२६. जिसने गुरु से दीक्षा ली हो

दीक्षित (adj.) consecrated (disciple)

२२७. जो प्रत्येक काम देरी से करे

दीर्घसूत्री (adj.) slow, dilatory

२२८. दूध पर रहने वाला

दुग्धाहारी (mas.) living on milk

२२९. अनुचित बात के लिए हठ (आग्रह)

दुराग्रह (mas.) wilfulness, prejudice

२३०. बुरा आचरण करने वाला

दुराचारी (adj.) immoral wicked

२३१. जहां जाना कठिन हो

दुर्गम (adj.) inaccessible

२३२. जिसका दमन करना कठिन हो

दुर्दम्य (adj.) impregnable

२३३. जिसे समझना कठिन हो

दुर्बोध (adj.) difficult to be understood

२३४. जो कठिनाई से छेदा या तोड़ा जा सके

दुर्भेद्य (adj.) unable to be penertrated

२३५. जिसका मिलना कठिन हो

दुर्लभ (adj.) rare, scarce

२३६. जिसे लांघना कठिन हो

दुर्लंघ्य (adj.) which is difficult to cross

२३७. बुरे चरित्र वाला

दुश्चरित्र (adj.) of bad conduct/wicked

२३८. जो काम कठिन हो/जिसे करना कठिन हो

दुष्कर (adj.) arduous/impossible

२३९. जो कठिनता से प्राप्त हो सके

दुष्प्राप्य (adj.) rare/difficult to be attained

२४०. जो अपनी सीमा से भी अधिक साहस करे

दुस्साहसी (adj.) disbraveryness

२४१. बहुत दूर (भविष्य) तक देखने वाला

दूरदर्शी (adj.) far-sighted/prudent

२४२. पति के छोटे भाई की स्त्री

देवरानी (fem.) wife of the younger brother of the husband

२४३. देश से द्रोह करने वाला

देशद्रोही (adj.) traitor

२४४. प्रतिदिन होने वाला

दैनिक (adj.) daily

२४५. जो देखने योग्य हो

द्रष्टव्य (adj.) worthy to be seen

२४६. बहुत तेज चलने वाला

द्रुतगामी (adj.) fast-going/moving

२४७. दो भाषा बोलने वाला

द्विभाषी (mas.) the man who speaks two languages

२४८. जो धर्म से भ्रष्ट हो/जिसने अपना धर्म छोड़ दिया हो

धर्मभ्रष्ट (mas.) ungodly/recreant

२४९. यात्रियों के लिए धर्मार्थ बना हुआ घर

धर्मशाला (fem.) a house for pilgrims/inn/almshouse

२५०. लम्बी-लम्बी धारियों वाला
धारीदार (adj.) striped/lined

२५१. नाक से लहू (खून) बहने का रोग
नकसीर (fem.) bleeding from the nose

२५२. नाखून से सिर तक/नख से लेकर शिखा तक के सब अंग
नखशिख (mas.) from top to bottom

२५३. नाना-नानी का घर
ननिहाल (mas.) house of the maternal grandfather

२५४. जो आकाश में घूमता है
नभचर (mas.) which moves in the sky/cloud, bird

२५५. नमक रखने की डिबिया
नमकदानी (mas.) salt-cellar

२५६. जो नया-नया आया हो/जो तुरत आया हो
नवागन्तुक (नवागत) (mas.) newcomer

२५७. जो नष्ट होने वाला है
नश्वर (adj.) destructible

२५८. जिसका जन्म-पालन-पोषण नगर में हुआ हो
नगरवासी/नागरिक (mas.) one who resides in a city or town

२५९. जिसे ईश्वर पर विश्वास न हो
नास्तिक (adj.) an atheist

२६०. जिसको डर न हो
निडर (adj.) fearless/daring

२६०. जो बिलकुल पढ़ना-लिखना न जानता हो
निरक्षर (adj.) illiterate

२६२. जिसका कोई अर्थ न हो
निरर्थक (adj.) meaningless/useless

२६३. जिसका कोई आकार (रूप) न हो
निराकार (adj.) shapeless/formless

२६४. जिसका कोई आधार न हो
निराधार (adj.) baseless/unfounded

२६५. जो मछली-मांस न खाता हो
निरामिष (adj.) vegitarian

२६६. बिना आहार (भोजन) के
निराहार (adj.) without food/fasting

२६७. जो उत्तर न दे सके

निरुत्तर (adj.) unable to answer/nonplussed

२६८. जिसमें दया न हो

निर्दय (adj.) cruel/hard-hearted

२६९. जिसके पास धन न हो

निर्धन (adj.) poor/moneyless

२७०. बिना पलक गिराए/एकटक

निर्निमेष (adv.) without winking the eyes/with fixed look

२७१. जिसका भय न हो

निर्भय (adj.) fearless/courageous

२७२. जिसका मूल (जड़) न हो

निर्मूल (adj.) rootless/unfounded

२७३. जो मोह न करता हो

निर्मोही (adj.) without affection/unkind

२७४. जिसमें लज्जा न हो

निर्लज्ज (adj.) immodest/shameless

२७५. जो किसी से लिप्त न हो/जो अनुरक्त न हो

निर्लिप्त (निर्लेप) (adj.) unengrossed/unconnected

२७६. जिसमें विकार न आता हो

निर्विकार (adj.) passionless/unaltered

२७७. जिसमें विष न हो

निर्विष (adj.) poisonless

२७८. रात में घूमने वाला

निशाचर (mas.) demon/ghost/night-wanderer

२७९. जिसमें कपट न हो

निष्कपट (adj.) fraudless/simple

२८०. जो किसी का भी पक्ष न ले

निष्पक्ष (adj.) unbiassed/just

२८१. जिसमें पाप नहीं है

निष्पाप (adj.) without vice/simple

२८२. जिसका कोई फल न मिले

निष्फल (adv.) unprofitable/fruitless

२८३. जिसके कोई सन्तान न हो

निस्संतान (adj.) childless

२८४. जिसमें कोई सार न हो
निस्सार (adj.) worthless/having no essence

२८५. ज़िसमें संदेह न हो
निस्संदेह (adv.) undoubtedly/certainly

२८६. तेज या प्रतिभा से रहित
निस्तेज (adj.) lustreless

२८७. नीति को जानने वाला
नीतिज्ञ (mas.) statesman/politician

२८८. जिसमें रस न हो
नीरस (adj.) devoid of juice/prosaic

२८९. जो न्याय अच्छी प्रकार जानता है/न्यायशास्त्र का ज्ञाता
नैयायिक (mas.) logician/judge

२९०. किसी का पक्षपात करनेवाला
पक्षपाती (mas./adj.) partisan/friend/biassed/prejudicial

२९१. शरीर के किसी भाग का गतिहीन हो जाना
पक्षाघात (mas.) paralysis/hemiplegia

२९२. जिसके पांच मुंह हों
पंचानन (mas.) having five faces/Lord Shiva

२९३. जो पढ़ने योग्य हो
पठनीय (adj.) readable

२९४. पति की अनन्य सेविका/अपने पति के प्रति अनन्य अनुराग रखनेवाली
पतिव्रता (adj.) virtuous/faithful

२९५. राह दिखाने वाला
पथप्रदर्शक (mas.) guide

२९६. जिसे पद से हटा दिया गया हो
पदच्युत (adj.) dismissed from service

२९७. पानी में डूबकर चलनेवाली नाव
पनडुब्बी (fem.) submarine

२९८. दूसरों का उपकार
परमार्थ (mas.) the subtle truth/salvation

२९९. पति के द्वारा छोड़ दी गई स्त्री
परित्यक्ता (fem.) abandon/left-off

३००. जो सदा बदलता रहे
परिवर्तनशील (adj.) changing/kaleidoscopic

३०१. परीक्षा लेने वाला
परीक्षक (mas.) examiner

३०२. परीक्षा देने वाला
परीक्षार्थी (mas.) examinee

३०३. जो आंखों के सामने न हो
परोक्ष (mas.) invisible/out of sight

३०४. दूसरों का उपकार (भलाई) करनेवाला
परोपकारी (adj.) benevolent/kind

३०५. जो पर्दे के भीतर रहे
पर्दानशीन (adj.) (a woman) living in concealment

३०६. देवता को प्रसन्न करने के लिए पशु को मारना
पशुबलि (fem.) sacrifice of the beasts to appease the God

३०७. पक्ष में होने वाला
पाक्षिक (adj.) fortnightly

३०८. हाथ से लिखी पुस्तक
पाण्डुलिपि (fem.) manuscript

३०९. पृथ्वी से सम्बद्ध
पार्थिव (adj.) worldly/material

३१०. जिसके आर-पार देखा जा सके
पारदर्शक/पारदर्शी (adj.) transparent

३११. पीने की इच्छा
पिपासा (प्यास) (fem.) craving thirst

३१२. पीने का इच्छुक
पिपासु (adj.) thirsty/disirous

३१३. आटा पीसने वाली स्त्री
पिसनहारी (fem.) a woman who grinds corn

३१४. पीले वस्त्र धारण करनेवाला
पीताम्बरधारी (adj.) one who wears yellow silken colthes

३१५. बार-बार कही गई बात
पुनरुक्ति (fem.) repitition /iteration/tautology

३१६. जिसका पुनः (दुबारा) जन्म हो
पुनर्जन्म (mas.) palingeny/regeneration

३१७. प्राचीन इतिहास का ज्ञाता
पुरातत्त्ववेत्ता (mas.) archailogist

३१८. दोपहर के पहले का समय
पूर्वाह्न (mas.) forenoon

३१९. जनता द्वारा चुने हुए प्रतिनिधियों द्वारा चलनेवाला शासन
प्रजातंत्र (mas.) democracy

३२०. जो आंखों के सामने हो
प्रत्यक्ष (adj.) visible/apparent

३२१. लौटकर आया हुआ
प्रत्यागत (adj.) returned

३२२. उपकार के बदले किया गया उपकार
प्रत्युपकार (mas.) requital of obligation

३२३. तत्काल किसी बात को सोच लेने की बुद्धि से युक्त व्यक्ति
प्रत्युत्पन्नमति (adj.) a quick-witted person

३२४. पिता के पिता के पिता/पिता के बाबा
प्रपितामह (परबाबा) (mas.) the paternal great grandfather

३२५. प्रबन्ध करनेवाला
प्रबन्धक (mas.) manager

३२६. विदेश में रहनेवाला
प्रवासी (adj.) one who lives in foreign lands

३२७. जो प्रशंसा के योग्य हो
प्रशंसनीय (adj.) praiseworthy

३२८. जो प्रकृति से उत्पन्न हुआ हो
प्राकृतिक (adj.) natural

३२९. जीवन देनेवाली दवा
प्राणदा (adj.) life saving drug

३३०. पाप करने के अनन्तर स्वयं दंड पाना
प्रायश्चित (mas.) atonement/penance

३३१. जो देखने में प्रिय लगे
प्रियदर्शी (adj.) lovelylooking/attractive

३३२. वह जिससे प्रेम किया जा सके
प्रेमपात्र (mas.) loving/dear

३३३. जिसकी आयु ३५ वर्ष से ऊपर हो
प्रौढ़ (adj.) adult

३३४. केवल फलों पर निर्वाह करनेवाला
फलाहारी (mas.) one who subsists on fruits only

३३५. घूम-फिरकर सौदा बेचनेवाला
फेरीवाला (mas.) pedlar/hawker

३३६. समुद्र के अन्दर रहनेवाली अग्नि
बड़वानल (mas.) submarine fire

३३७. किसी देवता पर चढ़ाने के लिए मारा जाने वाला पशु
बलि (fem.) the animal which is sacrificed and offered to a deity (God)

३३८. जो कान से नहीं सुनता है
बहरा (बधिर) (adj.) deaf

३३९. जिसका मूल्य सामान्य वस्तुओं से अधिक हो
बहूमूल्य (adj.) precious/costly

३४०. जो बहुत रूप धारण करता हो
बहुरुपिया (mas.) a mimic/buffoon

३४१. ऐसी स्त्री जिसके सन्तान न हो
बांझ (fem.) barren woman

३४२. खाने का इच्छुक (भूखा)
बुभुक्षु (adj.) hungry

३४३. खाने की इच्छा (भूख)
बुभुक्षा (fem.) hunger

३४४. जो कोई काम न कर रहा हो
बेकार (adj.) unemployed

३४५. जिसके जोड़ या बराबरी का कोई न हो
बेजोड़ (adj.) matchless

३४६. छोटे कद का आदमी
बौना (mas. & adj.) dwarf/pigmy

३४७. खाने के योग्य
भक्ष्य (adj.) eatable/edible

३४८. भाग्य पर भरोसा रखने वाला/भाग्य में विश्वास करनेवाला
भाग्यवादी (adj.) fatalist

३४९. जो भाग्य का धनी हो
भाग्यवान (adj.) lucky/fortunate

३५०. जो पृथ्वी के भीतर का हाल जानता हो
भूगर्भवेत्ता (mas.) geologist

३५१. धरती पर चलने (रहने) वाला जन्तु

भूचर (mas.) an animal living on the earth

३५२. पृथ्वी को धारण करने वाला

भूधर (mas.) mountain/king/God Vishnu

३५३. जो पहले था या हुआ था/जो पहले समय में हुआ हो/था

भूतपूर्व (adj.) former/privious post

३५४. जिसकी बुद्धि मंद है, ऐसा आदमी

मंदबुद्धि (adj. & noun) dull/blunt

३५५. दो के बीच में पड़कर निर्णय करने वाला

मध्यस्थ (mas.) mediator

३५६. दोपहर का समय

मध्याह्न (mas.) noon/mid-day

३५७. मन का असीम दुःख

मनस्ताप (mas.) mental agony/remorse

३५८. जहां केवल रेत ही रेत हो

मरुस्थल (mas.) desert

३५९. किसी बात का गूढ़ रहस्य जानने वाला

मर्मज्ञ (mas.) a learned man/having a deep insight into a subject

३६०. जिसकी आत्मा महान हो

महात्मा (mas.) a great sage/high-souled

३६१. माता की हत्या करने वाला

मातृहन्ता (mas.) matricider

३६२. जो मान-सम्मान के योग्य हो

माननीय (adj.) honourable/revered

३६३. जो मानने योग्य हो

मान्य (adj.) respectable respected

३६४. मांस खाने वाला

मांसाहारी (mas.) flesh-eater/non-vegetarian

३६५. मास में एक बार होने वाला

मासिक (adj.) monthly

३६६. जो बहुत मीठा बोलता हो

मिठबोला (mas.) sweet-speaking person

३६७. थोड़ा भोजन करने वाला/नियमित तथा कम भोजन करनेवाला व्यक्ति

मिताहारी (मितभोजी) (adj.) abstemious

३६८. दिल खोलकर कहना या गाना.

मुक्तकंठ (adj.) one who speaks very loudly

३६९. दिल खोलकर (खुले हाथ)

(मुक्तहस्त) (adj.) liberal

३७०. मोक्ष प्राप्त करने का इच्छुक

मुमुक्षु (adj.) desirous of final beatitude

३७१. मरणासन्न अवस्था वाला

मुमूर्षु (adj.) about to die/approaching death

३७२. मुंह पर निकलने वाली फुंसियां

मुंहासे (mas.) pimples

३७३. भेड़ का छोटा बच्चा

मेमना (mas.) lamb

३७४. चुप रहनेवाला

मौनी (adj.) an ascetic who observes perpetual silence

३७५. जैसा चाहिए, वैसा

यथोचित (adj.) appropriate

३७६. जितना शक्ति के अनुसार हो सके

यथाशक्ति (adv.) according to one's capacity or power

३७७. जितना जल्दी से जल्दी हो सके

यथाशीघ्र (adv.) as early as possible

३७८. जहां तक हो सके

यथासंभव (adv.) as far as possible

३७९. जिसका यश (चारों ओर) फैला हो

यशस्वी (adj.) renowned/reputed

३८०. जो यश व कीर्ति का आकांक्षी हो

यशोभिलाषी (adj.) desirous to be renouned/reputed

३८१. रक्षा करनेवाला

रक्षक (mas.) guard/defender

३८२. जहां नाटक खेला जाता है

रंगमंच (mas.) stage

३८३. खून से लथ-पथ

रक्तरंजित (adj.) bleeding

३८४. रात को दिखाई न देने का रोग

रतौंधी (fem.) night-blindness

३८६. जो राजनीति जाने

राजनीतिज्ञ (mas.) politician/statesman

३८७. राजनीति से संबंध रखनेवाला

राजनैतिक (adj.) political

३८८. रजोगुण का

राजसिक (adj.) endowed with passion

३८९. चांदी जैसा

रुपहला (adj.) silvery

३९०. जिसके ऊपर या नीचे लकीर लगाई गई हो

रेखांकित (adj.) lined/underlined

३९१. जहां पर केवल रेत ही रेत हो

रेगिस्तान (मरुस्थल) (mas.) sandy/desert

३९२. जिसके रोम खड़े हो गए हों

रोमांचित (adj.) horripilant

३९३. लकड़ी काटकर जीविका चलानेवाला

लकड़हारा (mas.) wood-cutter

३९४. जिसके पास लाख से अधिक संपत्ति हो

लखपति (mas.) millionaire

३९५. जो आसानी से पच जाए

लघुपाक (mas.) easily digestible food

३९६. जिसका कोई इलाज न हो

लाइलाज (adj.) incurable

३९७. अमृत के समान वचन

वचनामृत (mas.) sweet words

३९८. जिसके हाथ में वज्र हो (इन्द्र)

वज्रपाणि (mas.) epithets of Indra

३९९. ऐसी स्त्री जिसके सन्तान न होती हो

वंध्या (fem.) female barren/childless woman

४००. वन में रहनेवाला

वनवासी (mas.) one who dwells in a forest ascetic

४०१. जिसकी आयु २१ वर्ष से ऊपर हो

वयस्क (बालिग) adult/grown up

४०२. सुन्दर और युक्तिपूर्ण अधिक बोलनेवाला

वाग्मी (adj. & mas.) eloquent. orator

४०३. जो अधिक बोलता हो/बहुत गपशप करनेवाला
वाचाल (adj.) talkative

४०४. वाचा का
वाचिक (adj.) verbal/conveyed by words

४०५. वर्ष में एक बार होनेवाला
वार्षिक (adj.) yearly

४०६. वसुदेव का पुत्र
वासुदेव (mas.) Vasudeo/an epithet of Lord Krishna

४०७. दूसरी जाति का
विजातीय (adj. & noun) of different caste

४०८. बिजली की तरह चमक वाला
विद्युत्सम (adj.) flash like lightning

४०९. वह स्त्री जिसका पति मर गया हो
विधवा (fem.) widow

४१०. जो अपने धर्म के विपरीत आचरण करता हो
विधर्मी (mas.) a man who follows a religion different from one' s own

४११. जो नियम और कानून के अनुसार हो
विधिवत (adv.) duly/in accordance with law

४१२. वह पुरुष जिसकी पत्नी मर गई हो
विधुर (mas.) widower

४१३. विनाश करनेवाला
विनाशक/विध्वंसक (mas.) destroyer

४१४. जो बहस या विवाद का विषय हो
विवादास्पद (adj.) controversial

४१५. जो विषय-वासना में न फंसा हो
विरक्त (adj.) free from wordly attachment/averse

४१६. किसी विषय का विशेष ज्ञान रखनेवाला
विशेषज्ञ (adj.) expert/specialist

४१७. संसार भर में प्रसिद्ध
विश्वविख्यात (adj.) world famous/known

४१८. जिसपर विश्वास किया जा सके
विश्वसनीय (adj.) trustworthy

४१९. जो विषय-वासना में या बुरी आदतों में फंसा हो
विषयासक्त ((mas & adj.) sensualist/amorous person

४२०. जिसके हाथ में वीणा हो
वीणापाणि (fem.) on epithet of the Goddess Saraswati

४२१. जो बहुत बड़ा हो
वृहतकाय (adj.) very large/enormous

४२२. व्याकरण जाननेवाला
वैयाकरण (mas.) grammarian

४२३. विष्णु का उपासक
वैष्णव (mas.) a devotee of Vishnu

४२४. सौ साल का समय
शताब्दी (fem.) century

४२५. शत्रु को मारनेवाला
शत्रुघ्न (mas.) enemy-killer

४२६. शरण में आया हुआ
शरणागत (mas.) fugitive

४२७. शाक, भाजी, फल-फूल खानेवाला
शाकाहारी (mas.) vegetarian

४२८. शक्ति (देवी) का उपासक
शाक्त (mas.) a worshipper of the personified energy of God

४२९. हमेशा रहनेवाला
शाश्वत (adj.) perpetual, eternal, immortal

४३०. जो तेज चलता हो
शीघ्रगामी (adj.) swift, rapid

४३१. शुभ चाहनेवाला
शभेच्छु (mas.) well-wisher

४३२. जिसके हाथ में शूल हो (शिव)
शूलपाणि (adj.) an epithet of Lord Shiva

४३३. शिव का उपासक
शैव (mas.) a devotee of Shiva

४३४. वह स्थान जहां मुर्दे जलाए जाते हैं
श्मशान (mas.) creamation ground

४३५. सुनने योग्य
श्रवणीय या श्राव्य (adj.) worth hearing/audible

४३६. जिस शब्द के दो अर्थ हों
श्लिष्ट (श्लेष) (mas.) pun

४३७. छह कोणोंवाला
षट्कोण (mas.) sixangle/hexagon

४३८. छह-छह महीने पर होनेवाला
षाण्मासिक (adj.) six monthly

४३९. छूत का रोग
संक्रामक (adj.) contageous/infectious

४४०. वस्तुओं (नदियों) का मिलन
संगम (mas.) confluence/junction

४४१. जो पत्र का संपादन करता है
संपादक (mas.) editor

४४२. जो आदमी सांप पकड़ता है
संपेरा (mas.) snake-charmer

४४३. जो काम हो सके
संभव (adj.) possible/probable

४४४. जिसकी अशुद्धियां ठीक कर दी गई हों
संशोधित (adj.) amended/corrected

४४५. संहार करनेवाला
संहारक (संहारकारी) (mas.) destroyer

४४६. जिसका चरित्र अच्छा हो
सच्चरित्र (adj.) of good conduct/virtuous

४४७. एक जाति (अपनी जाति) के पुरुष या स्त्री
सजातीय (adj.) belonging to the same caste

४४८. सड़ी हुई वस्तु की गंध
सड़ांध (fem.) stench/rottenness

४४९. सात रंगों वाला
सतरंगा (adj.) of seven colours

४५०. अच्छा आचरण करने वाला व्यक्ति
सदाचारी (adj.) pious/virtuous

४५१. वह स्त्री जिसका पति जीवित हो
सधवा (fem.) a woman whose husband is alive

४५२. जो सदा से चला आ रहा हो
सनातन (adj.) perpetual traditional

४५३. पत्नी के साथ
सपत्नीक (adj.) in accompaniment with wife

४५४. अपने परिवार के साथ
सपरिवार (mas.) with family

४५५. वह जो किसी सभा का मेम्बर हो
सभासद (mas.) member/councillor

४५६. किसी बात को पक्का करना
समर्थक (adj.) supporter

४५७. सबको समान देखने वाला
समदर्शी (adj.) impartial, dispassionate

४५८. न बहुत ठंडा, न बहुत गर्म
समशीतोष्ण (mas.) the tropics

४५९. एक ही समय में रहनेवाला
समसामयिक (adj.) contemporary

४६०. समाज में सबके समान अधिकार पर विश्वास
समाजवाद (mas.) socialism

४६१. जो राजाओं का राजा हो
सम्राट (mas.) emperor

४६२. जिसमें रस हो
सरस (adj.) juicy/beautiful

४६३. तालाब में उत्पन्न होनेवाला (कमल)
सरसिज (mas.) lotus

४६४. सबकुछ जाननेवाला
सर्वज्ञ (adj.) omniscient

४६५. जो सबका प्रिय हो
सर्वप्रिय (adj.) dear to all

४६६. सब कुछ खाने वाला
सर्वभक्षी (adj.) pantaphagus/omnivorous

४६७. जो सब कुछ कर सकता हो
सर्वशक्तिमान (adj. & mas.) omnipotent/the almighty

४६८. जो सबसे उत्तम हो
सर्वोत्तम (adj.) the best/superlative

४६९. जो सभी के लिए उपयोगी हो
सर्वोपयोगी (adj.) benefiicial to all

४७०. पत्नी या पति के पिता का घर
ससुराल (fem.) father-in-law's house

४७१. साथ पढ़नेवाला
सहपाठी (mas.) class-fellow

४७२. जिसकी हजार भुजाएं हों
सहस्त्रबाहु (mas.) Shiva/another name of Haihaya

४७३. जो सहन करता हो/दूसरों की बात सहन करने वाला
सहिष्णु (adj.) tolerant

४७४. जिसका आकार हो
साकार (adj.) concrete/possessed of form

४७५. सप्ताह में एक बार होने वाला
साप्ताहिक (adj.) weekly

४७६. जिसमें सभी प्रकार का मेल हो
सामंजस्य (mas.) propriety/fitness

४७७. आम जनता से सम्बन्ध रखनेवाली कोई भी स्थिति
सार्वजनिक (adj.) public

४७८. काम करने में चतुर
सिद्धहस्त (adj.) proficient

४७९. जो काम आसान हो
सुकर (adj.) easy/practicable

४८०. जिसका रंग सोने जैसा हो
सुनहरा (adj.) golden

४८१. अच्छा लिखने वाला
सुलेखक (mas.) good writer

४८२. जिसका रूप अच्छा हो
सुरूप (adj.) elegant/beautiful

४८३. अच्छा बोलनेवाला
सुवक्ता (mas.) eloquent speaker

४८४. सूक्ष्म बात को सोचने और समझनेवाला
सूक्ष्मदर्शी (adj.) nice sharp-sighted/qick eyed

४८५. जो धरती पर निवास करता हो
स्थलचर (mas.) living on land

४८६. दूसरों के स्थान पर काम करनेवाला
स्थानापन्न (adj.) officiating

४८७. जो सदा रहनेवाला है
स्थायी (adj.) permanent/lasting/durable

४८८. स्त्रियों जैसे स्वभाव का
स्त्रैण (adj.) feminine/the female nature

४८६. स्वेच्छा से सेवा करनेवाला
स्वयंसेवक (mas.) volunteer

४६०. स्वार्थ निकालने वाला
स्वार्थी (adj.) selfish

४६१. अपने भरोसे रहनेवाला
स्वावलम्बी (adj.) self-dependent/self-relience

४६२. अपनी इच्छा से करना
स्वेच्छा (fem.) free-will/liberty

४६३. जो साफ-साफ कह देता है
स्पष्टवक्ता (adj.) out-spoken/straight-forward

४६४. जो भाषण सुनते हैं
श्रोता (mas.) audience/listener

४६५. जो समाचार भेजता है
संवाददाता (mas.) correspondent

४६६. मिठाई का काम करनेवाला
हलवाई (mas.) confectioner

४६७. हंस की चाल की तरह जिसकी चाल हो
हंसगामिनी (fem.) a female with a graceful gait

४६८. दूसरों के काम में दखल देना
हस्तक्षेप (mas.) interference

४६६. अपना नाम स्वयं लिखना
हस्ताक्षर (mas.) signature

५००. हित (भलाई) चाहनेवाला
हितैषी (mas.) well-wisher

५०१. जो हृदय को चीर डाले
हृदयविदारक (adj.) heart-piercing/painfu

शब्द-रचना

(उपसर्ग और प्रत्यय)

भूमिका

मनुष्य के विचारों को प्रकट करने के लिए भाषा एक अत्यन्त सशक्त माध्यम है। एक विकसित एवं विकासशील समृद्ध भाषा को अपने-आप को इतना लचीला बना लेना आवश्यक हो गया है कि नयी धारणाओं एवं विचारों को प्रकट करने के लिए जहाँ से और जिस ओर से भी शब्द मिलें, उन्हें वह अपने-आप में समाहित कर ले। वैज्ञानिक और तकनीकी उपलब्धियों को भी उसे प्रकट करने के लिए नये-नये शब्दों का निर्माण करना होता है और इसके लिए उसे एक ओर तो अपनी परम्परा और विरासत में मिली शब्द-सम्पदा का यथासंभव सार्थक उपयोग करना होता है, वहीं दूसरी ओर नये शब्दों की निर्माण-प्रक्रिया को सतत रूप में जागरूक रखना होता है। अपने ओज, माधुर्य, सार्थकता एवं उपयोगिता को बनाये रखने के लिए भाषा की यह प्रक्रिया निरन्तर चलती रहती है।

आधुनिक काल की उपलब्धियों, धारणाओं एवं विचारों को हम अपनी भाषा में निम्न रूप में प्रकट कर सकते हैं—

(i) अपनी भाषा के प्रचलित शब्द-रूपों के सार्थक प्रयोग के माध्यम से;

(ii) अन्य प्रादेशिक भाषाओं के शब्दों को आत्मसात करके;

(iii) विदेशी भाषाओं के शब्दों को अपना जामा पहनाकर; और

(iv) शब्द-रचना-प्रक्रिया द्वारा नये शब्दों का निर्माण करके।

हिन्दी न केवल राजभाषा एवं सम्पर्क भाषा के रूप में प्रतिष्ठित हो चुकी है, अपितु अन्तर्राष्ट्रीय भाषा के रूप में भी उसको मान्यता मिल चुकी है। राजभाषा के रूप में मान्यता मिलने पर उसका दायित्व गुरुतर हो गया है, क्योंकि एक ओर तो सरकारी कार्य के निमित्त नये-नये पारिभाषिक शब्दों की निर्माण-प्रक्रिया में निरन्तर गतिशील बने रहना आवश्यक हो गया है, वहीं दूसरी ओर विभिन्न विषयों की पुस्तकों का हिन्दी में अनुवाद भी अनिवार्य हो गया है। हिन्दी ने अपने

इस उत्तरदायित्व को निभाने के लिए अपनी शब्द-सम्पदा का भरपूर प्रयोग तो किया ही है साथ ही नये-नये शब्द भी गठित किये हैं, जिनके लिए उसने संस्कृत ही नहीं, अन्य प्रादेशिक भाषाओं से भी भरपूर सहायता ली है।

नयी शब्द-रचना की यह प्रक्रिया आज के युग में अत्यन्त महत्त्वपूर्ण है और इसमें 'उपसर्गों' और 'प्रत्ययों' का महत्त्वपूर्ण स्थान है। शब्दों में 'उपसर्ग' या 'प्रत्यय' लगाकर हम शब्दों के अर्थ में ही नहीं, उनके रूप में भी विशेषता उत्पन्न कर देते हैं। उदाहरणार्थ, अंग्रेजी के 'Rule' के हिन्दी शब्द 'नियम' से हमने 'उपसर्गों' द्वारा निम्नलिखित नये शब्द बना लिये—

नियम	Rule
उपनियम	Sub-rule
अधिनियम	Act
विनियम	Regulation

उसी प्रकार यदि हम संज्ञा शब्दों के साथ 'लु' प्रत्यय को लगाते हैं, तो निम्न विशेषण शब्द बन जाते हैं—

कृपा+लु	कृपालु
दया+लु	दयालु
लज्जा+लु	लज्जालु
श्रद्धा+लु	श्रद्धालु

उपर्युक्त उदाहरणों से यह स्पष्ट है कि शब्द-रचना में उपसर्गों और प्रत्ययों का विशेष महत्त्व है और इनके जुड़ने से न केवल शब्द-सौन्दर्य एवं भाव-सौन्दर्य में ही वृद्धि होती है, अपितु शब्दों के अर्थ में भी अन्तर आ जाता है। यही नहीं, शब्द अपना मूल रूप छोड़कर नये रूप में अवतरित होते हैं। यहां यह स्पष्ट कर देना आवश्यक है कि 'उपसर्ग' या 'प्रत्यय' का स्वतः प्रायः कोई अर्थ नहीं होता, वे किसी मूल शब्द के साथ जुड़कर ही अर्थ-बोधन में सहायक होते हैं।

उपसर्ग

शब्द-रचना के प्रयोजन से किसी शब्द के आरंभ में जोड़े जानेवाला शब्दांश या वर्ण-समूह 'उपसर्ग' कहलाता है। 'उपसर्गों' की निम्नलिखित विशेषताएं द्रष्टव्य हैं—

(i) उपसर्गों का स्वतंत्र प्रयोग नहीं होता

(ii) उपसर्गों के योग से शब्दों के अर्थ में भी परिवर्तन हो जाता है, जैसे 'यश' शब्द का अर्थ है 'ख्याति'। 'सु' उपसर्ग जोड़ने से 'सुयश' बनता है, जिसका अर्थ है 'अच्छी ख्याति' और 'अप' उपसर्ग जोड़ने से 'अपयश' शब्द बनता है जिसका अर्थ है 'बदनामी'।

(iii) उपसर्गों के योग से अर्थ में किसी विशेषता का समावेश हो जाता है।

(iv) कहीं न केवल शब्द का निर्माण होता है, अपितु अर्थ में विकार भी उत्पन्न होता है।

(v) शब्द अपना मूल रूप छोड़कर नयी भूमिका में अवतरित होते हैं।

(vi) उपसर्गों का अपना भी कुछ विशेष अर्थ होता है, किन्तु उनका प्रयोग किसी अन्य शब्द के साथ ही किया जा सकता है, पृथक नहीं। इसीकारण एकही धातु पर भिन्न-भिन्न उपसर्ग जुड़ते हैं तो भिन्नार्थक शब्द बन जाते हैं। जैसे 'हार' धातु लें और अलग-अलग उपसर्ग जोड़ें तो उनके अलग-अलग अर्थ होंगे—

आ+हार	आहार (भोजन)
उप+हार	उपहार (भेंट)
परि+हार	परिहार (निवारण)
प्र+हार	प्रहार (चोट)
वि+हार	विहार (मनोरंजन)
व्यव+हार	व्यवहार (बर्ताव)
सं+हार	संहार (नाश/वध)

डॉ० राजमल बोरा का यह निष्कर्ष तथ्यपूर्ण है कि "यद्यपि उपसर्ग स्वतंत्र शब्द नहीं, किन्तु फिर भी इनका अर्थ प्रत्ययों की तुलना में अधिक स्पष्ट होता है। बात केवल इतनी है कि उपसर्ग का स्वतंत्र उल्लेख करने पर हम उनका अर्थ तो बतला सकते हैं, किन्तु उनका स्वतंत्र उपयोग नहीं कर सकते। उपसर्ग को शब्दों के साथ जोड़ने पर उनका अर्थ स्पष्ट होता है।"

(vii) आवश्यक नहीं कि मूल शब्द (धातु) पर एक ही उपसर्ग जोड़ा जाए। अनेक शब्द ऐसे हैं जिनकी रचना दो या तीन उपसर्गों के योग से हुई है। जैसे—

(१) प्रति+उप+कार	प्रत्युपकार
(२) सम+आ+लोचना	समालोचना
(३) निर+आ+करण	निराकरण
(४) वि+आ+करण	व्याकरण
(५) सु+सम+गठित	सुसंगठित

(viii) संस्कृत के कुछ अव्यय और विशेषण भी हिन्दी में उपसर्गों की भांति प्रयुक्त होते हैं। इनके अपने स्वतंत्र अर्थ भी होते हैं और अन्य शब्दों के साथ जुड़कर उनमें विशेष अर्थवत्ता भी उत्पन्न कर देते हैं। उदाहरणार्थ

(१) स्वयं (स्वतः/अपने-आप)—

स्वयं+वर	स्वयंवर
स्वयं+पाकी	स्वयंपाकी
स्वयं+सिद्ध	स्वयंसिद्ध

(२) **सह (साथ/साथ में)**—

सह+कर्मी	सहकर्मी
सह+गान	सहगान
सह+पाठी	सहपाठी
सह+यात्री	सहयात्री

(ix) डॉ० राजमल बोरा के अनुसार, "उपसर्ग के संबंध में विशेष अवलोकनीय तथ्य यह है कि उपसर्ग का संबंध शब्द-साधन से तो है किन्तु व्याकरणिक धारा से या व्याकरणिक विन्यास से नहीं है। इस अर्थ में 'उपसर्ग' प्रत्ययों से भिन्न हैं।"

(x) उपसर्गों को किसी सीमा तक हम अव्यय या अविकारी मान सकते हैं। अव्ययों का व्याकरणिक अर्थ नहीं होता, इसी तरह उपसर्गों का भी व्याकरणिक अर्थ नहीं होता।

(xi) हिन्दी में तीन प्रकार के उपसर्गों का प्रयोग हो रहा है—

(i) संस्कृत

(ii) हिन्दी

(iii) विदेशी—फारसी एवं अंग्रेजी

हम आगे इन सभी का विस्तार से उल्लेख अलग-अलग कर रहे हैं।

उपसर्ग

(क) **संस्कृत** — हिन्दी में शब्द-रचना के लिए संस्कृत के उपसर्गों का बहुतायत में प्रयोग किया जाता है। संस्कृत में २२ उपसर्ग हैं, किन्तु उनके अतिरिक्त कुछ अव्यय और विशेषण भी उपसर्गों के रूप में प्रयुक्त हो रहे हैं। हिन्दी में इनमें से एक-दो को छोड़कर प्रायः सभी प्रयुक्त होते हैं। इनके उदाहरण नीचे दिये जा रहे हैं।

(१) **अति : अर्थ**— अधिक, ऊपर, सीमा से परे। 'अधिक' के अर्थ में यह स्वतंत्र रूप से भी प्रयोग में आता है।

उदाहरण— अतिअद्भुत, अतिकठिन, अतिकाल, अतिकाय, अतिक्रमण, अतिचार, अतिमानव, अतियथार्थवाद, अतिरंजन, अतिदूर, अतिवादी, अतिशय, अतिरिक्त, अतिभार, अतिदुर्बल, अतिसंदाय, अतीन्द्रिय, अत्यंत अत्यधिक, अत्यल्प, अत्याचार, अत्याचारी, अत्यानन्द, अत्यावधिक. अत्यावश्यक, अत्युक्ति,

अत्युक्तिपूर्ण, अत्युत्पादन, अत्युत्तम ।

(२) अधि : अर्थ— उत्तम, श्रेष्ठ, ऊपर ।

उदाहरण— अधिकर, अधिकरण, अधिकांश, अधिकार, अधिकारी, अधिकृत, अधिगत, अधिगम, अधिग्रहण, अधिदेय, अधिदेश, अधिनायक, अधिनियम, अधिसूचना, अधिनिर्णय, अधिपति, अधिप्रमाणन, अधिभार, अधिमत, अधिमान, अधिमास, अधिराज, अधिरोपण, अधिरोहण, अधिलाभ, अधिवक्ता, अधिवास, अधिवासी, अधिशासी, अधिष्ठाता, अधिष्ठान, अधीक्षक, अधीक्षण, अधिराज, अधीश, अध्यक्ष, अध्यात्म, आध्यात्मिक, अध्यादेश, अध्याय, अध्यारोप, अध्यास, अध्याहार, अध्यारोपित ।

(३) अनु : अर्थ— क्रमसूचक, पीछे, समान, निम्न, बार-बार ।

उदाहरण— अनुकथन, अनुकरण, अनुकूल, अनुकूलन, अनुकृति, अनुक्रम, अनुक्रमणिका, अनुक्रिया, अनुगत, अनुगामी, अनुगमन, अनुग्रह, अनुचर, अनुच्छेद, अनुज, अनुज्ञप्ति, अनुज्ञा, अनुताप, अनुतोष, अनुत्तरदायी, अनुत्तीर्ण, अनुदान, अनुदेश, अनुपत्र, अनुपमेय, अनुपयुक्त, अनुपयोगी, अनुपार्जित, अनुपालन, अनुपूरक, अनुबंध, अनुभव, अनुभाग, अनुमान, अनुमोदन, अनुरक्षक, अनुरूप, अनुरेखक, अनुरोध, अनुलग्नक, अनुलिपि, अनुवर्तन, अनुवर्ती, अनुवाद, अनुशंसा, अनुशासन, अनुशीलन, अनुष्ठान, अनुसंधान, अनुसरण, अनुसार, अनुसूचित, अनुसूची, अनुस्मारक, अनुहार ।

(४) अप : अर्थ— बुरा, हीन, विरुद्ध, लघुता, अभाव ।

उदाहरण— अपकर्म, अपकर्ष, अपकार, अपकीर्ति, अपचार, अपदस्थ, अपनाम, अपमान, अपमान्य, अपयश, अपयोजना, अपराध, अपवचन, अपवाद, अपवादी, अपविकसित, अपव्यय, अपशकुन, अपशब्द, अपसंचय, अपसामान्य, अपस्फीति, अपहरण, अपहर्ता ।

(५) अभि : अर्थ— उत्तम, श्रेष्ठ, सामने, पूर्ण, अधिक, इच्छा, समीप ।

उदाहरण— अभिकथन, अभिकरण, अभिकल्पना, अभिक्रम, अभिग्रहण, अभिजात, अभिज्ञान, अभिदेश, अभि-

धारणा, अभिनंदन, अभिनय, अभिनव, अभिनिर्णय, अभिनेता, अभिप्राय, अभिप्रेरणा, अभिभावक, अभिभाषण, अभिमत, अभिमान, अभिमुख, अभियंता, अभियांत्रिक, अभियाचना, अभियान, अभिरक्षण, अभिरुचि, अभिलाषा, अभिलेख, अभिवक्ता, अभिवादन, अभिवृद्धि, अभिशाप, अभिषेक, अभिसार, अभ्यागत, अभ्यास, अभ्यर्थना, अभ्युदय, अभ्युक्ति।

(६) **अव : अर्थ—** नीचे, हीन, बुराई, पतन, अनादर।

उदाहरण— अवगत, अवगाहन, अवगुण, अवचेतन, अवज्ञा, अवतार, अवतारणा, अवधारणा, अवनति, अवनत, अवपीड़न, अवमान, अवमूल्यन, अवरोध, अवरोपण, अवरोहण, अवलम्ब, अवरोह, अवतीर्ण, अवमानना, अवलोकन, अवशेष, अवसर, अवसान, अवस्था, अवस्फीति, अवस्थिति, अवहेलना।

(७) **आ : अर्थ—** तक, युक्त, अपनी तरफ, उलटा, ओर, दिशा।

उदाहरण आकंठ, आकर्षक, आकर्षण, आकांक्षा, आकार, आकाश, आक्रमण, आक्षेप, आगणन, आगमन, आचरण, आचार, आजन्म, आजीवन, आडम्बर, आदान, आपात, आपूर्ति, आप्रवासी, आबद्ध, आबालवृद्ध, आभार, आभरण, आमूल, आयात, आयुक्त, आयोजना, आरंभ, आरक्षण, आरोपण, आरोहण, आलेखन, आवर्ती, आवृत्ति, आसंग, आस्थगित, आस्वादन, आहार, आहुति।

(८) **उत : अर्थ—** ऊपर, श्रेष्ठ, ऊंचा।

उदाहरण— उत्कंठा, उत्कट, उत्कर्ष, उत्कीर्ण, उत्कृष्ट, उत्कोच, उत्खनन, उत्तप्त, उत्तम, उत्तर, उत्तरदायित्व, उत्ताप, उत्तीर्ण, उत्तेजक, उत्तेजना, उत्थान, उत्पत्ति, उत्पन्न, उत्पात, उत्पादन, उत्पीड़न, उत्प्रेक्षा, उत्फुल्ल, उत्सर्ग, उत्सव, उत्साह, उत्थान, उन्नति, उच्चारण, उद्घाटन, उल्लेख, उद्बोधन, उद्गम, उद्गार, उद्भव, उन्नत, उत्प्रेरक, उत्प्रेरणा, उद्यम, उद्देश्य, उद्योग, उद्घाटन, उद्घोषक।

(९) **उप : अर्थ—** छोटा, गौण, समीप, सहायक।

उदाहरण— उपकर, उपकरण, उपकार, उप-कुलपति, उपकूल, उपक्रम, उपखंड, उपग्रह, उपचार, उपजीवी, उपत्यका, उपदान, उपदेश, उपद्रव, उपद्वीप, उपधारा, उपनगर, उपनयन, उपनाम, उपनियम, उपनिर्वाचन, उपनिवेश, उपनेता, उपन्यास, उपपति, उपबंध, उपभाषा, उपभेद्य, उपभोक्ता, उपभोग, उपमंत्री, उपमहाद्वीप, उपमान, उपयुक्त, उपयोग, उप-राष्ट्रपति, उपवन, उपशीर्षक, उपसंहार, उपसमिति, उपसर्ग, उपसचिव, उपस्थित, उपहार, उपांत, उपाख्यान, उपाध्यक्ष, उपायुक्त, उपासना, उपार्जित, उपहास, उपाचार्य।

(१०) **दुर्, दुस् : अर्थ—** बुरा, दुष्ट, हीनता, कठिन, निन्दनीय।

उदाहरण— दुरवस्था, दुराग्रह, दुराचरण, दुराचार, दुराचारी, दुर्गंध, दुर्गति, दुर्गम, दुर्गुण, दुर्घटना, दुर्जन, दुर्दमनीय, दुर्दम्य, दुर्दशा, दुर्दिन, दुर्बल, दुर्बुद्धि, दुर्भाग्य, दुर्भाव, दुर्मुख, दुर्लभ, दुर्वचन, दुर्व्यवहार, दुर्निवार, दुर्भिक्ष, दुर्धर, दुर्वासा, दुश्चरित्र, दुष्कर, दुष्कर्म, दुष्प्राप्य, दुस्तर, दुस्सह, दुस्साहस।

(११) **नि : अर्थ—** नीचे, बाहर-भीतर, निषेध।

उदाहरण— निकम्मा, निकृष्ट, निगम, निगूढ़, निग्रह, निडर, निदर्शन, निदान, निदेश, निधड़क, निबंध, निबल, निमग्न, निम्न, नियत, नियम, नियुक्त, नियोजक, निपात, निवास, नियंत्रण, निमंत्रण, नियुक्ति, निवेश, निरोग, निरोध, निरूपण, निहत्था।

(१२) **निर्, निस् : अर्थ—** बिना, रहित, निषेध

उदाहरण— निरंकुश, निरंतर, निरक्षर, निरपराध, निरपवाद, निरभिमान, निरस्त्रीकरण, निरादर, निराधार, निरापद, निरामिष, निरावलंब, निरावरण, निराश्रय, निराहार, निरुत्तर, निरुद्देश्य, निर्गम, निर्गुण, निर्जन, निर्जल, निर्जीव, निर्दय, निर्दलीय, निर्देश, निर्दोष, निर्धन, निर्बंध, निर्बल, निर्बुद्धि, निर्भय, निर्भर, निर्भीक, निर्मम, निर्मल, निर्मूल, निर्माण, निर्मोही, निर्यात, निर्लज्ज, निर्वाह, निर्विकार, निर्विवाद, निराकरण, निस्संकोच, निस्संदेह, निश्चल,

निश्चिन्त, निश्चित, निश्चेष्ट, निश्छल, निश्शंक निष्कंटक, निष्कपट, निष्कर्म, निष्कलंक, निष्काम, निष्क्रिय, निष्पक्ष, निष्पाप, निष्प्रयोजन, निष्प्राण, निष्फल, निस्तेज, निस्पंद, निस्संतान, निस्सहाय, निस्स्वार्थ, निस्संग, निस्सार ।

(१३) **परा : अर्थ—** विपरीत, नाश, अनादर, पीछे, दूर ।

उदाहरण— पराकाष्ठा, पराक्रम, पराङ्मुख, पराजय, पराधीन, पराभव, पराभूत, परामनोविज्ञान, परामर्श, परार्थ, परावर्तन, पराश्रय, परास्त, पराश्रयी, परायण ।

(१४) **परि : अर्थ—** चारों ओर, पूर्ण, आसपास, अधिकता ।

उदाहरण— परिकल्पना, परिक्रमण, परिक्रमा, परिगणन, परिचर्चा, परिचर्या, परिचालक, परिच्छेद, परिजन, परिचय, परिणाम, परिताप, परितोष, परित्यक्त, परित्याग, परिधि, परिपत्र, परिपालन, परिपूर्ण, परिभाषा, परिभ्रमण, परिमल, परिमाण, परिमाप, परियोजना, परिरक्षण, परिवर्तन, परिवर्धन, परिवहन, परिवाद, परिवादी, परिशिष्ट, परिशुद्ध, परिशोधन, परिश्रम, परिसंवाद, परिसीमन, परिस्थिति, परिहार, परिहास, पर्याप्त, परिष्कार ।

(१५) **प्र : अर्थ—** अधिक, उन्नति, आगे, गति, प्रतिष्ठा ।

उदाहरण— प्रकंप, प्रकट, प्रकरण, प्रकल्पना, प्रकांड, प्रकार, प्रकाश, प्रकीर्ण, प्रकृति, प्रकोप, प्रक्रिया, प्रक्षेपण, प्रखंड, प्रख्यात, प्रगति, प्रगाढ़, प्रचंड, प्रचलन, प्रचार, प्रजनन, प्रज्वलित, प्रताड़ना, प्रताप, प्रदक्षिणा, प्रदत्त, प्रदान, प्रदेश, प्रदोष, प्रपत्र, प्रपितामह, प्रफुल्ल, प्रभाग, प्रभेद, प्रमत्त, प्रमुख, प्रयत्न, प्रयोग, प्रलेख, प्रवक्ता, प्रवर, प्रवासी, प्रशंसा, प्रशांत, प्रशाखा, प्रशासन, प्रशिक्षण, प्रसिद्ध, प्रस्थान, प्रहार, प्रभाव, प्रभार, प्रवचन, प्रसन्न, प्रतिष्ठा, प्रवीण, प्रभात, प्रमाण ।

(१६) **प्रति : अर्थ—** विपरीत, सामने, पुनः, प्रतिक्रिया, हरएक ।

उदाहरण— प्रतिकर, प्रतिकूल, प्रतिक्रिया प्रतिगामी, प्रतिदान, प्रतिदिन, प्रतिद्वन्द्व, प्रतिध्वनि, प्रतिनिधान, प्रतिपक्ष, प्रतिपूरक, प्रतिनियुक्ति, प्रतिपल, प्रतिक्षण, प्रतिज्ञा,

प्रतिनिधि, प्रतिफल, प्रतिबंध, प्रतिबिम्ब, प्रतिमान, प्रतिमूर्ति, प्रतियोगी, प्रतिरक्षा, प्रतिरूप, प्रतिरोध, प्रतिलिपि, प्रतिवर्तन, प्रतिवाद, प्रतिवेदन, प्रतिष्ठा, प्रतिस्पर्धा, प्रतिहस्ताक्षर, प्रतिहिंसा, प्रत्यक्ष, प्रत्यागत, प्रत्यारोप, प्रत्याशा, प्रत्युपकार, प्रत्येक, प्रतिशोध, प्रतिवादी।

(१७) **वि : अर्थ—** विपरीत, भिन्न, विशेष, अभाव, असमानता।

उदाहरण— विकल, विकल्प, विकार, विकास, विकृत, विक्रय, विक्षत, विक्षुब्ध, विक्षोभ, विख्यात, विग्रह, विचार, विछिन्न, विजन, विजय, विजातीय, विज्ञान, विज्ञापन, वितर्क, वितृष्णा, विदेश, विद्वेष, विधर्म, विधारणा, विनम्र, विनाश, विनियम, विनोद, विनियोग, विन्यास, विपक्ष, विफल, विभाग, बिभाव, विभूषण, विभ्रम, विमाता, विमुख, वियोग, विरक्त, विरह, विराग, विरूप, विरोध, विलेख, विलोप, विवश, विवाह, विशेष, विसंगत, विसर्ग, विस्मरण, विहार, विचित्र, विच्छेद, विधान, विषम, विस्वर।

(१८) **सम् : अर्थ—** पूर्णता, साथ मिलकर, अच्छा।

उदाहरण— संकल्प, संकलन, संगठन, संगीत, संग्रह, संग्राम, संचय, संचालन, संजीवनी, संताप, संतोष, संन्यास, संतुलन, सम्बन्ध, सम्बोधन, संभरण, संभव, संगम, संभाषण, सम्मुख, समीप, समुद्र, सम्पूर्ण, सम्मान, सम्मति, सम्मेलन, सम्मोहन, सम्यक्, संरक्षण, संरचना, संवाद, संविधान, संवेग, संशोधन, संश्लिष्ट, संसार, संस्कृत, संस्कृति, संस्तुति, संसर्ग, संयोग, संस्था, संस्थान, संस्मरण, संहार।

(१९) **स : अर्थ—** सहित, अच्छा, सदृश, समान।

उदाहरण— सकर्मक, सक्षमता, सगोत्रीय, सचित्र, सचेत, सजल, सजातीय, सजीव, सतथ्य, सदोष, सनाथ, सपत्नी, सपरिवार, सपूत, सप्रमाण, सफल, सबल, सप्रेम, सरस, सरूप, सदृश, समान, सवर्ण, सविनय, सशक्त, सश्रम।

(२०) **सत् : अर्थ—** अच्छा, सत्यता, गुण।

उदाहरण— सत्कर्म, सत्कार, सत्पथ, सत्पात्र, सत्फल, सत्संग,

सदुपदेश, सदुपयोग, सद्गति, सद्गुण, सद्भावना, सद्गुरु, सच्चरित्र, सज्जन, सद्मार्ग, सद्धर्म, सद्-विचार, सत्पुरुष, सत्संग, सदुद्देश्य।

(२१) सु : अर्थ— सुन्दर, अच्छा, सरल, शुभ।

उदाहरण— सुअवसर, सुकंठ, सुकर्म, सुकीर्ति, सुकुल, सुख्यात, सुगंध, सुगठित, सुगति, सुगम, सुघड़, सुचारु, सुडौल, सुदर्शन, सुदिन, सुदूर, सुदृढ़, सुनयन, सुनाम, सुनिश्चय, सुनीति, सुपत्नी, सुपथ, सुपाच्य, सुपात्र, सुपुत्र, सुप्रभात, सुप्रसिद्ध, सुफल, सुबुद्धि, सुबोध, सुभाषिनी, सुमति, सुमधुर, सुयश, सुयोग, सुयोग्य, सुरक्षा, सुरम्य, सुराज्य, सुरुचि, सुलक्षण, सुलेख, सुवासित, सुविख्यात, सुविचार, सुविज्ञ, सुविदित, सुव्यवस्था, सुशिक्षित, सुशील, सुसंगत, सुसंस्कृत, सुसज्जित, सुसाध्य, सुस्वादु, सुहृदय, सुविधा।

टिप्पणी—(क) कुछेक शब्दों में एक से अधिक उपसर्ग इकट्ठे भी आ जाते हैं। जैसे—

(i) प्रति+उप+कार प्रत्युपकार
(ii) निर्+आ+करण निराकरण
(iii) सम्+आ+लोचना समालोचना
(iv) अभि+आ+गत अभ्यागत
(v) वि+अव+हार व्यवहार
(vi) वि+आ+करण व्याकरण
(vii) सम्+अनु+अय समन्वय
(viii) दुर्+वि+अव+हार दुर्व्यवहार

(ख) संस्कृत के कुछ अव्यय और विशेषण भी हिन्दी में उपसर्गों की तरह प्रयुक्त होते हैं, जिनमें से अधिकांश नीचे दिए जा रहे हैं—

(१) अधस् : अर्थ— नीच, नीचे।

उदाहरण— अधःपतन, अधःपात, अधोगति, अधोगामी, अधोमुख, अधोलोक, अधोलेख, अधोस्तर, अधोहस्ताक्षरी, अधोमुखी।

(२) अंत, अन्तर : अर्थ— बीच, मध्य।

उदाहरण— अंतरात्मा, अंतरावरोधन, अंतर्ग्रस्त, अंतर्जगत, अन्तर्जातीय, अन्तर्ज्ञान, अन्तर्दाह, अन्तर्देशीय,

अन्तर्द्वन्द्व, अन्धर्तारा, अन्तर्प्रान्तीय, अन्तर्भाव, अन्तर्दशा, अन्तःकरण, अन्तःपुर, अन्तर्गत, अन्तर्मन अन्तर्राष्ट्रीय, अन्तर्वेदना।

(३) **अलम् : अर्थ—** सुन्दर।
उदाहरण— अलंकार, अलंकृत, अलंकरण, अलंकारिक।

(४) **आबि : अर्थ—** बाहर, स्पष्ट।
उदाहरण— आविर्भाव, आविष्कार, आविष्कर्त्ता, आविर्भूत, आविष्कारक, आविष्कृत।

(५) **इति : अर्थ—** अन्त, निष्कर्ष, ऐसा।
उदाहरण— इतिवृत्त, इतिश्री, इतिहास, इतिहासकार।

(६) **उपरि : अर्थ—** ऊपर।
उदाहरण— उपर्युक्त, उपरिलिखित, उपरिनिर्दिष्ट, उपरिवर्णित।

(७) **कु, का, कद : अर्थ—** बुरा।
उदाहरण— कुकर्म, कुकृत्य, कुरूप, कुफल, कुपरिणाम, कुपथ, कुचेष्टा, कुसंग, कुविचार, कुसंस्कार, कापुरुष, कदर्थ, कदाचार, कदापि, कदाचित।

(८) **चिरं, चिर : अर्थ—** हमेशा, बहुत।
उदाहरण— चिरंजीव, चिरंजीवी, चिरकाल, चिरकालिक, चिरजीवी, चिरनूतन, चिरनिद्रा, चिरपरिचित, चिरप्रतीक्षित, चिर-वियोग, चिरस्थायी, चिरस्मरणीय, चिरायु, चिरनवीन।

(९) **तत् : अर्थ—** उसी समय, अभी।
उदाहरण— तत्काल, तत्कालीन, तत्क्षण, तत्पर, तत्परता, तत्पश्चात्, तत्पुरुष, तत्संबंधी, तत्सम, तद्भव।

(१०) **तिरस् : अर्थ—** तुच्छ।
उदाहरण— तिरस्कार, तिरस्कृत, तिरोहित।

(११) **न : अर्थ—** अभाव।
उदाहरण— नकार, नकारना, नकारात्मक, नग्न, नपुंसक, नास्तिक, नेति।

(१२) **नाना : अर्थ—** बहुत।
उदाहरण— नाना आकार, नाना प्रकार, नाना रूप, नानार्थ, नाना जातियां।

(१३) **पुरस् : अर्थ—** समक्ष।

उदाहरण— पुरस्कार, पुरस्कृत, पुरस्सर ।

(१४) पुरा : अर्थ— पहले, पूर्व ।
उदाहरण— पुरातत्त्व, पुरातत्त्वज्ञ, पुरातन, पुरालिपि, पुरालेख, पुरावशेष, पुराविद्, पुरावृत्त, पुराचीन ।

(१५) पुनर् : अर्थ— पुनः, दुबारा। ।
उदाहरण— पुनरावलोकन, पुनरस्त्रीकरण, पुनरागमन, पुनरावर्ती, पुनरावृत्ति, पुनरीक्षण, पुनरुक्ति, पुनरुत्थान, पुनरुद्धार, पुनर्ग्रहण, पुनर्जन्म, पुनर्जागरण, पुनर्जीवन, पुनर्निमाण, पुनर्मिलन, पुनर्वास, पुनर्विचार, पुनर्विवाह ।

(१६) पूर्व : अर्थ— पहला, इससे पहले ।
उदाहरण— पूर्वकथित, पूर्वकल्पित, पूर्वकालीन, पूर्वगत, पूर्वगामी, पूर्वग्रह, पूर्वज्ञान, पूर्वपीठिका, पूर्वपुरुष, पूर्ववत्, पूर्ववर्ती, पूर्वाग्रह, पूर्वानुमान, पूर्वाभास, पूर्वाभ्यास, पूर्वार्द्ध, पूर्वाह्न, पूर्वोक्त, पूर्वोत्तर ।

(१७) प्राक् : अर्थ— पहले ।
उदाहरण— प्राक्कथन, प्राक्कलन, प्राक्कल्पना, प्रागैतिहासिक ।

(१८) प्रातः : अर्थ— सवेरा ।
उदाहरण— प्रातःकर्म, प्रातःकाल, प्रातःस्नान, प्रातःस्मरणीय ।

(१९) प्रादुर् : अर्थ— प्रकट ।
उदाहरण— प्रादुर्भाव, प्रादुर्भूत ।

(२०) बहिर् : अर्थ— बाह्य, बाहर ।
उदाहरण— बहिर्गत, बहिर्गमन, बहिर्जगत, बहिर्मुखी, बहिर्रेखा, बहिर्जीवन, बहिर्द्वार, बहिर्गमन ।

(२१) बहु : अर्थ— अधिक, बहुत-से ।
उदाहरण— बहुतायत, बहुपतित्व, बहुपत्नीक, बहुभाषी, बहुमत, बहुमूल्य, बहुरंगा, बहुरूप, बहुवचन, बहुसंख्यक, बहुविवाह, बहुरूपिया ।

(२२) स : अर्थ— सहित, सदृश, समान ।
उदाहरण— सकर्मक, सकाम, सक्षमता, सगोत्र, सगोत्रीय, सचल, सचित्त, सचेतन, सचेष्ट, सजातीय, सप्रेम, सजीव, सप्रमाण, सक्षम ।

(२३) सम : अर्थ— बराबर, समान ।
उदाहरण— समकक्ष, समकालिक, समकालीन, समकोण, सम-

जातीय, समतल, समतुलन, समदर्शिता, समदर्शी, समदृष्टि, समन्वय, समन्वयकारी, समबाहु, समभुज, समरस, समरूप, समवयस्क, समवर्ती, समवेत, समशीतोष्ण, समसामयिक, समादर, समादेश।

(२४) **सह : अर्थ—** साथ, साथ में।

उदाहरण— सह-अस्तित्व, सहकर्मी, सहकारिता, सहकारी, सहगान, सहगामी, सहचर, सहगमन, सहजन्मा, सहजात, सहधर्मिणी, सहधर्मी, सहपाठी, सहभागी, सहभोज, सहयात्री, सहयोग, सहयोगी, सहवर्ती, सहवास, सहशिक्षा, सहसंपादक, सहसंबंध, सहानुभूति।

(२५) **स्व : अर्थ—** अपना, अपने-आप।

उदाहरण— स्वकर्म, स्वगत, स्वचालक, स्वचालित, स्वच्छंद, स्वजन, स्वजातीय, स्वतन्त्र, स्वतंत्रता, स्वदेश, स्वदेशी, स्वधर्म, स्वभाव, स्वमन, स्वकार्य, स्वराज्य, स्वरूप, स्वराष्ट्र।

(२६) **स्वयं : अर्थ—** अपने-आपके स्वतः।

उदाहरण— स्वयंपाकी, स्वयंप्रमाण, स्वयंभू, स्वयंवर, स्वयंसिद्ध, स्वयंसिद्धि, स्वयंसेवक, स्वयंसेवा, स्वयंसेविका, स्वयंसेवी, स्वयंवरा।

(२७) **आत्म : अर्थ—** स्वयं, अपना।

उदाहरण— आत्मकथा, आत्मकल्याण, आत्मकेन्द्रित, आत्मगत, आत्मगौरव, आत्मग्लानि, आत्मघात, आत्मचरित, आत्मचिंतन, आत्मचेतना, आत्मज, आत्मजा, आत्मत्याग, आत्मत्यागी, आत्मदमन, आत्मदर्शन, आत्मनिरीक्षण, आत्मनिर्भर, आत्मनिर्भरता, आत्मनिवेदन, आत्मपीड़न, आत्मप्रदर्शन, आत्मरक्षा, आत्मविश्वास, आत्मशक्ति, आत्मसंतोष, आत्मसंयम, आत्मसमर्पण, आत्मसम्मान, आत्मसात् आत्मसिद्धि, आत्महत्या।

(ग) हिन्दी में शब्द-रचना के लिए (संस्कृत के उपसर्गों के अतिरिक्त) अपने उपसर्ग भी हैं। ये धीरे-धीरे स्वतः ही विकसित हो गए हैं और ये अपने तद्भव रूप में प्रयुक्त हो रहे हैं। कतिपय उदाहरण निम्न प्रकार हैं—

(१) **अ : अर्थ—** अभाव, निषेध, नहीं।

उदाहरण— अकुशल, अकाल, अचल, अचूक, अचेत, अछूत, अजान, अपढ़, अबला, अबेर, अलग, अलिप्त, अनाथ, अनीति, अभाव, अप्रिय, अमंगल, अस्पष्ट, अधर्म, अडिग, अटूट, अवैतनिक, अराजपत्रित।

(२) **अध : अर्थ—** आधा।

उदाहरण— अधकचरा, अधखाया, अधखिला, अधजल, अधपई, अधपका, अधमरा, अधखुला, अधनंगा, अधपेट अधजला, अधबिच।

(३) **अन : अर्थ—** निषेध, अभाव।

उदाहरण— अनकहा, अनपढ़, अनगिनत, अनचाहा, अनजान, अनदेखा, अनधिकार, अनधिकृत, अनपढ़, अनपेक्षित, अनबन, अनबूझ, अनब्याहा, अनभिज्ञ, अनभ्यस्त, अनमना, अनमेल, अनमोल, अनर्थ, अनवरत, अनवसर, अनसुना, अनहोनी, अनाचार, अनिष्ट।

(४) **उन : अर्थ—** एक कम।

उदाहरण— उन्नीस, उन्तीस, उनतालीस, उनचास, उनसठ, उनहत्तर, उनासी।

(५) **औ : अर्थ—** हीन, न्यूनता, कमी।

उदाहरण— औगुन, औघड़, औघट, औढर, औतार, औथरा, औसर, औसान।

(६) **क, कु : अर्थ—** बुरा।

उदाहरण— कपूत, कमीन, कुकर्म, कुख्यात, कुचाल, कुचालक, कुचेष्टा, कुजाति, कुठौर, कुढंग, कुतर्क, कुदिन, कुदृष्टि, कुपथ, कुपरिणाम, कुपात्र, कुपुत्र, कुपूत, कुप्रथा, कुप्रबंध, कुफल, कुमार्ग, कुरूप, कुलक्षण, कुविचार, कुसंगति, कुसंस्कार, कुसमय।

(७) **ति : अर्थ—** तीन।

उदाहरण— तिकोना, तिगुना, तिमाही, तिहरा, तिकड़ा, तिकड़ी, तिदरी, तिपाई, तिबारा, तिमंजिला, तिरंगा, तिराहा।

(८) **दु : अर्थ—** (i) दो।

उदाहरण— दुकेला, दुगुना, दुतरफा, दुतल्ला, दुनाली, दुबारा,

दुमंजि़ला, दुमुंहा, दुरंगा, दुसूती, दुहत्था, दुपहर, दुफसला ।

अर्थ— (ii) बुरा ।

उदाहरण— दुराशा, दुर्बल, दुर्भिक्ष, दुष्ट, दुष्कर्म ।

(९) नि : अर्थ— कमी, निषेध, रहित ।

उदाहरण— निकम्मा, निखट्टू, निछत्र, निठल्ला, निडर, निधड़क, निपत्र, निपूता, निपूती, निबल, निरोग, निसत, निहत्था ।

(१०) पर : अर्थ— दूसरा ।

उदाहरण— परदादा, परदेश, परदेशी, परपुरुष, परपोता, पर-राष्ट्र, परलोक, परवश, परहित, पराधीन ।

(११) बि : अर्थ— अभाव ।

उदाहरण— बिछुड़ना, बिछोह ।

(१२) बिन : अर्थ— नहीं, बिना ।

उदाहरण— बिनखाया, बिनब्याहा, बिनदेखे, बिन-समझे ।

(१३) भर : अर्थ— पूर्ण, भरा, ठीक ।

उदाहरण— भरपूर, भरमार, भरसक, भरपेट ।

(१४) स : अर्थ— सहित ।

उदाहरण— सकंटक, सकाम, सकुल, सक्षम, सगुण, सगोत्र, सचित्र सचेष्ट, सजल, सजीव, सतथ्य, सदृश, सदोष, सपत्नीक, सपरिवार, ससम्मान, सरस, सहित, सबल, सलोना ।

(१५) सु : अर्थ— अच्छा ।

उदाहरण— सुअवसर, सुकंठ, सुकर्म, सुगठित, सुघड़, सुडौल, सुदिन, सुजान, सुनयना, सुपथ, सुपात्र, सुप्रभात, सुप्रसिद्ध, सुफल, सुमति, सुयश, सुयोग्य, सुलेख, सुशिक्षित, सुस्वादु, सुसंस्कृत ।

(घ) फारसी के उपसर्ग

हिन्दी की शब्द-रचना में कुछेक उपसर्ग उर्दू-फारसी के भी प्रयुक्त होते हैं जिनकी सूची निम्न प्रकार है—

(१) अल : अर्थ— निश्चित, चिन्ता-रहित ।

उदाहरण— अलगरज, अलबत्ता, अलबेला, अलमस्त, अलविदा, अलसेट, अलहदा ।

(२) **कम : अर्थ—** थोड़ा, हीन।
उदाहरण— कमअक्ल, कमउम्र, कमखर्च, कमनसीब, कमजोर, कमबख्त, कमसिन, कमकीमत, कमसमझ, कमखयाल, कमहिम्मत, कमहोश।

(३) **खुश : अर्थ—** अच्छा।
उदाहरण— खुशकिस्मत, खुशखत, खुशखबरी, खुशदिल, खुशनसीब, खुशनसीबी, खुशनुमा, खुशबू, खुशमिजाज, खुशहाल, खुशहाली।

(४) **गैर : अर्थ—** नहीं, अभाव, दूसरा।
उदाहरण— गैर-इंसाफी, गैर-कानूनी, गैर-जिम्मेदार, गैर-मामूली गैर-मुनासिब, गैर-मुमकिन, गैर-मौजूदगी, गैर-वाजिब, गैर-सरकारी, गैर-हाजिर, गैर-मुल्क, गैर-दानिशमंदी।

(५) **दर : अर्थ—** में।
उदाहरण दरकार, दरकिनार, दरमियान, दर-हकीकत, दरअसल, दरपेश।

(६) **ना : अर्थ—** नहीं, अयोग्य, अभाव।
उदाहरण— नाकाबिल, नाकाम, नाकामयाब, नाकामयाबी, नाकारा, नाखुश, नागवार, नाचीज, नाजायज, नापसंद, नापाक, नाबालिग, नामंजूर, नामंजूरी, नामर्द, नामाकूल, नामुनासिब, नामुमकिन, नामुराद, नालायक, नासमझ, नाहक, नाउम्मीद, नाराज।

(७) **नेक : अर्थ—** अच्छा
उदाहरण— नेकचलन. नेकचलनी, नेकनाम, नेकनामी, नेकनीयती, नेकनीयत।

(८) **फी : अर्थ—** हरएक, एक-एक।
उदाहरण— फी अदद, फी आदमी, फी सदी।

(९) **ब : अर्थ—** से, अनुसार, साथ।
उदाहरण— बखूबी, बजरिये, बतौर, बदर्जे, बदौलत, बदस्तूर, बनाम, बनिस्बत, बरास्ता, बहुक्म।

(१०) **बर : अर्थ—** ऊपर।
उदाहरण— बरकत, बरखास्त, बरखास्तगी, बरखिलाफ, बरजोर, बरजोरी, बरदाश्त, बरबस।

(११) **बद : अर्थ**— बुरा।

उदाहरण— बदइंतजामी, बदकिस्मत, बदचलन, बदचलनी, बदजबान, बदजात, बदतमीज, बदतर, बद्दुआ, बदनसीब, बदनसीबी, बदनाम, बदनामी, बदनीयत, बदनीयती, बदपरहेजी, बदबू, बदमिजाज, बदरंग, बदशक्ल, बदसुलूकी, बदसूरत, बदहजमी, बदहवास, बदहवासी, बदहोश, बदमाश।

(१२) **बा : अर्थ**— साथ, से।

उदाहरण— बाकायदा, बाअदब, बाजाब्ता, बातमीज, बावजूद, बारोजगार, बाइज्जत।

(१३) **बिला : अर्थ**— बिना, बगैर, अकारण।

उदाहरण— बिलाकुसूर, बिलानागा, बिलावजह, बिलाशक, बिलाशर्त, बिलाशुबहा।

(१४) **बे : अर्थ**— बिना, अभाव।

उदाहरण— बेअक्ल, बेअदब, बेअदबी, बेआबरू, बेइंतिहा, बेइंसाफी, बेइज्ज़ती, बेईमान, बेईमानी, बेउसूल, बेऔलाद, बेकद्री, बेकरार, बेकसी, बेकसूर, बेकाबू, बेकाम, बेकायदा, बेकार, बेखटके, बेखबर, बेखौफ, बेगुनाह, बेगैरत, बेघर, बेचैन, बेजबान, बेजान, बेजोड़, बेडौल, बेढंगा, बेतकल्लुफ, बेतरतीब, बेतरीके, बेतहाशा, बेताब, बेतार, बेतुका, बेदखली, बेदम, बेदर्द, बेधड़क, बेनजीर, बेपरवाह, बेफायदा, बेफिक्र, बेबुनियाद, बेमतलब, बेमिसाल, बेरहम, बेरोजगार, बेवक्त, बेवफा, बेशर्म, बेसहारा, बेहोश, बेहोशी, बेवकूफ, बेगरज।

(१५) **ला : अर्थ**— बिना, नहीं, रहित।

उदाहरण— लाइलाज, लाजवाब, लापता, लापरवाह, लापरवाही, लावारिस, लाचार, लाइल्म, लासानी।

(१६) **सर : अर्थ**— मुख्य, खास।

उदाहरण— सरकार, सरकारी, सरगना, सरताज, सरदार, सरनाम, सरपंच, सरपरस्त, सरमायेदार, सरहद।

(१७) **हम : अर्थ**— साथ, समान, बराबर।

उदाहरण— हम-उम्र, हमजोली, हमदम, हमदर्द, हमदर्दी, हमपेशा, हम-प्याला, हम-निवाला, हमबिस्तर, हमराही,

	हमवतन, हमशक्ल, हमसफर, हमसाया।
(१८) **हर : अर्थ—**	प्रत्येक।
उदाहरण—	हरएक, हरकहीं, हरकोई, हरचंद, हरतरह, हरदम, हरमाह, हरसाल, हरदिन, हरबार, हररोज, हरवक्त, हरसमय, हरआदमी, हरघड़ी।

(ङ) अंग्रेजी के उपसर्ग

अंग्रेजी शब्दों के साथ अंग्रेजी के उपसर्ग भी हिन्दी में आने लगे हैं। उदाहरणार्थ—

(१) **डिप्टी : अर्थ—**	उप, अधीन।
उदाहरण—	डिप्टी कलक्टर, डिप्टी इंसपेक्टर, डिप्टी सुपरिन्टेंडेंट, डिप्टी मैनेजर, डिप्टी डायरेक्टर, डिप्टी चेयरमैन।
(२) **वाइस : अर्थ—**	उप।
उदाहरण—	वाइस चांसलर, वाइस प्रेसीडेंट, वाइस चेरयमैन, वाइस एडमिरल।
(३) **सब : अर्थ—**	अधीन।
उदाहरण—	सब-इंसपेक्टर, सब-कमेटी, सब-जज, सब-डिप्टी, सब-रजिस्ट्रार।
(४) **हाफ : अर्थ—**	आधा।
उदाहरण—	हाफ पैंट, हाफ साइड।
(५) **हेड : अर्थ—**	प्रधान, मुख्य।
उदाहरण—	हेड ऑफिस, हेड क्वार्टर, हेड क्लर्क, हेड मास्टर, हेड सुपरवाइजर, हेड मिस्त्री।

प्रत्यय

प्रत्यय वह शब्द है जो किसी शब्द या धातु के पश्चात् जुड़कर यौगिक शब्द की रचना करते हैं और उन शब्दों के अर्थ बदल देते हैं। प्रत्ययों के योग से शब्दों के भाव एवं अर्थ-सौन्दर्य में वृद्धि होती है, उदाहरणार्थ—

सुन्दर+ता	सुन्दरता
बच+त	बचत
बन+आवट	बनावट

(i) प्रत्ययों का प्रयोग भी स्वतंत्र रूप में नहीं किया जा सकता। ये भाषा के बद्ध रूप हैं जो शब्दों के साथ जुड़ते हैं।

(ii) डॉ० राजमल बोरा के अनुसार "प्रत्ययों को भाषा रचने वाले तत्त्व कहा जा सकता है। किसी प्रत्यय विशेष का स्वतंत्र सार्थक रूप किसी समय रहा हो,

किन्तु ज्ञात प्रत्यय व्याकरणिक अर्थमात्र रखते हैं।" इस संबंध में मैक्समूलर की यह धारणा है कि "प्रत्ययों के मूल में नाम तथा धातु हैं।" नाम तथा धातु के ही घिसे हुए (बहुप्रचलन के कारण) रूप ऐतिहासिक कालक्रम में बदल गए हैं।

(iii) प्रत्ययों के उपयोग से नये शब्द बनाए जाते हैं।

(iv) प्रत्ययों के योग से शब्दों में अर्थ-विकार या रूप-विकार होता है।

(v) प्रत्यय चूंकि शब्द के साथ जुड़ते हैं, अतः इनके जुड़ने से शब्दों का ध्वन्यात्मक संस्कार होता है।

(vi) डॉ० राजमल बोरा के अनुसार, किसी भाषा में पाए जानेवाले शब्द, समूह को प्रत्ययों के आधार पर दो भागों में बांट सकते हैं—

(क) प्रत्ययों से रहित शब्द-समूह (नाम तथा धातु मूल शब्द)

(ख) प्रत्ययों से युक्त शब्द-समूह

मूल शब्द सीखने का अर्थ है किसी नये शब्द को सीखना किन्तु प्रत्यय को सीखने का अर्थ है—सीखे हुए शब्दों के रूप बनाना, सीखना अर्थात् एक ही शब्द को भाषा-बुद्धि के साथ प्रयोग करना।

(vii) शब्द-रचना में एक से अधिक प्रत्यय भी जुड़ सकते हैं। जैसे—

(क) पंडित+आऊ+पन पंडिताऊपन

(ख) घन+इष्ठ+तम घनिष्ठतम

(viii) प्रत्यय के दो भेद होते हैं—

(क) **'कृत्' प्रत्यय या 'कृदन्त'**—जो प्रत्यय धातुओं के पीछे लगकर संज्ञा, विशेषण आदि शब्दों का निर्माण करते हैं, उन्हें **'कृत्'** प्रत्यय या 'कृदन्त' कहते हैं। यह प्रत्यय क्रिया या धातु का नया रूप होता है।

(ख) **'तद्धित' पत्यय**— जो प्रत्यय संज्ञा, सर्वनाम, विशेषण आदि के अन्त में जोड़े जाएं, उन्हें 'तद्धित' प्रत्यय कहते हैं और इनके मेल से बने शब्द 'तद्धितान्त'।

'कृत्' एवं 'तद्धित' प्रत्यय में अन्तर

१. 'कृत' प्रत्यय में क्रिया या 'धातु' के अन्त में प्रत्यय लगता है और इससे उनके रूप में परिवर्तन होकर संज्ञा और विशेषण शब्द बनते हैं।

२. इसके विपरीत 'तद्धित' में संज्ञा और विशेषण शब्दों के अन्त में प्रत्यय लगाकर और उनके रूप परिवर्तित कर नये शब्द बनाए जाते हैं।

उपसर्ग और प्रत्यय में अन्तर

१. उपसर्ग वे शब्दांश हैं जो शब्दों के आदि में जुड़कर उनके अर्थ में परिवर्तन

कर देते हैं ।

२. इसके विपरीत प्रत्यय वे शब्दांश हैं जो शब्दों के अन्त में जुड़कर उनके रूप एवं अर्थ में परिवर्तन कर देते हैं ।

३. उपसर्गों के अर्थ प्रत्ययों की अपेक्षा अधिक स्पष्ट होते हैं । इसका कारण यह है कि उपसर्गों का व्याकरणिक अर्थ नहीं होता ।

४. जिस किसी शब्द में उपसर्ग जुड़ते हैं, उनके मूल अर्थ में परिवर्तन होता है । इस अर्थ का समाधान व्याकरण के आधार पर नहीं किया जा सकता । इस अर्थ को मूल अर्थ से भिन्न किया जा सकता है । प्रत्ययों के अर्थ को मूल अर्थ से भिन्न नहीं किया जा सकता ।

५. स्वरूप, कार्य और उद्देश्य की दृष्टि से उपसर्ग तथा प्रत्यय दोनों एक ही हैं अर्थात् नये शब्द की रचना करना । अन्तर केवल इतना ही है कि उपसर्ग शब्द के 'आदि' में जुड़ता है और प्रत्यय शब्द के 'अन्त' में ।

६. उपसर्ग एवं प्रत्यय शब्द नहीं, शब्दांश हैं । दोनों का ही स्वतंत्र रूप से कोई अर्थ नहीं होता ।

हिन्दी में तीन प्रकार के प्रत्ययों का प्रयोग हो रहा है—

(i) संस्कृत, (ii) हिन्दी, (iii) विदेशी—फारसी एवं अंग्रेजी ।

आगामी पृष्ठों में विस्तार से इनका विवेचन किया जा रहा है ।

(१) कृत् प्रत्यय

धातु से संलग्न होकर यौगिक शब्द-रचना करनेवाले प्रत्यय 'कृत्' कहलाते हैं और वे 'कृदन्त' शब्दों को बनाते हैं । दूसरे रूप में कहा जाय तो क्रिया के मूल रूप के पीछे प्रत्यय जोड़ने से जो नवीन शब्द की रचना होती है, उसे 'कृदन्त' कहते हैं । जैसे, अक, आई, आन, त, ती, क आदि ।

कृदन्त के भेद

(क) कर्तृवाचक— वे शब्द जिनसे क्रिया के करने वाले का बोध हो, 'कर्तृवाचक' कहलाते हैं । 'कर्तृवाचक, कृदन्त बनाने के लिए 'धातु' या 'क्रिया' के मूल रूप के पश्चात् 'अक', 'आक', 'इन', 'इया' ,इयल', 'ऊ', 'वाला', 'हारा' आदि प्रत्यय जोड़ देते हैं। कुछ उदारण निम्न प्रकार हैं। इन उदाहरणों में हिन्दी और संस्कृत दोनों के सम्मिलित 'कृत' प्रत्यय हैं ।

(i) 'अक' — गायक, पाठक, पालक, पूजक, याचक, बाधक, रक्षक, वाचक, लेखक, शिक्षक, साधक. सेवक.

	तैराक, श्रावक।
(ii) 'आक'	तैराक, चालाक, पोशाक।
(iii) 'आकू'	उड़ाकू, लड़ाकू।
(iv) 'इन' (ई)	कामी, गामी, धारी, भाषी, वादी।
(v) 'इका' (स्त्रीलिंग)	गायिका, पालिका, लेखिका।
(vi) 'इयल'	अड़ियल, मरियल, सड़ियल।
(vii) 'इया'	जड़िया, धुनिया, बनिया, खटिया।
(viii) 'ऊ' (आऊ)	उड़ाऊ, खाऊ, कमाऊ, बिगाड़ू, बिकाऊ, उपजाऊ, रट्टू, चलाऊ, टिकाऊ।
(ix) 'ऐत'	चढ़ैत, फिकैत, लड़ैत, लठैत।
(x) 'एरा'	कढ़ेरा, चितेरा, लुटेरा, संपेरा, कसेरा, बसेरा।
(xi) 'ऐया'	खेवैया, गवैया, दिवैया, नचैया, लड़ैया।
(xii) 'ओड़ा'	भगोड़ा, हंसोड़ा।
(xiii) 'ओरा'	कटोरा, चटोरा, सटोरा।
(xiv) 'क'	उड़ाक, तारक, तैराक, पालक, मारक।
(xv) 'ता'	दाता, त्राता, वक्ता, श्रोता।
(xvi) 'वाला'	आनेवाला, गानेवाला, जानेवाला, पढ़नेवाला, बेचनेवाला, बैठनेवाला, मारनेवाला, सोनेवाला, खानेवाला।
(xvii) 'हा'	कटहा।
(xviii) 'हारा'	राखन-हारा, जानन-हारा, पालन-हारा, रोकन-हारा।
(ख) कर्मवाचक	जो कर्म को प्रकट करे। यहां यदि सामान्य भूत की क्रिया (सकर्मक) के आगे 'हुआ' 'हुई' लगा देते हैं, तो कर्मवाचक कृदन्त बन जाते हैं, जैसे, 'पढ़ा हुआ,' 'लिखी हुई'।
(i) 'हुआ'	पढ़ा हुआ, लिखा हुआ, सुना हुआ, गिना हुआ, देखा हुआ।
(ii) 'हुई'	पढ़ी हुई, लिखी हुई, सुनी हुई, गिनी हुई, देखी हुई।
(iii) 'आ'	ठेला, चेला, मैला।
(iv) 'गया'	देखा गया, सुना गया, चला गया, पढ़ा गया।
(v) 'ना'	ओढ़ना, बिछौना, चबैना, खिलौना, पालना, भगौना।
(vi) 'नी'	ओढ़नी, कहानी, चटनी, सुंघनी।
(ग) करणवाचक कृदन्त	जिनसे किसी काम के साधन का बोध हो। इस

कोटि के प्रत्ययों को 'धातु' में जोड़कर उस पदार्थ का बोधक शब्द बनाया जाता है, जो क्रिया का करण होता है।

(i) 'अन'	झाड़न, ढक्कन, बेलन।
(ii) 'आ'	झूला, ठेला, मेला, ढेला।
(iii) 'ई'	चिमटी, फांसी, रेती, बुहारी।
(iv) 'ऊ'	झाड़ू।
(v) औना	खिलौना, बिछौना।
(vi) 'तृ'	नेत्र, पात्र, वस्त्र, स्तोत्र।
(vii) 'ना'	ओढ़ना, चलना, ढकना, बेलना।
(viii) 'नी'	ओढ़नी, कतरनी, चलनी, छलनी, धौंकनी, ढकनी, फुकनी, बुहारनी, बेलनी, मथनी, सिमरनी।
(घ) **भाववाचक कृदन्त**	क्रिया के भाव का बोध कराने के लिए निम्नलिखित प्रत्यय जोड़कर कृदन्त बनाए जाते हैं—
(i) 'अ'	चाल, चमक, देन, दौड़, दमक, पहुंच, पुकार, लूट लेन, विचार, समझ, सोच।
(ii) 'अक'	कसक, चमक, छलक, झिड़क, धमक, भनक, बैठक
(iii) 'अन'	कतरन, गढ़न, गमन, गायन, चलन, जलन, तड़पन पठन, पाठन, पालन, भरण, मिलन, रक्षण, लगन वचन, शयन, सहन।
(iv) 'अना'	अर्चना, घटना, तुलना, वंचना, वन्दना।
(v) 'आ'	इच्छा, कथा, क्रीड़ा, चिन्ता, जोड़ा, छाया, झगड़ घेरा, पूजा, प्रथा, प्रशंसा, फेरा, मेला, रगड़ा, शिक्षा सेवा, तृषा।
(vi) 'आई'	उतराई, कमाई, चढ़ाई, चतुराई, धुलाई, पढ़ाई पिसाई, बिनाई, मिठाई, लड़ाई, लिखाई, सिलाई।
(vii) 'आन'	उठान, उड़ान, थकान, दान, मिलान, लगान।
(viii) 'आप'	मिलाप।
(ix) 'आव'	चढ़ाव, छिड़काव, झुकाव, घुमाव, बढ़ाव, बर्ताव, बचाव, बहाव, लगाव, सजाव।
(x) 'आवट'	दिखावट, थवावट, बनावट, मिलावट, रुकावट, लिखावट, सजावट।
(xi) 'आवा'	चढ़ावा, दिखावा, धावा, पहिनावा, बुलावा, भुलावा।

(xii) **'आहट'** गड़गड़ाहट, गुर्राहट, घबराहट, चिल्लाहट, बुलाहट, मुस्कराहट।

'(xiii)' **'ई'** करनी, धमकी, बोली, मरजी, हँसी।

(xiv) **औता/'औती'** चुकौता, समझौता, चुनौती, मनौती।

(xv) **'त'** खपत, छूत, बचत, लागत।

(xvi) **'ति'** गति, नीति, मुक्ति, रति, रीति, विभूति, स्तुति।

(xvii) **'ती'** गिनती, घटती, बढ़ती, भरती।

(xviii) **'न'** ऐंठन, गठन, चलन, पठन, सिकुड़न।

(xix) **'ना'** उठना, खाना, चलना, टहलना, देखना, पीना बैठना, रोना, सोना।

(ङ) **विशेषणवादी कृदन्त**—विशेषणवादी शब्द बनाने के लिए क्रिया के मूल रूप के पीछे निम्न प्रत्यय लगाए जाते हैं :

(i) **'अक्कड़'** कथक्कड़, घुमक्कड़, पियक्कड़, बुझक्कड़, भुलक्कड़।

(ii) **'अनीय'** करणीय, दर्शनीय, निन्दनीय, पूजनीय, रमणीय, शोचनीय, सहनीय, स्मरणीय, श्रवणीय।

(iii) **'अवना'** डरावना, लुभावना, सुहावना, भयावना।

(iv) **'आऊ'** कमाऊ, चलाऊ, जड़ाऊ, टिकाऊ, बिकाऊ।

(v) **'आका'** कड़ाका, भड़ाका, लड़ाका।

(vi) **'इत'** जागरित, पठित, रचित।

(vii) **'इया'** घटिया, बढ़िया।

(viii) **'त'** ख्यात, जात, ज्ञात, व्यक्त, दत्त, भूत।

(ix) **'तव्य'** कर्त्तव्य, ज्ञातव्य, दातव्य, द्रष्टव्य, प्राप्तव्य, मंतव्य, वक्तव्य।

(x) **'मान'** पचमान, यजमान, वर्धमान, सेव्यमान।

(xi) **'य'** कथ्य, देय, दृश्य, पाठ्य, पूज्य, वाच्य, सह्य।

(xii) **'सार'** मिलनसार।

(च) **क्रियावाचक कृदन्त**—इनके द्वारा क्रिया के होने का भाव प्रकट होता है। ये कृदन्त संज्ञा और विशेषण दोनों का कार्य करते हैं।

(i) **'हुए' या 'ते' के प्रत्यय लगाकर**—

उठते हुए, खाते हुए, सोते हुए, पढ़ते, गिरते, उठते, जाते।

(ii) **हेतुहेतुमद्‌भूत के रूप में 'हुआ' प्रत्यय जोड़कर**—

खाता हुआ, घूमता हुआ, रोता हुआ, लेटा हुआ।

(iii) **'आ'** पढ़ा, लिखा, चला, मिला, भरा।

(२) तद्धित प्रत्यय

संज्ञा, विशेषण, सर्वनाम या अव्यय के साथ तद्धित प्रत्ययों को जोड़कर सम्बद्ध शब्द बनाए जाते हैं। तद्धित प्रत्ययों की कई कोटियां हैं, जिनमें प्रमुख निम्न हैं—

(१) संस्कृत तद्धित प्रत्यय

(क) **कर्तृवाचक प्रत्यय**— जिससे कर्त्ता का बोध हो। जैसे, सुनार, मोटरवाला आदि।

जैसे—'कार' कथाकार, कलाकार, चित्रकार, पत्रकार, साहित्यकार।

(ख) **भाववाचक प्रत्यय**— जिनसे भाव आदि का भान हो। जैसें—भलाई, मिठास आदि।

(i) **'इमा'** कालिमा, पीलिमा, मधुरिमा, मड़िमा, नीलिमा, रक्तिमा, लघिमा, लालिमा।

(ii) **'अव'** गौरव, लाघव।

(iii) **'ता'** कविता, अग्रता, उदारता, कोमलता, प्रधानता, प्राचीनता, लघुता, भारतीयता, मूर्खता, मधुरता, चतुरता, शिष्टता, सभ्यता, समता, सुन्दरता, दीनता।

(iv) **'त्व'** अपनत्व, कवित्व, गुरुत्व, घनत्व, उत्तरदायित्व, दायित्व, दासत्व, पुरुषत्व, प्रतिनिधित्व, प्रभुत्व, बन्धुत्व, महत्त्व, ममत्व, मनुष्यत्व, स्थायित्व, वीरत्व, लघुत्व, एकत्व।

(v) **'य'** तालव्य, दौर्बल्य, वैचित्र्य, शौर्य, ग्राम्य, अन्त्य।

(vi) **'त्य'** आदित्य, कृत्य, पांडित्य, साहित्य, स्तुत्य।

(viii) **'व्य'** कर्त्तव्य, द्रष्टव्य, मंतव्य।

(ग) **गुणवाचक प्रत्यय**— जिससे किसी गुण के भाव का प्रदर्शन हो। इन प्रत्ययों को जोड़कर प्रायः विशेषण शब्द बनाए जाते हैं। जैसे 'दया' से 'दयालु' 'प्रेम' से 'प्रेमी'।

(i) **'इक'** आर्थिक, नैतिक, प्रादेशिक, मानसिक, मौलिक, राजनीतिक, शारीरिक, साहित्यिक, मौखिक।

(ii) **'इत'** अंकुरित, आनंदित, कंटकित, कलंकित, तरंगित, दुःखित, पुष्पित, फलित, निद्रित, हर्षित, पुलकित।

(iii) **'इम'** अग्रिम, अन्तिम।

(iv) **'इल'** जटिल, तन्द्रिल, पंकिल, फेनिल।

(v) **'ई'** क्रोधी, जंगली, नामी, पंजाबी, बंगाली, देशी, सूती।

(vi) **'ईन'** कुलीन, ग्रामीण, नवीन, प्राचीन।

(vii) **'ईय'** देशीय, पर्वतीय, भारतीय, राष्ट्रीय, स्थानीय, स्वर्गीय।

(viii) **'निष्ठ'** कर्मनिष्ठ, धर्मनिष्ठ।

(ix) **'मय'** आनन्दमय, गद्यमय, ज्योतिर्मय, तेजोमय, दयामय, मधुमय, शांतिमय।

(x) **'मान्'** धीमान्, बुद्धिमान्, शक्तिमान्, श्रीमान्, हनुमान,

(xi) **'र'** मुखर, अवर, मधुर।

(xii) **'ल'** मंजुल, मांसल, वत्सल, श्यामल।

(xiii) **'लु'** कृपालु, दयालु, लज्जालु, श्रद्धालु।

(xiv) **'वंत'** गुणवंत, कलावंत।

(xv) **'वादी'** कर्मवादी, वितंडावादी, सत्यवादी।

(xvi) **'वान्'** गुणवान्, ज्ञानवान्, दयावान्, बलवान्, विद्यावान्, विद्वान्, श्रद्धावान्।

(xvii) **'वी'** तपस्वी, तेजस्वी, मायावी, मेधावी।

(xviii) **'स्थ'** गृहस्थ, तटस्थ, निकटस्थ, अंतस्थ, प्रकृतिस्थ।

(xix) **'भीरु'** धर्मभीरु।

(घ) **सम्बन्धबोधक प्रत्यय**— जिससे संबंध का ज्ञान हो।

जैसे—'इक' इनमें अ, इ, ई, उ, ऊ का क्रमशः आ, ए, ऐ, ओ, औ, कर देते हैं, जैसे—

ऐतिहासिक, तार्किक, धार्मिक, नैतिक, पौराणिक, भौगोलिक, वार्षिक

(ङ) **समुदायबोधक प्रत्यय**— जिससे समुदाय का ज्ञान हो।

जैसे—'क' अष्टक, पंचक, सप्तक।

(च) **स्थानबोधक प्रत्यय**— विशेष स्थान का जिनसे ज्ञान हो।

जैसे—शाला कर्मशाला, कार्यशाला, गोशाला, धर्मशाला, पाठशाला।

(छ) **क्रिया विशेषण बोधक प्रत्यय**—'तः' और 'तया' तद्धित प्रत्यय 'संज्ञा' और 'विशेषण' वाची शब्दों के पीछे लगाकर उन्हें क्रिया-विशेषण बना देते हैं।

जैसे—'तः'/'तया' अंशतः (अंशतया), प्रथमतः (प्रथमतया), विशेषतः (विशेषतया) संभवतः (संभवतया)।

(ज) **अपत्यवाचक प्रत्यय** इन प्रत्ययों को जोड़कर अपत्य (पुत्र), वंशज, संबंधी, अनुयायी, आदि का बोध कराया जाता

है। इन शब्दों की रचना संस्कृत व्याकरण के नियमों के अनुसार होती है। इसमें ध्यान देने योग्य दो बातें हैं—

(१) यदि मूल शब्द की पदादि स्वर ध्वनि—अ, इ, ई, उ, ऊ—हो तो उसका वृद्धि रूप—'अ' का 'आ' 'इ/ई' का 'ऐ' और 'उ/ऊ' का 'औ' कर देते हैं, तथा,

(२) अंत्य 'उ' का 'अव' तथा 'आ/ई' का 'एय' हो जाता है।

उदाहरण— चाणक्य, मानव, राघव, वासुदेव, पांडव, वैष्णव, शैव, कौन्तेय, बौद्ध, सौमित्र।

टिप्पणी— हिन्दी में इस संबंध में 'ई' प्रत्यय आता है।

उदाहरण— कबीरपंथी, आर्यसमाजी, पंजाबी, बंगाली, निरंकारी, सतनामी, सनातनी।

(२) हिन्दी तद्धित प्रत्यय

(क) कर्तृवाचक प्रत्यय

(i) **'आर'** कुम्हार, चमार, लुहार, सुनार।

(ii) **'इया'** आढ़तिया, बखेड़िया, मुखिया, रसोइया।

(iii) **'ई'** कोठारी, तेली, धनी, धोबी, भण्डारी, माली, योगी, शास्त्री।

(iv) **'एड़ी'** गंजेड़ी, भंगेड़ी।

(v) **'एरा'** कसेरा, चितेरा, लखेरा, संपेरा।

(vi) **'वान'** गाड़ीवान, हाथीवान।

(viil) **'वाला'** इक्केवाला, गाड़ीवाला, चाटवाला, तांगेवाला, पानवाला, पानीवाला, पकौड़ीवाला, मोटर-वाला, सब्जीवाला।

(viii) **'हारा'** लकड़हारा, चुड़िहारा, पनिहारा, मनिहारा।

(ख) भाववाचक प्रत्यय

(i) **'आई'** अच्छाई, झुठाई, बड़ाई, बुराई, चिकनाई, भलाई, पंडिताई, रंगाई, सच्चाई।

(ii) **'आका'** धड़ाका, धमाका, भड़ाका, सड़ाका।

(iii) **'आस'** कड़वास, खटास, मिठास।

(iv) **'आहट'** कड़वाहट, गरमाहट, चिकनाहट।

(v) **'ई'** खुशी, गर्मी, खेती, चालाकी, चोरी, दोस्ती, नमी,

नर्मी, सर्दी।

(vi) **'औती'** बढ़ौती, बपौती।

(vii) **'त'** रंगत, संगत, ध्वनित, पंगत।

(viii) **'पन'** कालापन, खरापन, खोटापन, छिछोरापन, पागलपन, बचपन, बड़प्पन, बांकपन, लड़कपन। '

(ix) **'पा'** अपनापा, बुढ़ापा, मुटापा, रंडापा।

(ग) गुणवाचक प्रत्यय

(i) **'आ'** ठंडा, प्यारा, प्यासा, भूखा, मैला, बोझा।

(ii) **'आ'** गेरुआ, टहलुआ।

(iii) **'आऊ'** अगाऊ, बिकाऊ, पंडिताऊ।

(vi) **'आलू'** झगड़ालू, लजालू।

(v) **'ई'** ऊनी, गुलाबी, जंगली, ज्ञानी, बैंगनी, भारी, रेशमी, विदेशी, सरकारी, सूती, स्वदेशी।

(vi) **'ईला'** चमकीला, छबीला, जहरीला, जोशीला, नशीला, नुकीला, पनीला, पथरीला, रंगीला, रसीला, शर्मीला, लजीला।

(vii) **'ऊ'** गंवारू, गरजू, घरू, ढालू, नक्कू, पेटू, बाजारू।

(viii) **'एरा'** चचेरा, फुफेरा, ममेरा।

(ix) **'गुना'** दुगुना, चौगुना, पचगुना, सहस्रगुना, ।

(x) **'ला'** अगला, धुंधला, पिछला, मझला, लाड़ला।

(xi) **'हरा'** इकहरा, , दुहरा, तिहरा, चौहरा, सुनहरा।

(xii) **'हला'** रुपहला, सुनहला।

(घ) संबंधबोधक प्रत्यय

(i) **'आल'** ननिहाल, ससुराल।

(ii) **'एरा'** चचेरा, फुफेरा, ममेरा, ननेरा।

(ङ) समुदायबोधक प्रत्यय

'का' एक्का, दुक्का, तिक्का, चौका, छक्का।

च) लघुताबोधक प्रत्यय इनसे वस्तु का छोटापन, हीनता या प्यार का भाव ध्वनित होता है।

(i) **'आ'** बचुआ, बबुआ, मनुआ।

(ii) **'इया'** खटिया, चुहिया, डिबिया, फुड़िया, बंदरिया, बिटिया, बुढ़िया, लठिया, लुटिया।

(iii) **'ई'** घाटी, टोकरी, डोरी, ढोलकी, पगड़ी, पहाड़ी, रस्सी, मण्डली, लंगोटी।

(iv) 'ओला' खटोला, संपोला।
(v) 'ड़ा' चमड़ा, दुखड़ा, बछड़ा, मुखड़ा, लंगड़ा।
(vi) 'री' कोठरी, कोठारी, छतरी, बांसुरी, छपरी।
(vii) 'वा' बछवा, बेटवा, पुरवा।
(viii) 'ली' खटुली, टिकली।

(छ) क्रमवाचक प्रत्यय

(i) 'ला' अगला, पहला, पिछला।
(ii) 'जा' दूजा, तीजा।
(iii) 'था' चौथा।
(iv) 'वां' पांचवां, सातवां, आठवां, दसवां, बीसवां, सौवां।
(v) 'रा' दूसरा, तीसरा।
(vi) 'ठा' छठा।

(ज) प्रकारवाचक प्रत्यय

(i) 'ऐसा' सर्वनाम की प्रथम ध्वनि में इसे जोड़ते हैं।
उदाहरण— ऐसा (यह), कैसा (कौन), जैसा (जो), तैसा (तिस्), वैसा (वह)।

(झ) अन्य प्रत्यय शब्द हिन्दी में अनेक ऐसे शब्द हैं जो प्रत्ययों के समान प्रयुक्त होते हैं। डॉ० मक्खनलाल शर्मा ने अपनी पुस्तक 'व्यावहारिक हिन्दी' में इनकी एक लम्बी सूची दी है उनमें से कुछ यहां दिए जा रहे हैं—

(i) 'अधीन' पराधीन, स्वाधीन।
(ii) 'अन्तर' कालान्तर, विषयान्तर।
(iii) 'अन्वित' कार्यान्वित, दोषान्वित।
(iv) 'अध्यक्ष' विभागाध्यक्ष, उपाध्यक्ष, सभाध्यक्ष।
(v) 'अतीत' कालातीत, आशातीत।
(vi) 'अनुरूप' कालानुरूप, विषयानुरूप।
(vii) 'अनुसार' क्रमानुसार, परम्परानुसार, योग्यतानुसार।
(viii) 'अर्थ' धर्मार्थ, परमार्थ।
(ix) 'अर्थी' परमार्थी, पुरुषार्थी।
(x) 'आचार' अनाचार, पापाचार।
(xi) 'उत्तर' पूर्वोत्तर, उत्तरोत्तर, विश्रामोत्तर।
(xii) 'कालीन' समकालीन, मध्यकालीन।
(xiii) 'गम्य' बुद्धिगम्य, बोधगम्य।
(xiv) 'ग्रस्त' भयग्रस्त, रोगग्रस्त, शोकग्रस्त, चिन्ताग्रस्त।

(xv) **'घात'** आत्मघात, विश्वासघात।
(xvi) **'चर'** रजनीचर, बालचर।
(xvii) **'चिन्तक'** शुभचिन्तक, हितचिन्तक।
(xviii) **'जन्य'** तर्कजन्य, बुद्धिजन्य।
(xix) **'ज'** आत्मज, देशज।
(xx) **'जाल'** मोहजाल, शब्दजाल।
(xxi) **'जीवी'** मसिजीवी, बुद्धिजीवी, श्रमजीवी।
(xxii) **'दर्शी'** प्रियदर्शी, तत्त्वदर्शी।
(xxiii) **'द'** जलद, दुःखद, सुखद।
(xxiv) **'दायक'** फलदायक, सुखदायक।
(xxv) **'दायी'** उत्तरदायी, आनन्ददायी।
(xxvi) **'धर'** गिरिधर, जलधर।
(xxvii) **'धार'** कर्णधार, सूत्रधार।
(xxviii) **'नाशक'** कृमिनाशक, पापनाशक।
(xxix) **'परायण'** धर्मपरायण, कर्त्तव्यपरायण, नीतिपरायण।
(xxx) **'भाव'** मित्रभाव, शत्रुभाव।
(xxxi) **'रहित'** दयारहित, पदरहित, धनरहित, संतानरहित।
(xxxii) **'रत'** कार्यरत, धर्मरत।
(xxxiii) **'शील'** कर्मशील, सहनशील, धर्मशील।
(xxxiv) **'शाली'** वैभवशाली, शक्तिशाली।
(xxxv) **'शून्य'** धर्मशून्य, ज्ञानशून्य।
(xxxvi) **'साध्य'** कष्टसाध्य, श्रमसाध्य, व्ययंसाध्य।
(xxxvii) **'पूर्ण'** कष्टपूर्ण, वेदनापूर्ण।
(xxxviii) **'मुखी'** चंद्रमुखी, सूरजमुखी।
(xxxix) **'हर'** धनहर, पापहर, मनोहर।
(xl) **'हीन'** कर्महीन, बुद्धिहीन, ज्ञानहीन।
(xli) **'निष्ठ'** कर्मनिष्ठ, धर्मनिष्ठ।
(xlii) **'निष्ठा'** कर्मनिष्ठा, धर्मनिष्ठा

(३) स्त्रीवाचक तद्दित प्रत्यय

वे प्रत्यय जिनके लगाने से मूल पुल्लिग शब्द स्त्रीवाचक बन जाते हैंऔर उनसे 'स्त्रीत्व' का बोध होता है, उन्हें 'स्त्रीवाचक तद्धित प्रत्यय' कहते हैं। कुछ उदाहरण निम्न प्रकार हैं—

(i) 'आ'

पुंल्लिग शब्द	प्रत्यय	स्त्रीलिंग शब्द
महोदय	'आ'	महोदया
बाल	,,	बाला
वृद्ध	,,	वृद्धा
सुत	,,	सुता
शिव	,,	शिवा

(ii) इका

पाठक	इका	पाठिका
याचक	,,	याचिका
लेखक	,,	लेखिका
बालक	,,	बालिका
अध्यापक	,,	अध्यापिका
नायक	,,	नायिका

(iii) 'आइन'

ठाकुर	'आइन'	ठकुराइन
पंडित	,,	पंडिताइन
बाबू	,,	बबुआइन
लाला	,,	ललाइन

(iv) 'आनी'

नौकर	'आनी'	नौकरानी
देवर	,,	देवरानी
जेठ	,,	जेठानी
सेठ	,,	सेठानी
रुद्र	,,	रुद्राणी

(v) 'आई

चतुर	'आई'	चतुराई
महंगा	,,	महंगाई
विदा	,,	विदाई
भला	आई	भलाई
पंडित	,,	पंडिताई

(vi) 'ई'

देव	'ई'	देवी
दाता	,,	दात्री

पुंल्लिग शब्द	प्रत्यय	स्त्रीलिंग शब्द
नेता	,,	नेत्री
घोड़ा	,,	घोड़ी
लड़का	,,	लड़की
(vii) **'इया'**		
बेटा	**'इया'**	बिटिया
बन्दर	,,	बन्दरिया
कुत्ता	,,	कुतिया
चिड़ा	,,	चिड़िया
बच्छा	,,	बच्छिया
(viii) **'इन'**		
अहीर	**'इन'**	अहीरिन
लुहार	,,	लुहारिन
दर्जी	,,	दर्जिन
धोबी	,,	धोबिन
(ix) **'नी'**		
शेर	**'नी'**	शेरनी
जाट	,,	जाटनी
पति	,,	पत्नी
ऊंट	,,	ऊंटनी

(४) विदेशी प्रत्यय

(क) फारसी

(i) **'अन'** एहतियातन, जबरन, मसलन।

(ii) **'अवी'** देहलवी, हरियाणवी।

(iii) **'आना'** जनाना, जुर्माना, दस्ताना, मर्दाना, रोजाना, सालाना, हरजाना।

(iv) **'आनी'** जिस्मानी, बर्फानी, रूहानी।

(v) **'इंदा'** चुनिंदा, जिंदा, परिंदा, बाशिंदा।

(vi) **'इयत'** आदमियत, इंसानियत, खैरियत।

(vii) **'इश'** आजमाइश, कोशिश, परवरिश, पैदाइश, फर्माइश, मालिश, नालिश।

(viii) **'ई'** खुशी, खूनी, जाती, दोस्ती, बदी, नेकी।

(ix) **'ईन'** नमकीन, रंगीन, शौकीन।

(x) 'कार' काश्तकार, दस्तकार, पेशकार, सलाहकार।

(xi) 'खाना' डाकखाना, दवाखाना, शफाखाना।

(xii) 'खोर' आदमखोर, सूदखोर, हरामखोर।

(xiii) 'गर' कलईगर, कारीगर, जादूगर, बाजीगर, रफूगर, सौदागर।

(viv) 'गार' खिदमतगार, गुनहगार, मददगार, यादगार, रोजगार।

(xv) 'गाह' आरामगाह, कब्रगाह।

(xvi) 'गी' आवारगी, गंदगी, जिन्दगी, बंदगी, मर्दानगी।

(xvii) 'गीर' आलमगीर, जहांगीर, राहगीर।

(xviii) 'चा' गालीचा, बागीचा, देगचा।

(xix) 'ची' अफीमची, खजानची, चिलमची, नकलची, बन्दूकची।

(xx) 'जाद'/'जादा'/'जादी' आदमजाद, शाहजादा, नवाबजादी।

(xxi) 'दां' उर्दूदां, अंग्रेजीदां, कद्रदां, फारसीदां।

(xxii) 'दान' कलमदान, गुलदान, पीकदान।

(xxiii) 'दानी' चायदानी, मच्छरदानी, सुरमेदानी।

(xxiv) 'दार' जमींदार, जानदार, दूकानदार, मालदार, रिश्तेदार, ईमानदार, समझदार, हवलदार, सरदार।

(xxv) 'दारी' दूकानदारी, ईमानदारी, रिश्तेदारी, समझदारी।

(xxvi) 'नाक' खतरनाक, खौफनाक़, दर्दनाक, शर्मनाक।

(xxvii) 'नामा' इकरारनामा, तलाकनामा, मुखतारनामा।

(xxviii) 'बंद'/'बंदी' कमरबंद, इजारबंद, चकबंदी, हदबंदी, नसबंदी।

(xxix) 'बाज' जुएबाज, दगाबाज, धोखेबाज, पतंगबाज, नशेबाज।

(xxx) 'बान' दरबान, मेजबान, मेहरबान।

(xxxi) 'बीन' खुर्दबीन, तमाशबीन, दूरबीन।

(xxxii) 'मंद' अक्लमंद, जरूरतमंद, दौलतमंद, फायदेमंद, सेहतमंद।

(xxxiii) 'वर' जानवर, ताकतवर, दिलवर, नामवर।

(xxxiv) 'वान' कोचवान, पहलवान, फीलवान।

(xxxv) 'वार' उम्मीदवार, नागवार, माहवार।

(xxxvi) 'बारी' गोलाबारी, माहबारी।

(xxxvii) 'अंगेज' हैरतअंगेज।

(xxxviii) 'नशीन' तख्तनशीन, पर्दानशीन।

(xxxix)	**'नुमा'**	कुतुबनुमा, खुशनुमा।
(xl)	**'पोश'**	जीनपोश, सफेदपोश।
(xli)	**'साज'**	जालसाज, जिल्दसाज।
(xlii)	**'स्तान'**	कब्रिस्तान, पाकिस्तान, हिन्दुस्तान।

(ख) अंग्रेजी

अंग्रेजी प्रत्यय 'आइट' 'इज्म' और इस्ट का थोड़ा प्रयोग होता है—जैसे, नक्सलाइट सोशलिज्म, कम्युनिज्म, गांधीज्म, कम्युनिस्ट, सोशलिस्ट।

किसी भी भाषा के सभी प्रत्यय गिनाना दुस्तर कार्य है। इसका प्रमुख कारण यह है कि उन प्रत्ययों के अतिरिक्त जो व्याकरणों में सदियों से चले आ रहे हैं, समय के प्रवाह के साथ-साथ अन्य देशी और विदेशी प्रत्यय भी उस भाषा में जाने-अनजाने जुड़ते चले जाते हैं और भाषा को समृद्ध बनाते हैं। बोलचाल के कतिपय रूप भी प्रत्यय के रूप में प्रयुक्त होने लगते हैं और वे भाषा के अभिन्न अंग बन जाते हैं। यहां हमने यही प्रयत्न किया है कि उन सभी प्रत्ययों की सूची दी जाए, जिनकी चर्चा समय-समय पर होती रही है। आशा है, पाठकगण हमारे इस प्रयास को सराहेंगे।

शब्द-शुद्धि

भूमिका

किसी भी भाषा में शब्दों का अत्यन्त महत्त्व है, क्योंकि सार्थक, संगत एवं उपयुक्त शब्दों द्वारा ही हम अपने मन के भावों को सही ढंग से प्रस्तुत कर सकते हैं। भाषा की सुन्दरता, सौष्ठव एवं अर्थ-सौंदर्य शब्दों पर ही निर्भर है। शब्दों से ही भाषा में शक्ति आती है और उसका रूप निखरता है। ऐसी स्थिति में शब्दों के शुद्ध रूप का ज्ञान अत्यन्त आवश्यक है।

हिन्दी ही नहीं, अन्य प्रादेशिक भाषाओं की भी यह विशेषता है कि उनकी वर्तनी उच्चारण के अधिक-से-अधिक अनुरूप होती है। यदि कहीं उच्चारण में अन्तर आया, तो स्वाभाविक रूप से वर्तनी पर प्रभाव पड़ता है और व्यक्ति अपने त्रुटिपूर्ण उच्चारण के आधार पर ही वैसी वर्तनी लिखता है। इसके प्रमुख दो कारण हैं—

(१) हिन्दीभाषी प्रदेशों में अनेक बोलियां बोली जाती हैं और कहीं-कहीं बोलियों में कुछ हिंदी की ध्वनियां नहीं हैं—स्वाभाविक रूप से ऐसे व्यक्ति शिक्षित होते हुए भी उन विशिष्ट ध्वनियों का उच्चारण नहीं कर पाते। श-स, य-ज, व-ब, ण-ड़ आदि वर्णों की त्रुटियां इसी कारण होती हैं। पढ़े-लिखे व्यक्ति भी 'सासन', 'सुद्ध', 'भूसन', 'रच्छा', 'गुड़', 'बिद्या' आदि बोलते और लिखते हैं।

(२) अहिन्दीभाषी राज्यों के विद्यार्थी अपनी मातृभाषा के प्रभाव से मुक्त नहीं हो पाते। तमिल भाषी क-ख, ग-घ, च-छ, ज-झ अर्थात् अल्पप्राण और महाप्राण ध्वनियों में अन्तर नहीं कर पाते, क्योंकि उनके यहां महाप्राण ध्वनियां हैं ही नहीं—इसीलिए वे 'खाना' को 'काना' ही लिखते हैं। पूर्वी राज्यों के विद्यार्थी इसी भांति च-स, श-स, व-ब की ध्वनियों में ठीक-ठीक अन्तर नहीं कर पाते। ऐसी स्थिति में वर्तनी-सम्बन्धी अशुद्धियां होना अत्यन्त स्वाभाविक है।

सामान्यतः अशुद्धियों को चार रूपों में विभाजित किया जा सकता है।

(क) **वर्ण-सम्बन्धी**—इस प्रकार की अशुद्धियों का एक प्रमुख कारण यह होता है कि कुछ वर्णों की ध्वनियां भाषा वैज्ञानिक दृष्टि से भिन्न-भिन्न होते हुए भी

बोलचाल के रूप में बिलकुल मिलती-जुलती हैं। उनके सूक्ष्म भाषा-वैज्ञानिक अन्तर को ध्यान में रखना साधारण व्यक्ति के लिए संभव नहीं होता। दूसरे, अपनी बोली का या अपनी मातृभाषा के इसी प्रकार के शब्दों की वर्तनी का प्रभाव बना ही रहता है। सामान्य रूप से ये विशेष वर्ण हैं—ऋ, ण, ड, ढ, ड़, ढ़, श, ष। इनमें से पंजाबीभाषी व्यक्ति को प्रायः 'ऋ' तथा 'रि', 'श' तथा 'ष', तथा 'न'; बगलाभाषी व्यक्ति को 'श' और 'स', 'व' और 'ब', 'य' और 'ज'; मराठी बोलनेवालों को 'ड' तथा 'ड़', 'ढ' और 'ढ़', सिन्धीभाषी को 'र' और 'ड़' एवं तमिलभाषियों को अल्पप्राण और महाप्राण वर्णों के अंतर करने में विशेष कठिनाई होती है।

(ख) **शब्द-संबंधी**—इसके अन्तर्गत विद्यार्थी भ्रमवश अथवा अपूर्ण ज्ञान के कारण अशुद्ध शब्दों को प्रयोग में लाते हैं और उन्हें सही समझते हैं। ये शब्द-संबंधी अशुद्धियां निम्न प्रकार की होती हैं—(डॉ० हरवंश लाल)

(i) **पर्यायवाची शब्दों के चुनाव में अशुद्धि।**

(ii) **संज्ञा शब्द के प्रयोग में अशुद्धि**—जैसे गायक 'कसरत' करे और पहलवान 'रियाज'।

(iii) **समान, पर भिन्नार्थक शब्द-प्रयोगों की अशुद्धि**—शोक-खेद, बैठक-अधिवेशन, अच्छाई-भलाई आदि के ठीक अर्थ समझकर उनका सही प्रयोग।

(iv) **अप्रासंगिक या अनुपयुक्त शब्द-प्रयोगों की अशुद्धियां**—'गिरफ्तार-कैद', 'तजुर्बा-सबूत' इन शब्द-युग्मों के अलग-अलग अर्थ हैं। इनके ठीक अर्थ जान-कर ही प्रयोग करना चाहिए।

(ग) **वाक्य-संबंधी**— विद्यार्थी को जब तक शब्द-क्रम का व्याकरणिक ज्ञान नहीं है, तब तक न तो वह शुद्ध वाक्य की रचना कर सकता है और न सही बोल सकता है।

(घ) **व्याकरण-संबंधी**—इनमें लिंग, वचन, सर्वनाम, विशेषण, कारक, क्रिया-संबंधी अशुद्धियां सम्मिलित हैं। हिन्दी में कर्त्ता और क्रिया का गहरा संबंध है। यदि कर्त्ता का ही सही-सही लिंग ज्ञात न हो तो विशेषण और क्रिया की भूलें हो जाना अत्यन्त स्वाभाविक है।

ऊपर कुछ अशुद्धियों की ओर संकेत किया गया है। शुद्धि-अशुद्धि प्रकरण एक लम्बे अध्याय का विषय है और इसकी काफी विस्तार में चर्चा की जा सकती है। यह हमारा क्षेत्र नहीं है। हमारा क्षेत्र तो केवल अशुद्ध शब्दों के शुद्ध रूपों को यहां प्रस्तुत करना है। हमने यहां अधिक-से-अधिक अशुद्ध शब्दों के शुद्ध रूपों की जानकारी देने का प्रयास किया है। यहां हमने वर्ण-संबंधी एवं शब्द-संबंधी अशुद्धियों की ही चर्चा की है—अतः वाक्य-संबंधी एवं व्याकरण-संबंधी अशुद्धियों की चर्चा नहीं की गई है। हमारा ध्यान मूलतः वर्तनी की अशुद्धियों की ओर ही रहा है।

अशुद्ध	शुद्ध	अशुद्ध	शुद्ध
अइसा	ऐसा	अकबार	अखबार
अकसर	अक्सर	अकाश	आकाश
अकृतिम	अकृत्रिम	अक्ख	आंख
अगनी	अग्नि	अगामी	आगामी
अच्चा	अच्छा	अच्छर	अक्षर
अजाद	आजाद	अजमाइश	आजमाइश
अणबण	अनबन	अतिथी	अतिथि
अतिउक्ति	अत्युक्ति	अतियन्त	अत्यन्त
अती	अति	अतीरिक्त	अतिरिक्त
अत:एव	अतएव	अन्तकरण	अन्तःकरण
अन्त्यक्षरी	अन्त्याक्षरी	अदालित	अदालत
अद्वितिय	अद्वितीय	अधगति	अधोगति
अधिकांस (अधकांस)	अधिकांश	अधियापिक	अध्यापक
अधीक	अधिक	अधीकार (अधकार)	अधिकार
अधीकारि	अधिकारी	अधैक्ष	अध्यक्ष
अध्यन	अध्ययन	अनाम	इनाम
अनुमती	अनुमति	अनिस्ट	अनिष्ट
अनुग्रहीत	अनुगृहीत	अनुशरण	अनुसरण
अनूआई	अनुयायी	अनूकुल	अनुकूल
अनूकर्ण	अनुकरण	अनुत्तिर्ण	अनुत्तीर्ण
अनुदित	अनूदित	अनूरुप	अनुरूप
अनूसार	अनुसार	अपरान्ह	अपराह्न
अपेक्षत	अपेक्षित	अबसर	अवसर
अबी (अब्बी)	अभी	अभमान (अभीमान)	अभिमान
अभप्राय	अभिप्राय	अभिलाशा	अभिलाषा
अभिसेक	अभिषेक	अभ्यस्थ	अभ्यस्त
अमरित (अम्रित)	अमृत	अरमूद	अमरूद
अलक	अलग	अलाज	इलाज
अवरत	औरत	अवशय (अवश)	अवश्य
असथापना	स्थापना	असमरथ (अस्मर्थ)	असमर्थ
अस्तितव	अस्तित्व	अस्तुति (असतुति)	स्तुति
अस्थान (असथान)	स्थान	अस्थूल	स्थूल
अस्नान (असनान)	स्नान	अहार	आहार

अशुद्ध	शुद्ध	अशुद्ध	शुद्ध
अिस	इस	आग्या	आज्ञा
आगू	आगे	आच्छा	अच्छा
आछादन	आच्छादन	आझाज	आजाद
आड़त	आढ़त	आतमा	आत्मा
आत्मक	आत्मिक	आर्थक (आर्थीक)	आर्थिक
आदरनीय	आदरणीय	आदरश	आदर्श
आधीन	अधीन	आन्नद	आनन्द
आपकूं	आपको	आभुषन	आभूषण
आमारा	हमारा	आमिस (आमिश)	आमिष
आयू	आयु	आलस्यता	आलस्य
आवशकता (आवशयकता)	आवश्यकता	आविस्कार	आविष्कार
		आवश्यकीय	आवश्यक
आशिर्वाद	आशीर्वाद	आश्य	आशय
आसाढ़	आषाढ़	आस्तक	आस्तिक
इच्चा (इक्षा)	इच्छा	इतिहासक (इतिहासिक)	ऐतिहासिक
इतियादि (इत्यदि)	इत्यादि	इतीहास	इतिहास
इत्ना	इतना	इदर	इधर
इश्वर	ईश्वर	इस्कूल	स्कूल
इस्टेशन	स्टेशन	इस्नान	स्नान
इस्थान	स्थान	इस्त्री	स्त्री
इह	यह	ईन्द्रीय	इन्द्रिय
ईर्षा	ईर्ष्या	ईस	इस
ईसलीए	इसलिए	उंचा	ऊंचा
उंट (ऊन्ट)	ऊंट	उचारण	उच्चारण
उज्वल (उज्जवल)	उज्ज्वल	उतपन	उत्पन्न
उतसाह	उत्साह	उत्तपत्ति	उत्पत्ति
उत्तिर्ण (उत्तीरण)	उत्तीर्ण	उत्कन्ठा	उत्कंठा
उत्र	उत्तर	उदेश	उद्देश्य
उद्योगिक	औद्योगिक	उनती (उन्नती/उन्नित)	उन्नति
उनहें (उने)	उन्हें		
उन्होने (उनोनें)	उन्होंने	उन्नित	उन्नत
उन्नी	ऊनी	उपर	ऊपर

अशुद्ध	शुद्ध	अशुद्ध	शुद्ध
उपयोगता	उपयोगिता	उपरोक्त	उपर्युक्त
उपलक्ष	उपलक्ष्य	उपा	उपाय
उपाधी	उपाधि	उलंघण	उल्लंघन
उलेख	उल्लेख	उस्कू	उसको/उसे
उह	वह	ॠन	ॠण
ॠपु	रिपु	ॠशी	ॠषि
ऐक्यता	एकता/ऐक्य	ओडना	ओढ़ना
ओदार	उधार	ओरत	औरत
औषधी	ओषधि	औस्था	अवस्था
कंगा	कंघा	कंबरा	कमरा
कउन	कौन	कचेरी (कचैरी)	कचहरी
कठनाई	कठिनाई	कठीन	कठिन
कठीनाईयां	कठिनाइयां	कढ़वा	कड़वा
कणक	कनक	कत	खत
कथन	कथित	कनिष्ट	कनिष्ठ
कबजा	कब्जा	कभि	कभी
कमजूरी	कमजोरी	कम्पकंपी	कंपकंपी
कयी	कई	करतव (करतव्य)	कर्त्तव्य
करन	कर्म	करोध	क्रोध
कल्यान	कल्याण	क्वी	कवि
कवीता	कविता	कवियित्री	कवयित्री
कहां	कहाँ	कहिना	कहना
कागद	कागज	कापरा	कपड़ा
कारन (कार्ण)	कारण	कारय	कार्य
कारवाही	कार्यवाही	कार्यकर्म	कार्यक्रम
कारियालय (कारयालय)	कार्यालय	किजिए (किजीए)	कीजिए
		किर्ति	कीर्ति
किन्तू	किन्तु	किनहें	किन्हें
क्रिपया (कृप्या)	कृपया	क्रिपा (किरपा/क्रपा)	कृपा
किमत (किंमत)	कीमत	किमती	कीमती
किया (कया)	क्या	कियारी	क्यारी
कियों (क्यूं)	क्यों	किरपान (क्रिपाण)	कृपाण
किरिया	क्रिया	किर्तघ्न (क्रितघ्न)	कृतघ्न

अशुद्ध	शुद्ध	अशुद्ध	शुद्ध
किस्का	किसका	कीताब	किताब
कीरती (कीरत/क्रीति)	कीर्ति	कीराया	किराया
कीसान (किषाण)	किसान	कुच (कुच्छ/कूछ)	कुछ
कुशिश	कोशिश	कुशी	खुशी
कुम्भार	कुम्हार	कुस्ती	कुश्ती
कृतग्य	कृतज्ञ	कृशन (कृश्न)	कृष्ण
कृषी	कृषि	केन्द्रत	केन्द्रित
केन्द्रिय	केन्द्रीय	केन्द्रीयकरण	केन्द्रीकरण
केसा	कैसा	कोइल	कोयल
कोन	कौन	कोशलता	कुशलता
कोसिस (कोसिश)	कोशिश	कौतुहल	कौतूहल
क्यूंकि (कियोंकि)	क्योंकि	क्षत्र	छत्र
क्षात्र	छात्र	क्षिमा (छिमा)	क्षमा
क्षीन	क्षीण	खरच	खर्च
खारज करना	खारिज करना	खरिदना	खरदीना
खरीददार	खरीदार	खुर्ची	कुर्सी
खीरकी (खीड़की)	खिड़की	खूब (खूप)	खूब
खुबसुरत	खूबसूरत	खेयाल	ख्याल
गन्गा	गंगा/गङ्गा	गंधा	गंदा/गन्दा
गनना	गणना	गमंड	घमण्ड/घमंड
गर्मि	गर्मी	गर	घर
गरबर	गड़बड़	गरिब	गरीब
गरिबि (गरिबी)	गरीबी	गल्ती	गलती
गहिणा	गहना	गाउं	गांव
गाड़ा	गाढ़ा	गास	घास
गिया	गया	गियान (ग्यान)	ज्ञान
गिरहस्थी (गीरिस्ती)	गृहस्थी	गीह	घी
गुन	गुण	गुमने	घूमने
गुरू	गुरु	गूस	घूस
गृहीत	ग्रहीत	गोप्यनीय	गोपनीय
ग्रहन	ग्रहण	ग्रहिणी (गृहनी)	गृहिणी
ग्रामीन	ग्रामीण	ग्रिष्म	ग्रीष्म
घनिष्ट	घनिष्ठ	घमेंड	घमण्ड/घमंड

अशुद्ध	शुद्ध	अशुद्ध	शुद्ध
घरम	गर्म/गरम	घरीब	गरीब
घोरा	घोड़ा	घोषना	घोषणा
चड़ाई	चढ़ाई	चरित्तर	चरित्र
चल्ता	चलता	चवथा	चौथा
चहा (चाइ)	चाय	चाउल	चावल
चाता	छाता	चाहीए (चाइ/चहिए)	चाहिए
चिज	चीज	चिंटी	चींटी
चिठ्ठी (चीट्ठी)	चिट्ठी	चिनि (चिनी)	चीनी
चिन्ह	चिह्न	चीन्ता (छिन्ता)	चिन्ता
चूनाव	चुवाव	चेस्टा	चेष्टा
चोटा	छोटा	चौढ़ाई	चौड़ाई
च्यूत	च्युत	छमा (छिमा)	क्षमा
छत्री	क्षत्रिय	छोती	छोटी
जगड़ा (झगरा)	झगड़ा	जगा (जगै)	जगह
जगनाथ	जगन्नाथ	जबेली	जलेबी
जमिन	जमीन	जनगिनना	जनगणना
जनम	जन्म	जनमभूमी (जन्मभूमी)	जन्मभूमि
जनावर	जानवर	जरूरत	ज़रूरत
जलदी (जल्दि)	जल्दी	जहां	जहाँ
जांच	जाँच	जांति-पांति	जाति-पांति
जातरा (जात्रा)	यात्रा	जातिय	जातीय
जादा (जियादा)	ज्यादा	जान्ता	जानता
जाव	जाओ	जिनहें	जिन्हें
जिवन	जीवन	जीधर (जिदर)	जिधर
जीस	जिस	जुखाम	जुकाम
जेसा	जैसा	जै	जय
जोरा	जोड़ा	झगरना (झगढ़ना)	झगड़ना
झूंठ (झूट)	झूठ	झूता	जूता
झेंडा	झंडा	टूटी-पुटी	टूटी-फूटी
टोपीयां	टोपियां	टौलिया	तौलिया
ठिक	ठीक	ठ़ीकादार	ठेकेदार
डीबिया	डिबिया	डीलापन	ढीलापन
डूकान (धूकान)	दूकान	डूंडने	ढूंढ़ने

अशुद्ध	शुद्ध	अशुद्ध	शुद्ध
ततकाल	तत्काल	तत्कालिक	तात्कालिक
तत्त	तत्त्व	तत्थ	तथ्य
तललीन (तलीन)	तल्लीन	तथापी (ततापि)	तथापि
तरहा	तरह	तरिकी	तरक्की
ताकद (ताक्त)	ताकत	तातपर्य	तात्पर्य
तिकीट	टिकिट	तिथी	तिथि
तियारी (त्यारी)	तैयारी	तिरसकार	तिरस्कार
तिसरा	तीसरा	तुकड़ा	टुकड़ा
तुछ	तुच्छ	तुफान	तूफान
तुमहारा (तुमरा)	तुम्हारा	तुमहें	तुम्हें
तुमारी	तुम्हारी	तेजसवी	तेजस्वी
तेय्यार (तियार)	तैयार	तृकाल	त्रिकाल
तृटि	त्रुटि	त्रलोक	त्रिलोक
त्याज	त्याज्य	त्रितीय	तृतीय
त्रिप्त	तृप्त	त्रिसंकु	त्रिशंकु
त्रसित	त्रस्त	थंडा	ठंडा
थोढ़ा	थोड़ा	थोरी	थोड़ी
दई	दही	दयालू	दयालु
दरशन	दर्शन	दन्श	दंश
दिगज	दिग्गज	दिजिए (दिजीए/दीजीए)	दीजिए
दिपावली	दीपावली	दिमक	दीमक
दिवाल	दीवाल	दीप्ती	दीप्ति
दील	दिल	दुकान (दुखान)	दूकान
दुख	दुःख	दुध (दूद)	दूध
दुनियां	दुनिया	दुपहर	दोपहर
दुरकर्म	दुष्कर्म	दुरगति	दुर्गति
दुस्दसा (दुरदशा)	दुर्दशा	दुरबल	दुर्बल
दुषन	दूषण	दुसरा	दूसरा
दूल्हन	दुल्हन	दूषीत	दूषित
दृशटव्य	द्रष्टव्य	दृष्य	दृश्य
दृस्टि	दृष्टि	देस	देश
दैनक (दैनीक)	दैनिक	दोया	धोया
दौरना (दउड़ना)	दौड़ना	द्वितिय	द्वितीय

अशुद्ध	शुद्ध	अशुद्ध	शुद्ध
दृष्टा	द्रष्टा	द्रिष्टीकोन	दृष्टिकोण
द्वेश	द्वेष	धनमान	धनवान
धन्दा	धन्धा	धरम	धर्म
धही	दही	धहेज	दहेज
धातू	धातु	धारमिक (धार्मीक/धार्मक)	धार्मिक
धियान (धयान)	ध्यान	धोका	धोखा
ध्वनी	ध्वनि	ध्वन्स	ध्वंस
नउकर (नोकर)	नौकर	नछत्र	नक्षत्र
नजीक	नजदीक	नदि (नधी)	नदी
नमष्कार (निमष्कार)	नमस्कार	नरीखन	निरीक्षण
नर्क	नरक	नशेली	नशीली
नहि (नेहिं/नही)	नहीं	नागरक (नागरीक)	नागरिक
नायिक	न्यायिक	नास्ता	नाश्ता
निची	नीची	निचे	नीचे
निखालिस	खालिस	निति (नीती)	नीति
निर्पराध	निरपराध	निम्नलिखीत	निम्न-
नियुक्ती	नियुक्ति	(निम्नलिखत)	लिखित
निरनै	निर्णय	निस्पक्ष	निष्पक्ष
निरमान	निर्माण	निरस	नीरस
निरिक्षण	निरीक्षण	निशचत	निश्चित
निशफल	निष्फल	निशंक	निश्शंक
निषेद	निषेध	निश्काम	निष्काम
निसंदेह	निस्संदेह	निष्चेष्ट	निश्चेष्ट
निसिद्ध	निषिद्ध	नीवासी	निवासी
नीश्चै	निश्चय	नूक्शान (नुकशान/	
नोकर	नौकर	नुस्कान)	नुक्सान
न्यां	न्याय	पन्डित	पण्डित/
पछंद	पसन्द		पंडित
पकरना	पकड़ना	पठत	पठित
पड़ाई	पढ़ाई	पड़ाना	पढ़ाना
पतर	पत्र	पतनी (पत्नि)	पत्नी
पती	पति	पतिति	पतित
पथ्थर	पत्थर	पद्धती	पद्धति

अशुद्ध	शुद्ध	अशुद्ध	शुद्ध
परकट	प्रकट	परकास,	प्रकाश
परगति	प्रगति	परजतन	प्रयत्न
परताप	प्रताप	परतिग्या	प्रतिज्ञा
परतेक	प्रत्येक	परमीश्वर (पमेसुर)	परमेश्वर
परादीन	पराधीन	परसिद्ध	प्रसिद्ध
परसपर	परस्पर	परसिन्न	प्रसन्न
परन्तू	परन्तु	परयोजन	प्रयोजन
परलौकिक	पारलौकिक	पवित्तर	पवित्र
परशाद	प्रसाद	पराचीन (प्राचिन)	प्राचीन
परिच्छा (परिक्षा)	परीक्षा	परिनत	परिणत
परिछेद	परिच्छेद	परिसान	परेशान
परिस्थिती (परीस्थिति)	परिस्थिति	परीचय	परिचय
परीनाम	परिणाम	परीवार	परिवार
परेम	प्रेम	पर्मानु	परमाणु
पहोच	पहुंच	पाठसाला	पाठशाला
पाणी	पानी	पाक्षक	पाक्षिक
पादशाह	बादशाह	पिछानते	पहचानते
पिछे	पीछे	पिजिए (पीजीए)	पीजिए
पिडा	पीड़ा	पिड़ीत	पीड़ित
पियारा	प्यारा	पिरथम	प्रथम
पीता	पिता	पुजा	पूजा
पुज्य	पूज्य	पुन्य	पुण्य
पुर्ति	पूर्ति	पुनरजन्म	पुनर्जन्म
पुन्यभूमी	पुण्यभूमि	पुरसकार (पुरुस्कार)	पुरस्कार
पुरुश	पुरुष	पुत्तर	पुत्र
पुत्रीयां	पुत्रियां	पुसतक	पुस्तक
पुश्प	पुष्प	पूंछना	पूछना
पूज (पुज्य)	पूज्य	पूज्यनीय	पूजनीय/पूज्य
पूरन	पूर्ण	पृष्ट	पृष्ठ
पैत्रिक	पैतृक	पौदा	पौधा
पोलिस (पुलीस)	पुलिस	पोषाक	पोशाक
प्रगट	प्रकट	प्रगती	प्रगति
प्रष्ठ	पृष्ठ	प्रतक्ष	प्रत्यक्ष

अशुद्ध	शुद्ध	अशुद्ध	शुद्ध
प्रतिक्षा	प्रतीक्षा	प्रतीक्रीया	प्रतिक्रिया
प्रतिष्ठीत	प्रतिष्ठित	प्रतीनिध	प्रतिनिधि
प्रथक (पिर्थक)	पृथक्	प्रनाम (परनाम)	प्रणाम
प्रन्तू	परन्तु	प्रफुल	प्रफुल्ल
प्रभू	प्रभु	प्रमाणक (प्रमानिक)	प्रामाणिक
प्रमात्मा	परमात्मा	प्रमुख्य	प्रमुख
प्रयतन	प्रयत्न	प्रयापत	पर्याप्त
प्रशन	प्रश्न	प्रसंशा (प्रशन्सा)	प्रशंसा
प्रसारत	प्रसारित	प्रसीद्ध	प्रसिद्ध
प्राजय	पराजय	प्रान्तिय	प्रान्तीय
प्राधीन	पराधीन	प्रापत	प्राप्त
प्राप्ती	प्राप्ति	प्रामर्श	परामर्श
प्रारंभीक	प्रारंभिक	प्रिथम	प्रथम
प्रिथवी (पृथ्वि)	पृथ्वी	प्रिमान (प्रमान)	प्रमाण
प्रिश्रम	परिश्रम	प्रीचय (परीचय)	परिचय
प्रीक्षा (परिक्षा)	परीक्षा	फत्थर	पत्थर
फीर	फिर	फुल	फूल
बखत	वक्त	बघ्घी	बग्घी
बच्छड़ा	बछड़ा	बदखली	बेदखली
बन्धू	बन्धु	बरिछ	वृक्ष
बरी	बड़ी	बलकि (बलकी)	बल्कि
बलना	बोलना	बलिस्ट	बलिष्ठ
बहिश्कार (बहिस्कार)	बहिष्कार	बहुल्यता	बहुलता
बह्योत (बोत/बहूत)	बहुत	बाच्चा	बच्चा
बालिक	बालक	बारासिंगा	बारहसिंगा
बिठाना	बैठाना	बिन्दू	बिन्दु
बिमार	बीमार	बिमारी	बीमारी
बिलास	विलास	बिसाल	विशाल
बिस्वास	विश्वास	बी	भी
बीणा	वीणा	बुड़ापा	बुढ़ापा
बुढ़ा	बूढ़ा	बुंद	बूंद
बुद्धी	बुद्धि	बेमानी	बेईमानी
बेश	वेश	बेहरा	बहरा

अशुद्ध	शुद्ध	अशुद्ध	शुद्ध
बृज	ब्रज	बृह्म	ब्रह्म
बैठीए	बैठिए	बोज	बोझ
बोजन	भोजन	बोलीयां	बोलियां
(भूजन)		ब्रम्ह	ब्रह्म
भक्ती	भक्ति	भगीरथी	भागीरथी
भर्तन	बर्तन	भर्म	भ्रम
भराता	भ्राता	भविस्य	भविष्य
भसम	भस्म	भाष्कर	भास्कर
भागवान	भाग्यवान	भाढ़ा	भाड़ा
भांति (भांती)	भाँति	भारतिय	भारतीय
भासा	भाषा	भासन (भाशन/भाषन)	भाषण
भिच्छा	भिक्षा	भितर	भीतर
भीक	भीख	भीर (भीढ़)	भीड़
भीस्म	भीष्म	भुल	भूल
भूक	भूख	भूगोलिक	भौगोलिक
भूसन (भुषण)	भूषण	भेश	वेष
मख्खीचूस	मक्खीचूस	मजदुर	मजदूर
मट्टी	मिट्टी	मंतरालय (मंतिरायल)	मंत्रालय
मतबल	मतलब	मती	मति
मतेक्य	मतैक्य	मदत	मदद
मन्दर (मन्दीर)	मन्दिर	मधू	मधु
मधूर	मधुर	मनरथ (मनोर्थ)	मनोरथ
मनरथ (मनोर्थ)	मनोरथ	मनुश्य (मनुस्य)	मनुष्य
मयदान	मैदान	मर्यादीत	मर्यादित
मन्शा	मंशा	मसतिस्क	मस्तिष्क
मसवदा	मसौदा	मसहुर (मसहूर)	मशहूर
महातमा	महात्मा	महिना	महीना
मानसक (मानसीक)	मानसिक	मान्यनीय	माननीय
मात्रभाषा	मातृभाषा	मात्रभूमी	मातृभूमि
मारग	मार्ग	मालुम	मालूम
मासक (मासीक)	मासिक	मिठा (मीट्ठा)	मीठा
मिती	मिति	मिशिन	मशीन
मिश्रन	मिश्रण	म्रित	मृत

अशुद्ध	शुद्ध	अशुद्ध	शुद्ध
मात्र (मितर)	मित्र	मुकान	मकान
मुकालात	मुलाकात	मुकालिबा	मुकाबिला
मुजे (मेरे कू)	मुझे	मुर्ति (मूर्ती)	मूर्ति
मुनी	मुनि	मुरख (मुर्खं)	मूर्ख
मुशकिल (मुश्कील/		मुं (मूंह)	मुंह
मुसकिल)	मुश्किल	मै	मैं
मोका	मौका	मोसम (मौशम)	मौसम
मौखक	मौखिक	यथेस्ट	यथेष्ट
यदी	यदि	यद्यपी	यद्यपि
यशस्बी	यशस्वी	यहा	यहां
याचका	याचिका	युक्ती	युक्ति
योज्ञ	योग्य	व्यक्तितव	व्यक्तित्व
रंगडंग	रंगढंग	रचेता	रचयिता
रच्छा	रक्षा	रमैन	रामायण
रसीक	रसिक	राजनीती	राजनीति
राजनीतिक (राजनेतक)	राजनैतिक	राष्टरपती	राष्ट्रपति
राष्टभाषा	राष्ट्रभाषा	राष्टरीय (राष्ट्रिय)	राष्ट्रीय
रामायन	रामायण	राणी	रानी
रानीआं	रानियां	रितु (रुतु)	ऋतु
रिषि (रुषि)	ऋषि	रीती	रीति
रुग्न	रुग्ण	रुणी	ऋणी
रेडीओ	रेडियो	रोश	रोष
लक्षमी	लक्ष्मी	लक्षमन	लक्ष्मण
लघू	लघु	लड़कीयां	लड़कियां
लढ़ना	लड़ना	लरका	लड़का
लरकी	लड़की	लागित	लागत
लाब	लाभ	लाव	लाओ
लिकिन (लेकीन)	लेकिन	लिखीये	लिखिए
लिजिए (लीजीए)	लीजिए	लीपी	लिपि
लेव	लो	लोक	लोग
लौतना	लौटना	वकतव्य	वक्तव्य
वकता	वक्ता	वरतमान	वर्तमान
वरोध	विरोध	वर्शं	वर्ष

अशुद्ध	शुद्ध	अशुद्ध	शुद्ध
वयोम	व्योम	वस्तू	वस्तु
वहा	वहाँ	वान्छा	वांछा/ वाञ्छा
वार्तलाप	वार्तालाप		
वापीस (वापिस)	वापस	वायू	वायु
वार्षीक	वार्षिक	विकसत (विकसीत)	विकसित
विग्यान	विज्ञान	विघन	विघ्न
विछेद	विच्छेद	विजई	विजयी
विर्था	वृथा	विदत	विदित
विदवान	विद्वान	विभूती	विभूति
विश	विष	विशवाश	विश्वास
विसम	विषम	विशेश (विशेस)	विशेष
विष्लेषण (विश्लेशण)	विश्लेषण	विषव	विश्व
विश्वासनीय	विश्वसनीय	वीचारधारा	विचारधारा
वीभाग	विभाग	वीश्व	विश्व
वैतनक	वैतनिक	वैमनस्यता	वैमनस्य
वैहार	व्यवहार	व्यंग	व्यंग्य
व्योहार	व्यवहार	व्यवसायिक	व्यावसायिक
व्यवस्ता (व्यवसथा)	व्यवस्था	व्रक्ष	वृक्ष
व्हां	वहां	शंशय	संशय
शक्ती	शक्ति	शतरू	शत्रु
शताब्दि	शताब्दी	शत्री	क्षत्रिय
शरन	शरण	शराध	श्राद्ध
शरीरक	शारीरिक	शरोता	श्रोता
शाग	साग	शान्ती	शान्ति
शावास	शाबाश	शारीरीक	शारीरिक
शाशन	शासन	शिक्षत	शिक्षित
शिच्छा (सिक्षा)	शिक्षा	शितल	शीतल
शिशीर	शिशिर	शिशू	शिशु
शिश्य (शिस्य)	शिष्य	शिस्टाचार	शिष्टाचार
शुद्धिकरण	शुद्धीकरण	शुद्र	शूद्र
शुनना	सुनना	शुभा	शोभा
शेठ	सेठ	शौख	शौक
शौन्दर्य	सौन्दर्य	श्रंगार	शृंगार

अशुद्ध	शुद्ध	अशुद्ध	शुद्ध
श्राप	शाप	श्रवन	श्रवण
श्रीमति	श्रीमती	श्रेश्ठ (श्रेश्ट)	श्रेष्ठ
षटमास	षण्मास	षटानन	षडानन
ष्टेशन	स्टेशन	संकीर्न	संकीर्ण
संगित	संगीत	संगृहीत	संग्रहीत
संघठन (संगटन)	संगठन	संचै	संचय
संमंध	संबंध	संसथा	संस्था
सन्शय	संशय	संसारीक (संसारिक)	सांसारिक
सन्सकार	संस्कार	सन्सार	संसार
सकूल (इस्कूल)	स्कूल	सटेशन	स्टेशन
सडक (सरक)	सड़क	स्थान (इस्थान)	स्थान
सदेव	सदैव	सदोपदेश	सदुपदेश
सदृश्य	सदृश	सनेह	स्नेह
सन्मान	सम्मान	सन्मुख	सम्मुख
सन्यासी	संन्यासी	सपताह	सप्ताह
सपश्ट	स्पष्ट	सप्ताहक (सप्ताहीक)	साप्ताहिक
समसिया	समस्या	समाजक	सामाजिक
समाधी	समाधि	समिती (समीती/सम्ती)	समिति
समुन्दर	समुद्र	समै (समह)	समय
सम्मानत	सम्मानित	सम्मित	सम्मति
सरीर	शरीर	सर्धा	श्रद्धा
सर्वस़ (सर्वश्य)	सर्वस्व	सर्वांगीन	सर्वांगीण
सवतंत्रता	स्वतंत्रता	ससता	सस्ता
सहर	शहर	सहकारता	सहकारिता
सहायिक	सहायक	सार्थिक	सार्थक
सादी	शादी	साधारन	साधारण
साप/सांप	शाप	साफल्यता	सफलता/ साफल्य
साम	शाम	सायद	शायद
सामाजीक	सामाजिक	सार्वजनीक	सार्वजनिक
सासन (साशन)	शासन	साहित	साहित्य
सिक्षक	शिक्षक	सिखना	सीखना
सिखर	शिखर	सिंघासन	सिंहासन

अशुद्ध	शुद्ध	अशुद्ध	शुद्ध
सिंघ	सिंह	सिथिल	शिथिल
सिपुर्द	सुपुर्द	सिन्धू	सिन्धु
सीर	सिर	सीर्षक	शीर्षक
स्रिश्टी	सृष्टि	सुआगत	स्वागत
सुचना	सूचना	सुन्द्र	सुन्दर
सुबू (सुब्बो)	सुबह	सुभावक	स्वाभाविक
सुर्य	सूर्य	सुवर	सुअर
सुसुप्ति	सुषुप्ति	सूचत	सूचित
सूद्र	शूद्र	सून्य	शून्य
सृष्टा	स्रष्टा	सृष्टी	सृष्टि
सेनक	सैनिक	सेनापती	सेनापति
सोचनीय	शोचनीय	सोभाग्य	सौभाग्य
स्थायीत्व	स्थायित्व	स्थापत	स्थापित
स्प्रधा	स्पर्धा	स्मर्ण	स्मरण
स्मशान	श्मशान	स्मृद्ध	समृद्ध
स्वक्ष	स्वच्छ	स्वपन	स्वप्न
स्वास्थ	स्वास्थ्य	स्वालम्बन	स्वावलम्बन
स्वीकृती	स्वीकृति	स्त्रि	स्त्री
स्त्रीयां	स्त्रियां	स्थिती	स्थिति
हंसना	हँसना	हन्स	हंस
हँसराज	हंसराज	हतिबुद्धि	हतबुद्धि
हनाना	नहाना	हमेसा	हमेशा
हय	है	हरिन (हरीण)	हिरण
हात	हाथ	हानी	हानि
हितैशी	हितैषी	हिनदी	हिन्दी
हीन्दू	हिन्दू	हिन्दूस्थान	हिन्दुस्तान
हिरदय	हृदय	हिरा	हीरा
हीन्दी	हिन्दी	हुं	हूं
हुवे	हुए	हुशार	होशियार
हुश्यारी	होशियारी		

संधि और समास

संधि

सन्धि का सामान्य अर्थ 'मेल' है। जब दो व्यक्तियों में मेल होता है, तब उनमें से प्रत्येक व्यक्ति अपनें निजत्व को सुरक्षित रखते हुए, एक-दूसरे के हितार्थ अपनी अस्मिता का त्याग कर देता है। इस मेल की वजह से दोनों ही व्यक्तियों को एक-दूसरे के अनुकूल अपने को ढालना पड़ता है। अनुकूलन की इस प्रक्रिया में दोनों के बाह्य तथा आन्तरिक प्रकृति में कुछ-न-कुछ परिवर्तन होता है। यह परिवर्तन ही 'मेल' का प्रमुख कारक होता है।

व्याकरण के संदर्भ में भी 'सन्धि' का कुछ इसी से मिलता-जुलता अर्थ निकलता है। इस संदर्भ में 'संधि' वह विकार है, जो अक्षरों के पास-पास आने के कारण उनके मेल से होता है। इस प्रकार व्याकरण की दृष्टि से संधि को हम इस प्रकार परिभाषित कर सकते हैं—**दो अक्षरों या वर्णों के पास-पास आने से या उनके मेल से उनमें जो विकार होता है, उसे संधि कहते हैं। यह विकार 'स्वन' तथा 'वर्तनी' संबंधी होता है और इसका मूल कारण है उच्चारण की सुगमता।**

संधि होने से शब्दों का रूप छोटा हो जाता है। शब्दों के छोटे होने से भाषा में कसावट का गुण आ जाता है। शब्दों को संक्षिप्त रूप में लिखने से, थोड़े में अधिक कहने की क्षमता भाषा में आ जाती है। संस्कृत भाषा में 'संधि' का विशेष महत्त्व है। 'संधि' के नियमों को जाने बिना संस्कृत भाषा का ज्ञान अपूर्ण रह जाता है। हिन्दी भाषा का मूल स्रोत भी संस्कृत ही है। उच्च हिन्दी में अधिकांश शब्द संस्कृत मूल के हैं। हिन्दी भाषा में संस्कृत शब्दों की बहुतायत होने के कारण, इस भाषा में भी संस्कृत के अनेक व्याकरणिक नियमों का अनुपालन किया जाता है। जिस प्रकार संस्कृत भाषा के आधिकारिक ज्ञान को प्राप्त करने के लिए सन्धि-संबंधी नियमों की पूर्ण जानकारी परम आवश्यक है, उसी प्रकार हिन्दी भाषा की सही और पूर्ण जानकारी प्राप्त करने के लिए भी इन नियमों से अवगत होना उतना ही महत्त्वपूर्ण है। इन नियमों की सम्यक् जानकारी हो जाने से भाषा के अर्थ-ग्रहण में पूरी सहायता मिलती है और साथ ही अशुद्ध लेखन और अशुद्ध वाचन के दोष से

भी बचा जा सकता है। इस प्रकार संधि-नियमों की जानकारी का महत्त्व स्वयं सिद्ध है।

हिन्दी में संस्कृत के शब्दों में संधि के जो नियम देखे जाते हैं, वे हिन्दी या अरबी-फारसी मूल के उर्दू के शब्दों पर लागू नहीं होते। कुछ अपवादों को छोड़कर वास्तव में हिन्दी में संयुक्त शब्दों में भी संधि तथा तत्संबंधी स्वन परिवर्तन नहीं मिलते।

यहां पर यह भी उल्लेखनीय है कि दो अक्षरों या वर्णों के मेल से संयुक्ताक्षर भी बनते हैं। जब दो या तीन व्यंजन मिलते हैं और उनके बीच में कोई स्वर नहीं होता, तब उनके मेल को संधि नहीं कहते। 'अन्य' शब्द में 'न्' स्वर रहित व्यंजन है। यह अपने से अलग व्यंजन 'य' से संयुक्त हो जाता है। यहां संयुक्त होने की प्रक्रिया में वर्णों में किसी भी प्रकार का कोई विकार नहीं होता। अब 'संधि' की प्रक्रिया का एक उदाहरण भी देखिए। 'विद्या' और 'आलय' शब्दों को संयुक्त करने से 'विद्यालय' शब्द बनता है। यहां संयुक्ताक्षर वाली स्थिति नहीं है। इस प्रक्रिया में 'विद्या' शब्द का 'आ' स्वर (जो मात्रा-रूप में है) और 'आलय' शब्द का 'आ' स्वर (जो मूल रूप में है) मिलकर 'आ' स्वर में बदल जाते हैं। यह संधि की प्रक्रिया है, संयुक्ताक्षर की नहीं। 'विद्यालय' संयुक्ताक्षर नहीं है, बल्कि यह संधि-युक्त शब्द है। यहां हम देखते हैं कि दो अक्षरों के मेल से एक भिन्न अक्षर बनता है; संयुक्ताक्षर में भिन्न अक्षर नहीं बनता—प्रत्येक अक्षर का उसमें स्वतंत्र अस्तित्व होता है।

संधि की प्रक्रिया में दो शब्दों के मिलने से अनेक तरह के विकार 'स्वन' या 'वर्तनी' में होते हैं। इन्हीं विकारों के आधार पर संधि के भेद किए जाते हैं। परंपरागत व्याकरण में संधि के तीन प्रमुख भेद बताए जाते हैं—

(१) स्वर संधि (अच् संधि)

(२) व्यंजन संधि (हल् संधि)

(३) विसर्ग संधि।

(१) स्वर संधि

जब दो स्वर आपस में मिलते हैं और उनके मिलने से जो परिवर्तन होते हैं, उसे स्वर संधि कहते हैं, जैसे—

क्रम + अनुसार = क्रमानुसार

'क्रम' शब्द में ये अक्षर हैं—क् + र् + अ + म् + अ।

'अनुसार' शब्द मे ये अक्षर हैं—अ + न् + उ + स् + आ + र् + अ।

'क्रम' का 'अ' स्वर और अनुसार का 'अ' स्वर मिलकर 'आ' हो गए हैं।

स्वर का मेल स्वर से हुआ है;अतः स्वर संधि है।

स्वर संधि के व्याकरणों ने चार भेद किए हैं—

(क) दीर्घ संधि—यदि अ-आ, इ-ई, उ-ऊ के बाद कोई भी सवर्णी स्वर आता है तो दोनों को मिलाकर उसी स्वर का दीर्घ हो जाता है। यह दीर्घ संधि कही जाती है; जैसे—

अ-आ का संयोग—

अ + अ = आ
आ + आ = आ
अ + आ = आ
आ + अ = आ

इ-ई का संयोग—

इ + इ = ई
ई + ई = ई
इ + ई = ई
ई + इ = ई

उ-ऊ का संयोग—

उ + उ = ऊ
ऊ + ऊ = ऊ
उ + ऊ = ऊ
ऊ + उ = ऊ

क्रमानुसार उदाहरण—

(अ + अ = आ)—

क्रम + अंक = क्रमांक, राम + अनुज = रामानुज, धन + अभाव = धनाभाव, वृद्ध + अवस्था = वृद्धावस्था, हिम + अंक = हिमांक, प्रौढ़ + अवस्था = प्रौढ़ावस्था, चरण + अमृत = चरणामृत, धर्म + अर्थ = धर्मार्थ, सार + अंश = सारांश, परम + अर्थ = परमार्थ, शरण + अर्थी = शरणार्थी

(आ + आ = आ)

महा + आशय = महाशय, विद्या + आलय = विद्यालय, वार्ता + आलाप = वार्तालाप, क्रीड़ा + आगार = क्रीड़ागार

(अ + आ = आ)—

हिम + आलय = हिमालय, औषध + आलय = औषधालय, शिष्ट + आचार = शिष्टाचार, लोक + आचार = लोकाचार, सचिव + आलय = सचिवालय, देव + आलय = देवालय, योग + आसन = योगासन, दूर + आगत = दूरागत, वाचन + आलय = वाचनालय, भोजन + आलय = भोजनालय

(आ + अ = आ)—

शिक्षा + अभ्यास = शिक्षाभ्यास, विद्या + अर्थी = विद्यार्थी, राज +

अनुसार=राजानुसार

(इ+इ=ई)—	रवि+इन्द्र	=	रवीन्द्र
	कवि+इन्द्र	=	कवीन्द्र
	गिरि+इन्द्र	=	गिरीन्द्र
	मुनि+इन्द्र	=	मुनीन्द्र
(ई+ई=ई)—	जानकी+ईश	=	जानकीश
	रजनी+ईश	=	रजनीश
	गौरी+ईश्वर	=	गौरीश्वर
	नदी+ईश	=	नदीश
	सती+ईश	=	सतीश
	मही+ईश	=	महीश
	श्री+ईश	=	श्रीश
(इ+ई=ई)—	कपि+ईश	=	कपीश
	कवि+ईश	=	कवीश
	परि+ईक्षा	=	परीक्षा
	मुनि+ईश	=	मुनीश
	गिरि+ईश	=	गिरीश
	हरि+ईश	=	हरीश
	रति+ईश	=	रतीश
(ई+इ=ई)—	सुधी+इन्द्र	=	सुधीन्द्र
	मही+इन्द्र	=	महीन्द्र
	नदी+इन्द्र	=	नदीन्द्र
(उ+उ=ऊ)—	भानु+उदय	=	भानूदय
	गुरु+उपदेश	=	गुरूपदेश
	विष्णु+उदय	=	विष्णूदय
(ऊ+ऊ=ऊ)—	भू+ऊर्जिति	=	भूर्जिति
	भू+ऊर्ध्व	=	भूर्ध्व
	वधू+ऊह	=	वधूह
(उ+ऊ=ऊ)—	लघु+ऊर्मि	=	लघूर्मि
	विधु+ऊह	=	विधूह
(ऊ+उ=ऊ)—	वधू+उत्सव	=	वधूत्सव

गुण संधि—

'अ' या 'आ' के बाद यदि 'इ' या 'ई' आए तो 'ए'; 'उ' या 'ऊ' आए तो 'ओ'

और यदि 'ऋ' आए तो 'अर्' बनता है; जैसे—

(अ + इ = ए)—देव + इन्द्र = देवेन्द्र
उप + इन्द्र = उपेन्द्र
गज + इन्द्र = गजेन्द्र
वीर + इन्द्र = वीरेन्द्र
नर + इन्द्र = नरेन्द्र

(अ + ई = ए)—परम + ईश्वर = परमेश्वर
गण + ईश = गणेश
सुर + ईश = सुरेश
नर + ईश = नरेश
राज + ईश = राजेश

(आ + इ = ए)—महा + इन्द्र = महेन्द्र
राजा + इन्द्र = राजेन्द्र

(आ + ई = ए)—रमा + ईश = रमेश
महा + ईश = महेश

(अ + उ = ओ)—पर + उपकार = परोपकार
सूर्य + उदय = सूर्योदय
मद + उन्मत्त = मदोन्मत्त
छात्र + उपयोगी = छात्रोपयोगी
वार्षिक + उत्सव = वार्षिकोत्सव
पद + उन्नति = पदोन्नति
हरिजन + उद्धार = हरिजनोद्धार
हित + उपदेश = हितोपदेश

(अ + ऊ = ओ)—जल + ऊर्मि = जलोर्मि
सूर्य + ऊष्मा = सूर्योष्मा
पर + ऊह = परोह

(आ + उ = ओ)—गंगा + उदक = गंगोदक
कथा + उपकथन = कथोपकथन
महा + उत्सव = महोत्सव
महा + उदर = महोदर

(आ + ऊ = ओ)—गंगा + ऊर्मि = गंगोर्मि
राजा + ऊह = राजोह
महा + ऊर्मि = महोर्मि

(अ + ऋ = अर्)—

सप्त + ऋषि = सप्तर्षि
ब्रह्म + ऋषि = ब्रह्मर्षि
देव + ऋतु = देवर्तु
राज + ऋषि = राजर्षि

(आ + ऋ = अर्)—

महा + ऋषि = महर्षि

(ग) वृद्धि संधि :—अ, आ के साथ ए, ऐ; ओ, औ आने पर दोनों मिलकर क्रमशः ऐ, औ बन जाते हैं; जैसे—

(अ + ए = ऐ) – एक + एक = एकैक
मम + एक = ममैक
(आ + ऐ = ऐ)— महा + ऐश्वर्य = महैश्वर्य
(अ + ओ = औ)—परम + औषध = परमौषध
वन + औषध = वनौषध
(आ + ओ = औ)— महा + ओषधि = महौषधि
गंगा + ओषधि = गंगौषधि
(आ + औ = औ)—महा + औदार्य = महौदार्य

(घ) यण् संधि :—यण् संधि में इ, ई; उ, ऊ के बाद यदि कोई वर्गइतर शब्द हों, तो वे क्रमशः 'य्' तथा 'व्' बन जाते हैं और बाद का स्वर बना रहता है; जैसे—

(इ + अ = य)—यदि + अपि = यद्यपि
अति + अंत = अत्यंत
अति + अधिक = अत्यधिक
(इ + आ = या)—इति + आदि = इत्यादि
(इ + उ = यु)—प्रति + उपकार = प्रत्युपकार
अति + उक्ति = अत्युक्ति
उपरि + उक्त = उपर्युक्त
अति + उत्तम = अत्युत्तम
(इ + ऊ = यू)—नि + ऊन = न्यून
(इ + ए = ये)—प्रति + एक = प्रत्येक
(इ + ऐ = यै)—अति + ऐश्वर्य = अत्यैश्वर्य
(इ + ओ = यो)—अति + ओज = अत्योज
(इ + औ = यौ)—अति + औदार्य = अत्यौदार्य
(ई + अ = य)—देवी + अर्पण = देव्यर्पण

(ई+आ=या)—देवी+आगमन=देव्यागमन

सखी +आगमन=सख्यागमन

(ई+उ=यु)—देवी +उदय =देव्युदय

(उ+अ=व)—सु +अल्प =स्वल्प

मनु+अन्तर =मन्वन्तर

अनु+अय =अन्वय

धातु+अर्थ =धात्वर्थ

मधु +अरि =मध्वरि

(अ+आ=वा)—सु +आगतम् =स्वागतम्

गुरु+आज्ञा =गुर्वाज्ञा

(उ+ए=वे)—अनु +एषण =अन्वेषण

(उ+ऐ=वै)—बहु +ऐश्वर्य =बह्वैश्वर्य

(ऊ+ऐ=वै)—वधू +ऐश्वर्य =वध्वैश्वर्य

(उ+ई=वी)—अनु +ईक्षण =अन्वीक्षण

(ऊ+आ=वा)—वधू +आगमन =वध्वागमन

'ऋ' के बाद 'ऋ' को छोड़कर कोई दूसरा स्वर आये तो 'ऋ' का 'र' हो जाता है; जैसे—

(ऋ+अ=र)—पितृ +अनुमति=पित्रनुमति

(ऋ+आ=रा)—पितृ +आज्ञा =पित्राज्ञा

(ऋ+उ=रु)—पितृ +उपदेश=पित्रुपदेश

मातृ+उक्ति =मात्रुक्ति

(ऋ+इ=रि)—मातृ +इच्छा =मात्रिच्छा

(च) अयादि संधि—जब 'ए', 'ऐ', 'ओ', 'औ' के पश्चात् कोई भिन्न स्वर आता है और उसके परिणामस्वरूप वह क्रमशः 'अय्', 'आय्', 'अव्', 'आव्' हो जाता है, तब इस प्रकार से उत्पन्न हुए विकार को अयादि संधि कहते हैं; जैसे—

(ए+अ=अय्)—ने +अन =नयन

शे+अन=शयन

जे+अ =जय

(ऐ+अ=आय्)—गै +अक=गायक

नै+अक =नायक

(ऐ+इ=आय्)—शै +इका=शायिका

(ओ+अ=अव्)—भो+अन=भवन

पो +अन=पवन

(औ+उ=आव्)—भौ+उक=भावुक

(औ+अ=आव्)—पौ+अक=पावक

(२) व्यंजन संधि

जब व्यंजन के बाद कोई स्वर या व्यंजन आता है, तब व्यंजन में जो विकार आ जाता है, उसे 'व्यंजन संधि' कहते हैं। व्यंजन संधि को 'हल् संधि' भी कहते हैं। व्यंजन संधि के कई भेद हैं—

(क) व्यंजनों के किसी वर्ग के (क वर्ग, च वर्ग, ट वर्ग, त वर्ग, प वर्ग) बाद यदि किसी वर्ग का पांचवां व्यंजन आये (ङ, ञ, ण्, न्, म्) तो पहले शब्द का अंतिम व्यंजन अपने ही वर्ग का पांचवां व्यंजन हो जाता है—

वाक्+मय =वाङ्मय
जगत्+नाथ=जगन्नाथ
षट्+मास=षण्मास
अप्+मय =अम्मय

(ख) किसी वर्ग के प्रथम व्यंजन के बाद यदि किसी वर्ग का तीसरा (ग, ज, ड, द, ब) या चौथा (घ, झ, ढ, ध, भ) व्यंजन अथवा कोई स्वर या अन्तस्थ वर्ण (य, र, ल, व ये चारों वर्ण) आता है, तो प्रथम व्यंजन अपने वर्ग का तीसरा व्यंजन हो जाता है—

दिक्+दर्शन=दिग्दर्शन
जगत्+ईश =जगदीश
षट्+दर्शन=षड्दर्शन
दिक्+अन्त=दिगन्त
अच्+अन्त=अजन्त
षट्+रिपु=षड्रिपु
भगवत्+गीता=भगवद्गीता

(ग) यदि पहले शब्द के अन्त में किसी वर्ग का पहला व्यंजन हो और दूसरे शब्द के प्रारम्भ में 'ह्' हो तो पहला व्यंजन अपने वर्ग का तीसरा व्यंजन हो जाता है और 'ह्' भी उसी वर्ग का चौथा व्यंजन हो जाता है—

वाक्+हरि=वाग्घरि
तत्+हित=तद्धित
उत्+हत=उद्धत
उत्+हार=उद्धार

(घ) 'त्' या 'द्' के बाद यदि 'ल्' आता है तो 'त्' या 'द्' 'ल्' में बदल जाता है—

उत्+लास=उल्लास

तत् + लीन = तल्लीन

शरद् + लास = शरल्लास

उत् + लेख = उल्लेख

(च) 'त्' या 'द्' के बाद यदि 'श्' हो तो 'त्' या 'द्' का 'च्' हो जाता है और 'श्' 'छ्' में बदल जाता है—

सत् + शास्त्र = सच्छास्त्र

सत् + शासन = सच्छासन

शरद् + शशी = शरच्छशी

उत् + शिष्ट = उच्छिष्ट

तत् + शिव = तच्छिव

(छ) 'म्' के बाद यदि 'क्' से लेकर 'म्' तक कोई व्यंजन हो, तो 'म्' उस व्यंजन का पंचम वर्ण बन जाता है—

ओम् + कार = ओङ्कार

सम् + चय = सञ्चय

सम् + तोष = सन्तोष

सम् + गम = सङ्गम

सम् + कल्प = सङ्कल्प

सम् + पूर्ण = सम्पूर्ण

(ज) 'स्' या तवर्ग के बाद यदि 'श्' या चवर्ग हो तो 'स्' बदलकर 'श्' और तवर्ग क्रमशः चवर्ग हो जाता है—

निस् + शंक = निश्शंक

सत् + जन = सज्जन

उत् + चारण = उच्चारण

(झ) 'स्' के पहले 'अ', 'आ' के अलावा कोई दूसरा स्वर हो, तो 'स्' बदलकर 'ष्' हो जाता है—

नि + सेध = निषेध

अभि + सेक = अभिषेक

वि + सम = विषम

सु + समा = सुषमा

अनु + संगी = अनुषंगी

नि + सिद्ध = निषिद्ध

परि + सद् = परिषद्

(ट) जब, तब, अब, कब हिन्दी के शब्द हैं। यदि इनके बाद 'ही' आता है तब 'ब' का लोप हो जाता है और 'ह्' का 'भ्' बन जाता है—

जब+ही=जभी

तब+ही=तभी

कब+ही=कभी

अब+ही=अभी

(ठ) यहाँ, वहाँ, जहाँ, कहाँ आदि हिन्दी शब्दों के बाद यदि 'ही' आता है तो प्रथम 'ह' का लोप हो जाता है और 'ई' में अनुनासिकता आ जाती है—

यहाँ+ही=यहीं

वहाँ+ही=वहीं

जहाँ+ही=जहीं

कहाँ+ही=कहीं

हिन्दी की अपनी संधियां बहुत कम हैं और उनका भी अभी तक विवेचन नहीं हो पाया है। हिन्दी की संधियों के कुछ और उदाहरण—

यूरोप+एशिया=यूरेशिया

मलाया+एशिया=मलेशिया

भारत+यूरोपीय=भारोपीय

भारत+ईरानी =भारीरानी

(३) विसर्ग संधि

विसर्ग के बाद स्वर या व्यंजन आने से वर्णों में जो विकार आता है, उसे विसर्ग संधि कहते हैं; जैसे—

निः+कपट=निष्कपट

यशः+गान =यशोगान

अतः+एव =अतएव

विसर्ग संधि से संबंधित कुछ खास-खास नियम नीचे दिए जा रहे हैं—

(क) यदि विसर्ग के पहले 'अ' है और बाद में क, ख, प, फ में से कोई वर्ण है, तो विसर्ग ज्यों के त्यों बने रहते हैं—

अधः+पतन=अधःपतन

अन्तः+करण=अन्तःकरण

पयः+फेन =पयःफेन

पयः+पान =पयःपान

पुनः+फलित=पुनःफलित

(ख) यदि विसर्ग के पहले 'इ' या 'उ' है और बाद में क, ख, प, फ में से कोई भी व्यंजन है तो विसर्ग (:) के स्थान पर 'ष' हो जाता है—

निः+कपट = निष्कपट

नि: +फल =निष्फल

नि: +काम =निष्काम

दु: +प्रकृति =दुष्प्रकृति

चतु:+फल: =चतुष्फल:

(ग) यदि विसर्ग के पहले 'अ' है और बाद में पांचों वर्गों के तीसरे, चौथे या पांचव वर्ण या य, र, ल, व, ह में से कोई वर्ण हो, तो 'अ' का 'ओ' हो जाता है—

मन:+ज =मनोज

वय:+वृद्ध =वयोवृद्ध

यश: +अभिलाषी =यशोभिलाषी

अध: +गति =अधोगति

यश:+गान =यशोगान

नभ:+मण्डल =नभोमण्डल

रज:+गुण =रजोगुण

(घ) यदि विसर्ग के बाद च या छ आता है तो विसर्ग (:) का 'श्' और ट्, ठ् हो तो विसर्ग का 'ष्' और त, थ हो तो विसर्ग का 'स्' हो जाता है—

नि:+चल =निश्चल

नि: +छल =निश्छल

नि:+ठुर =निष्ठुर

मन:+ताप =मनस्ताप

(च) विसर्गयुक्त इ, उ के बाद यदि श या स हो तो विसर्ग परिवर्तन वैकल्पिक रहता है—

नि:+संकोच =निस्संकोच या नि:संकोच

नि:+शंक = निश्शंक या नि:शंक

दु:+साहस =दुस्साहस या दु:साहस

नि:+शेष =निश्शेष या नि:शेष

पुर:+सर =पुरस्सर या पुर:सर

नि:+संतान =निस्संतान या नि:संतान

नि: +संदेह =निस्संदेह या नि:संदेह

(छ) यदि विसर्ग के बाद कोई घोष वर्ण हो, तो विसर्ग के स्थान पर 'र' हो जाता है—

दु:+ गुण =दुर्गुण

दु:+मति =दुर्मति

दु:+भाव =दुर्भाव

नि:+गम =निर्गम

नि:+विवाद=निर्विवाद
नि:+आशा=निराशा
नि:+ईक्षण=निरीक्षण
नि:+उत्तर=निरुत्तर
नि:+गुण =निर्गुण
नि:+घोष =निर्घोष
नि:+जन =निर्जन

(ज) 'र' से पहले का 'नि:', 'नो' में बदल जाता है—

नि:+रोग =नीरोग
नि:+रस =नीरस
नि:+रद =नीरद
नि:+रज =नीरज
नि:+रव =नीरव

समास

समास का सामान्य अर्थ 'संक्षेप' या 'सम्मिलन' है। व्याकरण के संदर्भ में भी समास शब्द के ये अर्थ ध्वनित होते हैं। दो या दो से अधिक शब्द इस पद्धति के अनुसार आपस में मिलते हैं और संक्षिप्त रूप धारण करते हैं। संक्षेपीकरण की इस प्रक्रिया में कुछ नियम काम करते हैं। अतः **हम कह सकते हैं कि शब्दों का कुछ नियमों के अनुसार मिलकर एक होना, समास** है। इस प्रक्रिया के द्वारा बने हुए स्वतंत्र-संक्षिप्त शब्द को **सामासिक शब्द** कहते हैं।

कई बार सामासिक शब्दों को पृथक्-पृथक् करके, विभक्तियों, प्रत्ययों, उपसर्गों और अन्य शब्दों के साथ उन्हें पूर्ववत् प्रकट करने की भी स्थितियां आ जाती हैं। **इस प्रसंग में इस प्रक्रिया को विग्रह कहते हैं।**

'माता-पिता' एक सामासिक शब्द है। यह शब्द 'माता और पिता' का संक्षिप्त रूप है। यहां सामासिक शब्द बनने में एक शब्द 'और' का लोप हुआ है और उसके स्थान पर योजक-चिह्न (-) का प्रयोग किया गया है। 'और' शब्द का लोप होने से यहां शब्दों के मूल रूपों में कोई परिवर्तन नहीं हुआ है। कुछ सामासिक शब्दों के मूल रूपों में थोड़ा-बहुत परिवर्तन भी हो जाता है। यदि हम 'पंचमेल' सामासिक शब्द का विग्रह करेंगे तो वह इस प्रकार होगा—'पांच वस्तुओं का मेल'। यहां मूल शब्द 'पांच' और 'मेल' है। शेष शब्द गौण हैं। मूल शब्दों में से एक शब्द 'पांच' सामासिक शब्द में 'पंच' बन गया है।

जब दो या अधिक संस्कृत शब्द आपस में मिलते हैं, तब विभक्ति चिह्न के हटने के बाद, संस्कृत के संधि-नियमों का प्रयोग किया जाता। 'कृष्ण का अवतार'

से यदि सामासिक शब्द बनायेंगे तो 'का' विभक्ति का लोप हो जाएगा और संधि के नियमों के अनुसार शब्द जुड़ जायेंगे जैसे—कृष्ण+अवतार=कृष्णावतार। यहाँ स्वर संधि के नियमानुसार अ+अ=आ हो गया है।

यदि सामासिक शब्द में विभक्ति लगानी पड़े तो सामासिक शब्द के प्रत्येक घटक के साथ उसका प्रयोग नहीं किया जाएगा। 'राम ने तन-मन-धन से अपने माता-पिता की सेवा की।' इस वाक्य में 'तन-मन-धन' के बाद 'से' विभक्ति का और 'माता-पिता' के बाद 'की' विभक्ति का प्रयोग किया गया है। यह विभक्ति का शुद्ध प्रयोग है, इसके स्थान पर यदि हम लिखेंगे—'राम ने तन से-मन से-धन से अपने माता-पिता की सेवा की' तो यह बिगड़ा हुआ अशुद्ध शब्द होगा।

सामासिक शब्द बनने की प्रक्रिया में प्रधानता या तो पहले पद की होगी, या दूसरे पद की, या दोनों ही पदों की प्रधानता होगी अथवा दोनों में से किसी भी पद की प्रधानता नहीं होगी। यहां हम पहले शब्द को **'पूर्वपद'** और दूसरे शब्द को **'उत्तरपद'** कहते हैं।

संधि और समास में अन्तर

संधि और समास दोनों में ही शब्दों का मेल होता है और नया शब्द संक्षिप्त रूप लेता है। अन्तर मेल होने की प्रक्रिया में है। जिन शब्दों में संधि होती है, उनमें वर्णों का योग होता है और जिन शब्दों में समास होता है, उनमें पदों का मेल होता है। संधि में एक शब्द का अंतिम वर्ण, दूसरे शब्द के प्रारंभिक वर्ण से मिलकर नया रूप ले लेता है। समास में दो शब्दों के मध्य में आने वाली कारक विभक्तियों तथा प्रत्ययों आदि का लोप हो जाता है और शब्दों को एक साथ जोड़ दिया जाता है। शब्दों को जोड़ने के लिए कुछ स्थितियों में योजक-चिह्न का प्रयोग करते हैं। कुछ यौगिक शब्दों में संधि और समास की प्रक्रियाएं एक साथ भी होती हैं, जैसे—

शब्द	**संधि-विच्छेद**	**समास-विग्रह**
अनाथालय	अनाथ+आलय	अनाथों के लिए आलय (घर/स्थान)
सर्वोत्कृष्ट	सर्व+उत्कृष्ट	सबमें जो उत्कृष्ट है, वह
पत्रोतर	पत्र+उत्तर	पत्र का उत्तर
पीताम्बर	पीत+अम्बर	(i) पीला है अम्बर जो=पीला वस्त्र (ii) पीला है वस्त्र जिनका=श्रीकृष्ण

समास के भेद

वैसे तो समास छह हैं, लेकिन शब्दों की प्रधानता या अप्रधानता की दृष्टि से उनके चार भेद किये जाते हैं—

(१) पूर्वपद प्रधान—अव्ययीभाव

(२) उत्तरपद प्रधान—(i) तत्पुरुष

(ii) कर्मधारय

(iii) द्विगु

(३) दोनों पद प्रधान—द्वन्द्व

(४) अन्य पद प्रधान—बहुव्रीहि

(१) **अव्ययीभाव**—अव्ययीभाव का अर्थ है—'अव्यय बन जाना' अर्थात् जो अव्यय नहीं था उसका अव्यय बन जाना। अव्ययीभाव समास के दोनों खण्डों में पहला खण्ड अव्यय होता है और समस्त पद बन जाने पर वह प्रधान बन जाता है। सामासिक पद क्रियाविशेषण का कार्य करता है; जैसे—

सामासिक पद	विग्रह
यथाशक्ति	शक्ति के अनुसार
यथाविधि	विधि के अनुसार
यथासमय	समय के अनुसार
यथाक्रम	क्रम के अनुसार
यथारुचि	रुचि के अनुसार
यथानियम	नियम के अनुसार
यथास्थान	स्थान के अनुसार (उचित स्थान पर)

संज्ञा या विशेषण के योग से भी अव्ययीभाव समास बनते हैं—

सामासिक पद	विग्रह
रातोंरात	रात-रात
अनुदिन	दिन-दिन
हाथोंहाथ	एक हाथ से दूसरे हाथ

(२) **तत्पुरुष समास**—जिस सामासिक पद में उत्तरपद प्रधान होता है और पूर्वपद कर्त्ताकारक तथा संबोधनकारक को छोड़कर किसी अन्य कारक का अर्थ दे, लेकिन उस कारक की विभक्ति का प्रयोग न किया जाये; तो वह तत्पुरुष समास कहलाता है; जैसे—

सामासिक शब्द	विग्रह	विभक्ति
गुरुदक्षिणा	गुरु को दी दक्षिणा	'को' (कर्मकारक)
रेखांकित	रेखा से अंकित	'से' (करणकारक)
हितोपदेश	हित के लिए उपदेश	'के लिए' (सम्प्रदान कारक)
पदच्युत	पद से च्युत	'से' अलगाव (अपादान कारक)
राजपुत्र	राजा का पुत्र	'का' (संबंध कारक)
राजकन्या	राजा की कन्या	'की' (,,)
कार्यकुशल	कार्य में कुशल	'में' (अधिकरण कारक)

सामासिक शब्द	विग्रह	विभक्ति
आपबीती	आप पर बीती	'पर' (अधिकरण कारक)

समास विग्रह में प्रयुक्त होने वाले विभक्ति-चिह्नों के आधार पर ही हम तत्पुरुष समास का नाम रख देते हैं; जैसे—

(क) कर्म तत्पुरुष—

सामासिक शब्द	विग्रह
शरणागत	शरण को आया हुआ
स्वर्गप्राप्त	स्वर्ग को प्राप्त
सुखदाता	सुख को देने वाला
परलोकगमन	परलोक को गमन
मतदाता	मत को देने वाला
गिरहकट	गिरह को काटने वाला
स्वर्गगत	स्वर्ग को गया हुआ
माखनचोर	माखन को चुराने वाला

(ख) करण तत्पुरुष—

तुलसीकृत	तुलसी द्वारा कृत (रचित)
रसभरी	रस से भरी हुई
मनचला	मन द्वारा चालित
मुंहमांगा	मुंह से मांगा हुआ
ईश्वरप्रदत्त	ईश्वर द्वारा दिया हुआ
मदान्ध	मद से अन्धा
अश्रुपूरित	आंसुओं से पूरित
गुणयुक्त	गुणों से युक्त
हस्तलिखित	हाथ से लिखी हुई

(ग) सम्प्रदान तत्पुरुष—

देशभक्ति	देश के लिए भक्ति
स्वदेशप्रेम	स्व (अपने) देश के लिए प्रेम
बलिपशु	बलि के लिए पशु
कृष्णार्पण	कृष्ण के लिए अर्पण
हवनसामग्री	हवन के लिए सामग्री
रसोईघर	रसोई के लिए घर

सामासिक शब्द	विग्रह
मार्गव्यय	मार्ग के लिए व्यय
हथकड़ी	हाथ के लिए कड़ी (जंजीर)
जेबघड़ी	जेब के लिए घड़ी
आरामकुर्सी	आराम के लिए कुर्सी
देवोपहार	देवता के लिए उपहार
यज्ञशाला	यज्ञ के लिए शाला

(घ) अपादान तत्पुरुष—

ऋणमुक्त	ऋण से मुक्त
धर्मविमुख	धर्म से विमुख
चरित्रहीन	चरित्र से हीन
पथभ्रष्ट	पथ से भ्रष्ट
कामचोर	काम से भागने वाला
कर्त्तव्यविमुख	कर्त्तव्य से विमुख
देशनिकाला	देश से निकालना
पदमुक्त	पद से मुक्त

(च) सम्बन्ध तत्पुरुष—

जनतंत्र	जनता का तंत्र (शासन)
राजकुमार	राजा का कुमार (बेटा)
सेनानायक	सेना का नायक
प्रजापति	प्रजा का पति (स्वामी)
वनमानुष	वन का मानुष (मनुष्य)
राजभवन	राजा का भवन
मुनिकन्या	मुनि की कन्या
अमचूर	आम का चूरा (चूर्ण)
घरद्वार	घर का द्वार
पनघट	पानी का घाट
राजपूत	राजा का पूत (पुत्र)
बैलगाड़ी	बैल की गाड़ी
घुड़दौड़	घोड़े की दौड़
लोकसभा	लोक (पब्लिक) की सभा
रामकहानी	राम की कहानी

सामासिक शब्द	**विग्रह**
लोकनायक	लोक का नायक
शिवालय	शिव का आलय (मंदिर)
जलधारा	जल की धारा
अमृतधारा	अमृत की धारा
विद्यासागर	विद्या का सागर
प्रेमसागर	प्रेम का सागर
सुखसागर	सुख का सागर
सन्धिपत्र	सन्धि का पत्र
प्रेमपत्र	प्रेम का पत्र

(छ) अधिकरण तत्पुरुष—

वनचर	वन में भ्रमण करने वाला
वनवासी	वन में निवास करने वाला
जलमग्न	जल में मग्न (डूबा हुआ)
आकाशचारी	आकाश में भ्रमण करने वाला
गृहप्रवेश	घर में प्रवेश
कार्यरत	कार्य में रत (लगा हुआ)
ग्रामवास	ग्राम (गांव) में निवास
प्रेममग्न	प्रेम में मग्न
वनवास	वन में वास (रहना)
दानवीर	दान (देने) में वीर (अत्यन्त दानी)
नीतिनिपुण	नीति में निपुण (नीतिज्ञ)
मोहान्ध	मोह में अन्धा
कार्यकुशल	कार्य में कुशल
कानाफूसी	कान में फुसफुसाना

(३) **कर्मधारय समास**—इस समास में पहला पद विशेषण या उपमान होता है और दूसरा पद विशेष्य या उपमेय होता है; जैसे—

सामासिक पद	**विग्रह**
नीलकमल	नीला कमल (नीला है कमल जो)
श्यामघटा	श्याम (काली) घटा
महापुरुष	महान् पुरुष
पीताम्बर	पीला वस्त्र
श्वेताम्बर	सफेद वस्त्र

सामासिक पद	विग्रह
भलामानस	भला (अच्छा) मानस (आदमी)
नीलकंठ	नीला कंठ
दीर्घाकार	दीर्घ (बड़ा) आकार
परमपिता	परम पिता
लालटोपी	लाल टोपी
कालाधन	काला धन
सज्जन	सत् (भला) जन (आदमी)
चन्द्रमुख	चन्द्रमा जैसा मुख
वज्रदेह	वज्र (फौलाद) जैसी देह (शरीर)

विग्रह करते समय इस समास में 'के समान', 'जैसा', 'जो' आदि शब्द आते हैं; जैसे—

चन्द्रमुख	चन्द्रमा जैसा मुख
वज्रकाया	वज्र के समान काया
पीतवस्त्र	पीला है वस्त्र जो

(४) **द्विगु समास**—इस समास में पहला पद (पूर्वपद) संख्यावाचक होता है और दूसरा पद (उत्तरपद) प्रधान होता है। इस समास में समस्तपद किसी समूह या समाहार का बोध कराता है; जैसे—

सामासिक पद	विग्रह
त्रिकाल	तीनों कालों का समूह
अष्टसिद्धि	आठ सिद्धियों का समूह
नवरस	नौ रसों का समूह
त्रिकोण	तीन कोणों का समूह
त्रिभुवन	तीनों लोकों (स्वर्ग, पृथ्वी, पाताल) का समूह
त्रिस्थली	तीन स्थानों (काशी, गया, प्रयाग) का समूह
चौमासा	चार महीनों का समूह (आषाढ़, श्रावण, भाद्रपद और आश्विन)
त्रिफला	तीन फलों का समाहार
चवन्नी	चार आनों का समाहार

(५) **द्वन्द्व समास**—द्वन्द्व समास में दोनों पद प्रधान होते हैं और विग्रह करते समय 'और', 'या', 'अथवा', 'व' का प्रयोग होता है; जैसे—

राम-सीता	राम और सीता
तन-मन	तन और मन
सुख-दुःख	सुख या दुःख
लाभ-हानि	लाभ व हानि

द्वन्द्व समास के तीन भेद होते हैं—

(क) **इतरेतर द्वन्द्व**—विग्रह करते समय 'और' 'व' 'तथा' 'आदि' समुच्चय बोधक शब्द आते हैं। दोनों शब्द प्रधान तो होते ही हैं, साथ ही दोनों संज्ञा भी होते हैं; जैसे—

ऋषि-मुनि	ऋषि और मुनि
गाय-बैल	गाय और बैल
नाक-कान	नाक और कान
राम-भरत-लक्ष्मण	राम, भरत और लक्ष्मण

वैकल्पिक द्वन्द्व—परस्पर विरोधी पदों का मेल होता है और अक्सर **'वा'**, **'या'** (विकल्पसूचक) का लोप रहता है; जैसे—

पाप-पुण्य	पाप व पुण्य
दिन-रात	दिन व रात
जात-कुजात	जात अथवा कुजात
हानि-लाभ	हानि या लाभ
सत्यासत्य	सत्य या असत्य
धर्माधर्म	धर्म अथवा अधर्म
ऊंच-नीच	ऊंचा या नीचा
कर्त्तव्याकर्त्तव्य	कर्त्तव्य व अकर्त्तव्य

समाहार द्वन्द्व —जिस सामासिक शब्द में वास्तविक अर्थ के साथ-साथ अन्य अर्थ भी सूचित हो, जैसे—

सेठ-साहूकार	सेठ और साहूकार
भूल-चूक	भूल, चूक, गलती, कमी आदि
घर-बार	घर, जमीन, परिवार आदि
रुपये-पैसे	रुपये, धन, गहने आदि
सगे-सम्बन्धी	भाई, बहन, सम्बन्धी आदि

(६) **बहुव्रीहि समास**—इस समास में कोई भी पद प्रधान नहीं होता। सामासिक शब्द किसी अन्य शब्द की विशेषता बताते हैं; अर्थात् वे अपने शाब्दिक अर्थ छोड़कर किसी भिन्न अर्थ का बोध कराते हैं; जैसे—

दशानन—दस+आनन=दस आनन (मुंह) है जिसके अर्थात् **रावण**

चतुरानन	चार मुंह है जिनके अर्थात् ब्रह्मा
गजानन	हाथी के समान मुंह वाला अर्थात् गणेश
गंगाधर	वह जो गंगा को धारण करे अर्थात् शिव
चन्द्रभाल	चन्द्रमा है भाल पर जिसके अर्थात् शिव
लम्बोदर	लम्बा है उदर जिसका अर्थात् गणेश
नीलकंठ	नीला है कंठ जिसका अर्थात् महादेव
वीणापाणि	वीणा है हाथ में जिसके अर्थात् सरस्वती
गिरिधर	गिरि को धारण करने वाला अर्थात् श्रीकृष्ण
मक्खीचूस	मक्खी को चूसने वाला अर्थात् कंजूस
खटमल	खाट को मैला करने वाला एक कीट विशेष
तिलचट्टा	तेल को चाटने वाला कीट विशेष

यह बात स्मरणीय है कि अर्थ बदलने पर समास भी बदल जाता है; जैसे—

पीताम्बर	पीला वस्त्र	(कर्मधारय समास)
पीताम्बर	पीला है वस्त्र जिनका अर्थात् श्रीकृष्ण	(बहुब्रीहि समास)
नीलकंठ	नीला कंठ	(कर्मधारय)
नीलकंठ	नीला है कंठ जिसका अर्थात् महादेव	(बहुब्रीहि समास)
कमलनयन	कमल के समान सुन्दर नेत्र	(कर्मधारय समास)
कमलनयन	कमल के समान नेत्र हैं जिसके अर्थात् विष्णु/राम/कृष्ण	(बहुब्रीहि समास)

सार रूप में ध्यान देने योग्य बातें—

(१) प्रयोग के आधार पर एक ही शब्द में एक से अधिक समास हो सकते हैं।

(२) विभक्ति का प्रयोग सामासिक शब्द के अन्त में किया जाता है।

(३) सामासिक पदों में कई परिवर्तन हो जाते हैं।

(क) ईकारान्त शब्दों के अन्त में 'क' जुड़ जाता है; जैसे—

सपत्नीक	पत्नी के सहित
सस्त्रीक	स्त्री के लिए

(ख) कुछ शब्दों की मात्राओं में परिवर्तन हो जाता है; जैसे—

'राजा' का 'राज' हो जाता—

राजा का पुत्र=राजपुत्र	(तत्पुरुष)
पांच आनन हैं जिसके=पंचानन	(बहुब्रीहि)
नव (नौ) रात्रियों का समूह=नवरात्र	(द्विगु)
आंखों (अक्षियों) के सामने (सम्)=समक्ष	(अव्ययीभाव)

मुहावरे

अंग्रेजी के 'इड्-इ-ॲम' शब्द के लिए हिन्दी में 'मुहावरा' शब्द का प्रयोग किया जाता है। यह 'मुहावरा' शब्द उर्दू के माध्यम से हिन्दी में आया है। मूल रूप से यह शब्द अरबी भाषा का है। इसका फारसी रूप 'मुहावरः' मिलता है। उर्दू में लिखा तो 'मुहावरः' ही जाता है लेकिन पढ़ा जाता है 'मुहावरा'।

संस्कृत में इसके लिए कोई पृथक् शब्द नहीं मिलता। हां, मुहावरों का प्रयोग संस्कृत में होता अवश्य है। 'वाग्रीति', 'वाग्वृति', 'भाषा-सम्प्रदाय' आदि कुछ शब्दों का प्रयोग इस शब्द के लिए किया जा रहा है। कुछ विद्वानों का कहना है कि संस्कृत साहित्य में इस अर्थ में इन शब्दों का प्रयोग कहीं नहीं हुआ है और उनके अनुसार ये बनाए हुए शब्द हैं।

किसी बात को सामान्य ढंग से कहने के लिए सामान्य शब्द और सामान्य वाक्य-रचना का प्रयोग किया जाता है। जब बात को असरदार ढंग से कहने की जरूरत होती है या उसमें वैशिष्ट्य और चमत्कार लाना पड़ता है तब भाषा का सामान्य प्रयोग साथ नहीं देता, ऐसी स्थिति में लीक से हटकर विशिष्ट प्रयोग की शरण लेनी पड़ती है। ऐसे प्रयोगों से कहने वाला जो कुछ कहना चाहता है, वह सब कुछ कह डालता है और सुनने वाले को वह जो कुछ संप्रेषित करना चाहता है, वह काम भी पूरा हो जाता है। मान लीजिए किसी व्यक्ति को हम कोई बात समझाना चाहते हैं। बार-बार समझाने पर भी उसकी समझ में बात नहीं आती। खिन्न होकर यदि हम कहें—"तुम्हारी बुद्धि कमज़ोर है, तुम्हारी समझ में छोटी-सी बात भी नहीं आती", तो कथन में उतनी चुभन नहीं होगी जितनी चुभन इसी बात को इस ढंग से कहने में होगी—"तुम भी पूरे मिट्टी के माधो हो; तुम्हारे दिमाग में कोई बात घुसती ही नहीं!" समझ लीजिए, ऐसी ही परिस्थितियों में मुहावरा जन्म लेता है। यह मुहावरा किसी भी कथन में मर्मभेदी चुभन भर देता है। कई बार तो कथनों में ऐसे मर्मांतक भाव छिपे रहते हैं कि सुनने वाला तिलमिला उठता है।

मुहावरों से लेखक तथा वक्ता की भाषा में जान पड़ जाती है। यह ध्यान में

रखने योग्य है कि उनका सही संदर्भों में प्रयोग हो।

मुहावरों का प्रयोग बहुत व्यापक है। सभी वर्ग और सभी क्षेत्रों के लोग इसका प्रयोग करते हैं। अध्यापक, विद्यार्थी, प्रतियोगी तथा वक्ताओं के लिए मुहावरों का विशेष महत्त्व है। हिन्दी में मुहावरों की विशिष्ट परम्परा है। इस समय मुहावरों के कई बृहत् कोश हिन्दी में उपलब्ध हैं। हमने प्रस्तुत अध्याय में बहुप्रचलित मुहावरों का चयन किया है। प्रत्येक मुहावरे के सामने ही उसका सामान्य अर्थ दिया गया है। पथ-प्रदर्शन के लिए प्रत्येक मुहावरे का वाक्य में प्रयोग किया गया है। इस बात की पूरी कोशिश की गई है कि वाक्य के साथ मुहावरे का अर्थ पूरी तरह स्पष्ट हो जाए। समान अर्थ वाले मुहावरों को एक साथ रखने का प्रयत्न किया गया है। आशा है यह प्रयास सभी के लिए उपयोगी सिद्ध होगा।

१. **अंक भरना**—लिपटा लेना, गोद में भर लेना।
प्रयोग—पिता ने अंक भरकर पुत्री को विदा किया।

२. **अंकुश रखना**—नियंत्रण में रखना, स्वतंत्रता न देना।
प्र०—यदि बच्चों पर अंकुश न रखा जाए तो वे बिगड़ भी सकते हैं।

३. **अंग-अंग टूटना**—अंग टूटना या अंग टूट जाना। अंजर-पंजर ढीले होना।
प्र०—कल सारे दिन घर की सफाई करता रहा और आज अंग-अंग टूट रहे हैं।

४. **अंग-अंग फूले न समाना/अंग फूले न समाना/फूला न समाना**—बहुत खुश होना।
प्र०—परीक्षा में प्रथम श्रेणी में उत्तीर्ण होने पर उनके अंग-अंग फूले न समा रहे थे।

५. **अंग बनना**—अपना बनना, सदस्य बनना
प्र०—अब मैं इस संस्था का अंग बन गया हूं।

६. **अंगारे बरसना**—१. कड़ी धूप पड़ना, तेज धूप होना। २. जली-कटी बातें कहना। ३. दैवी आपत्ति आना।
प्र०—१. जून के महीने में मैदानी भागों में अंगार बरसने लगते हैं।
२. तुम्हारी सास के भी क्या कहने! उनके मुंह से तो रात-दिन अंगार बरसते हैं।
३. अपने तो भाग्य ही खराब हैं; जब देखो मुझपर अंगार बरसते रहते हैं।

७. **अंगारे उगलना**—कठोर वचन कहना, जली-कटी सुनाना।
प्र०—अरे भाई, हर समय ये अंगारे क्यों उगलते रहते हो? कभी तो शान्ति से बात कर लिया करो!

८. अंगारों पर पैर रखना—१. जान-बूझकर मुसीबत मोल लेना।
२. खतरे का काम करना।

प्र०—१. तुम जैसे मूर्ख लोग ही अंगारों पर पैर रखने की बुद्धिमानी कर सकते हैं।

२. अभी तुम्हारी नौकरी को लगे हुए थोड़े ही दिन हुए हैं; अंगारों पर पैर रखना ठीक नहीं है।

९. अंगुली करना—तंग करना, परेशान करना।

प्र०—अगर आप बार-बार इसी तरह से अंगुली करते रहोगे तो मैं आपके साथ काम नहीं कर सकूंगा।

१०. अंगूठा दिखाना—१. ऐन मौके पर मना कर देना। २. चिढ़ाना।

प्र०—१. सच्चा मित्र संकट के समय अंगूठा नहीं दिखाता बल्कि मदद करने के लिए आगे आता है।

२. सब समय का फेर है; कल तक जो मेरे आगे-पीछे चक्कर लगाते थे, वे आज मुझे अंगूठा दिखा रहे हैं।

११. अंजर-पंजर ढीला करना—१. खूब मारना। २. थका देना। ३. जीर्ण-शीर्ण कर देना।

प्र—१. पुलिस वालों ने आज उस बदमाश के अंजर-पंजर ढीले कर दिये हैं।

२. इस चढ़ाई के रास्ते ने तो मेरे अंजर-पंजर ढीले कर दिये हैं।

३. आपने इस स्कूटर की ठीक ढंग से देख-भाल नहीं की है; एक साल में ही इसके अंजर-पंजर ढीले कर दिये हैं।

१२. अंजाम देना—पूरा करना।

प्र०—देखो दोस्त, वायदा तभी करना यदि उसे अंजाम भी दे सको।

१३. अंड-बंड कहना—बुरा-भला कहना, गाली देना।

प्र०—जरा मुंह संभालकर बात करो, क्या अंड-बंड कह रहे हो!

१४. अंत करना—१. समाप्त करना। २. नष्ट करना। ३. अति कर देना, हद कर देना।

प्र०—१. तेरी जली-कटी बातों का ही यह नतीजा हुआ है कि फूल-सी कोमल बहू ने अपने जीवन का अंत कर दिया।

२. तुम्हारे कारनामों से तुम्हारे पूज्य पिता के यश का अंत हो रहा है।

३. बस, अब अन्त न करो। हर चीज की कोई सीमा होती है।

१५. अन्त न पाना/पार न पाना—रहस्य न जान पाना, समझ न पाना।

प्र०—बड़े-बड़े ऋषि-मुनि भी ईश्वर की महिमा का अन्त न पा सके।

१६. **अन्तिम घड़ियां गिनना**—अन्तिम सांस गिनना, अन्तिम सांस लेना।
प्र०—अब उनके बचने की कोई आशा नहीं है; बिस्तर पर पड़े अपने जीवन की अन्तिम घड़ियाँ गिन रहे हैं।

१७. **अंधे की लकड़ी/अंधे की लाठी**—बुढ़ापे में एक ही सहारा।
प्र०—कल जिस युवक की दुर्घटना में मृत्यु हुई, वही अपने मां-बाप के जीवन की अंधे की लाठी था।

१८. **अंधे के हाथ बटेर लगना**—मूर्ख या अयोग्य व्यक्ति को अनायास कुछ ऐसा मिल जाना, जिसका पात्र वह न हो।
प्र०—अरे, उस निकम्मे और आलसी लड़के को इतनी अच्छी नौकरी मिल गयी ! हाँ, कभी-कभी अंधे के हाथ भी बटेर लग जाती है।

१९. **अँधेरे घर का उजाला/अँधेरे घर का दीपक**—इकलौता बेटा।
प्र०—अच्छा हो या बुरा, यही लड़का इस अँधेरे घर का उजाला है।

२०. **अँधेरे में रखना**—(किसी को) ठीक स्थिति न बताना।
प्र०—जो बात कहनी हो उसे साफ कह दिया करो; किसी को अँधेरे में रखना ठीक नहीं है।

२१. **अक्ल का दुश्मन**— बेवकूफ, मूर्ख।
प्र०—तुम भी तो अक्ल के दुश्मन हो; जवान बेटों के साथ कहीं ऐसा व्यवहार किया जाता है।

२२. **अक्ल की गठरी**—मूर्ख।
प्र०—वाह, चाय के बाद लस्सी पी रहे हो, तुम सचमुच अक्ल की गठरी हो।

२३. **अक्ल के घोड़े दौड़ाना**—१. अटकलें लगाना, अन्दाज लगाना, कल्पना करना। २. बहुत दूर तक सोचना।
प्र०—१. अक्ल के घोड़े दौड़ाने में बीरबल बड़ा तेज था।
२. अक्ल के घोड़े दौड़ाने पर शायद तुम्हें इस समस्या का कोई हल मिल जाये।

२४. **अक्ल के पीछे लट्ठ लिये फिरना/अक्ल के पीछे लाठी लिये फिरना**—बिना अक्ल के काम करना, मूर्खता करना, समझाने पर भी उल्टा काम करना, मूर्खता से बाज न आना।
प्र०—श्रीमान् जी, यह काम ऐसे नहीं होगा जैसे तुम कर रहे हो। तुम तो अक्ल के पीछे लट्ठ लिये फिर रहे हो।

२५. **अक्ल चरने चली जाना**—बुद्धि का काम न करना, बेवकूफी कर बैठना।
प्र०—तुम इतना सरल प्रश्न भी नहीं समझ सके; क्या अक्ल चरने चली गयी थी ?

२६. **अक्ल दंग रह जाना/अक्ल दंग होना**--चक्कर में पड़ना, आश्चर्यचकित हो जाना।

प्र०—ताजमहल के सौन्दर्य को देखकर मेरी अक्ल दंग रह गयी।

२७. **अक्ल पर ईंट/पत्थर/परदा पड़ना**—बुद्धि से काम न करना, कुछ समझ में न आना, अक्ल खराब हो जाना।

प्र०—कितनी बार तुम्हें समझा चुका हूँ; तब भी तुम्हारी समझ में नहीं आ रहा है। लगता है तुम्हारी अक्ल पर ईंट पड़ गयी है।

२८. **अक्ल मारी जाना**—१. घबरा जाना, कुछ समझ में न आना।
२. मूर्ख होना, अक्ल न रहना।

प्र०—१. मुझे यह मकान नहीं खरीदना चाहिए था; सचमुच मेरी अक्ल मारी गयी।
२. उसकी तो अक्ल मारी गयी है; वह इस काम को नहीं कर सकता।

२९. **अखरने लगना**—१. बुरा लगना।
२. बोझ लगना।

प्र०—१. कभी-कभी पिता की जली-कटी बातें पुत्र को अखरने लगती हैं।
२. गर्मियों में, मसूरी में अत्यधिक मेहमानों का आना अखरने लगता है।

३०. **अगर-मगर करना**—१. बेकार बकवाद करना।
२. टाल-मटोल करना।

प्र०—१. विद्वानों के सामने ऐसे विषयों पर अगर-मगर करना व्यर्थ है।
२. अगर-मगर करने से काम नहीं चलेगा, जल्दी पैसे निकालो।

३१. **अटकलपच्चू हाँकना**—मनगढ़ंत या अनुमान से लम्बी-चौड़ी बातें करना।

प्र०—प्रश्न के अनुसार ही उत्तर दें; अटकलपच्चू हाँकने से कोई लाभ नहीं

३२. **अठखेलियाँ सूझना**—मस्ती सूझना, मजाक सूझना, मौज-मजा करना।

प्र०—अरे भैया, कभी तो मन लगाकर काम कर लिया करो; तुम्हें तो हर समय अठखेलियाँ ही सूझा करती हैं।

३३. **अड़चन डालना**—रुकावट डालना।

प्र०—कुछ लोग ऐसे बुरे स्वभाव के होते हैं कि बिना कारण दूसरों के काम में अड़चन डालते रहते हैं; यह अच्छी आदत नहीं है।

३४. **अड़ियल टट्टू**—रुक-रुककर काम करने वाला।

प्र०—अपना तो ऐसे अड़ियल टट्टू से वास्ता पड़ा है कि इस साल तो काम पूरा हो ही नहीं सकता।

३५. **अधर में लटकना/अधर में पड़ना/अधर में झूलना**—१. अधूरा रह जाना।

२. दुविधा में पड़ना।

प्र०—१. मेरी इस पुस्तक का काम अधर में लटका पड़ा है; आप **थोड़ी** मदद कर दें तो जल्दी ही पूरा हो जायेगा।

२. किसलिए अधर में झूल रहे हो? जो करना हो, जल्दी कर डालो।

३६. अनबन रहना—न पटना, विचारों में मेल न खाना।

प्र०—जिस परिवार में पति-पत्नी में अनबन रहती है; उसमें कभी शान्ति नहीं रहती।

३७. अपना उल्लू सीधा करना—अपना काम निकालना।

प्र०—अब तो तुमने अपना उल्लू सीधा कर लिया है; अब हमसे क्यों बात करोगे!

३८. अपना रास्ता लेना—अपना काम करना।

प्र०—आप अपना रास्ता लीजिए, हमारे बीच में न पड़ें।

३९. अपना-सा मुँह लेकर रह जाना—(मुकाबले में हारकर) शर्मिन्दा हो जाना।

प्र०—वह बार-बार मुझसे पैसे उधार लेता था; आज मैंने ऐसी लगती बात कह दी कि बेचारा अपना-सा मुँह लेकर रह गया।

४०. अपना सोना खोटा होना—अपने व्यक्ति या अपनी वस्तु में दोष होना।

प्र०—यहाँ तो अपना ही सोना खोटा है; फिर उसकी नौकरी के लिए किससे बात करूँ?

४१. अपनी खिचड़ी अलग पकाना—सबके साथ न चलकर अलग रहना।

प्र०—अगर ये नेता लोग अपनी खिचड़ी अलग पकाएँगे तो देश की प्रगति कैसे होगी?

४२. अपनी चलाना/अपनी गाना/अपनी ओसाना/अपनी ओटना/अपनी हाँकना—अपनी ही बात करते जाना और दूसरों की न सुनना।

प्र०—अरे भाई साहब, हमारी बात भी तो सुन लीजिए; आप तो अपनी ही चला रहे हैं।

४३. अपने तक रखना—किसी से न कहना।

प्र०—जिस बात का जिक्र मैंने आपसे किया है, उसे अपने तक ही रखिए।

४४. अपने पाँव में आप कुल्हाड़ी मारना—जान-बूझकर अपने ऊपर मुसीबत लेना।

प्र०—आप अपने बॉस से झगड़कर अपने पाँव में कुल्हाड़ी मार रहे हैं।

४५. अपने पैरों पर खड़ा होना:—स्वावलम्बी होना।

प्र०—मैं अपने बेटे की शादी तभी करूँगा जब वह अपने पैरों पर खड़ा हो जाएगा।

४६. अपने मुँह मियाँ मिट्ठू बनना—अपनी बड़ाई आप करना।

प्र०—अपने मुँह मियाँ मिट्ठू बनने से **क्या लाभ है? बात तो तब है जब**

दूसरे लोग भी तुम्हारी बड़ाई करें।

४७. **अपने हाथों कब्र खोदना/अपने हाथों कुआँ खोदना**—अपनी मृत्यु का स्वयं कारण बनना।

प्र०—नशीली चीजें आपके लिए अत्यंत हानिकारक हैं। उनका सेवन करके आप अपने हाथों **अपनी** कब्र खोद रहे हैं।

४८. **अभय दान देना**—रक्षा का वचन देना।

प्र०—जब आपके अधिकारी ने आपको अभय दान दे दिया है, तब आप डर क्यों रहे हैं?

४९. **अरमान दिल में रह जाना**—मन की बात मन ही में रह जाना।

प्र०—सेना में अधिकारी बनने की इच्छा थी, पर अरमान दिल में ही रह गया।

५०. **अल्लाह को प्यारा हो जाना**—मर जाना।

उस बेचारे को ऐसी बीमारी लगी कि ठीक ही नहीं हो पाया और अन्त में अल्लाह को प्यारा हो गया।

५१. **आँख का अंधा गाँठ का पूरा**—धनवान किन्तु बेवकूफ।

प्र०—उस आदमी के पास यदि पैसे फँस गए तो फिर नहीं मिलेंगे, कोई आँख का अंधा और गाँठ का पूरा ही मदद करेगा।

५२. **आँख दिखाना**—क्रोध करना, बिगड़ना।

प्र०—आप बात-बात में क्यों मुझे आँख दिखाते हैं! नौकर बना लिया है क्या?

५३. **आँख मारना**—इशारा करना।

प्र०—मेरे आँख मारते ही तुम मीटिंग में से उठकर बाहर आ जाना।

५४. **आँख लगना**—१. नींद आना।
२. प्रेम होना।

प्र०—मैं रात को देर तक जागता रहा, तुम दोनों की तो आँख लग गयी थी।

२. आजकल रोज उनके घर के चक्कर लगा रहे हो, लगता है उनसे आँख लग गयी है।

५५. **आँख से ओझल होना**—गायब होना, कहीं दूर चला जाना।

देखते ही देखते मित्र विमान आँखों से ओझल हो गया।

५६. **आँखें ऊँची न होना/आँख ऊपर न उठाना**—शर्म से गड़ जाना।

प्र०—जिस दिन से उसने मेरे साथ दुर्व्यवहार किया, उसकी आँखें ऊँची नहीं होतीं।

५७. **आँखें खुल जाना/आँखें खुलना**—

१. ज्ञान होना।

२. चौकन्ना हो जाना।

३. सोकर उठना।

प्र०—१. आज की घटना से हम सबकी आँखें खुल गईं।

२. जब सारा घर लुट गया, तब आपकी आँखें खुलीं।

३. सुबह ठीक पाँच बजे मेरी आँखें खुल जाती हैं।

५८. **आँखें चार होना/आँख चार होना/नजर से नजर मिलना**—

प्र०—एक दूसरे को देखना (पहली बार)

आँखें चार होते ही युवक-युवती में प्यार शुरू हो गया।

५९. **आँखें डबडबाना**—आँखों में आँसू भर आना।

प्र०—एक गरीब बच्चा रो-रोकर अपनी माँ से रोटी माँग रहा था। इस दृश्य को देखकर मेरी आँखें डबडबा गईं।

६०. **आँखें बदलना**—रुख बदलना।

प्र० दुःख की घड़ी में कोई साथनहीं देता, निजी दोस्त भी आँखें बदलने लगते हैं।

६१ **आँखें बिछाना**—तत्परता से स्वागत करना।

प्र०—अतिथि के स्वागत के लिए सभी परिवार जनों ने आँखें बिछा दीं।

६२. **आँखें नीची होना**—लज्जित होना।

प्र०—बेटी, तुम अब नया घर बसा रही हो, ऐसा कोई काम मत करना जिससे माता-पिता की आँखें नीची हों।

६३. **आँखें लड़ाना**—१. प्रेम हो जाना।

२. देखा-देखी होना।

प्र०—१. उन दोनों की आँखें लड़ गई हैं; हमें क्या आपत्ति?

२. सीधे चलिए; इधर-उधर आँखे लड़ाओगे तो किसी से टक्कर हो जाएगी।

६४. **आँखों का काँटा होना**—दुश्मन होना।

प्र०—आप उसकी आँखों के काँटे क्यों हो रहे हैं? इसका नतीजा अच्छ नहीं होगा।

६५. **आँखों का तारा**—अत्यंत प्रिय।

प्र०—वह अपने माँ-बाप का इकलौता बेटा है, इसलिए उनकी आँखों का तारा हैं।

६६. **आँखों क आगे अँधेरा छा जाना या छाना**—

१. संसार सूना दिखाई पड़ना।

२. कमजोरी या अधिक कष्ट के कारण साधारण बेहोशी आ जाना।

प्र०—१. पति की मृत्यु से पत्नी की आँखों के आगे अँधेरा छा गया।
२. ऐसा थप्पड़ मारूँगा कि आँखों के आगे अँधेरा छा जाएगा।

६७. **आँखों में खून उतरना**—गुस्से से आँखों का लाल होना।
प्र०—इस आदमी को देखते ही मेरी आँखों में खून उतरने लगता है।

६८. **आँखों में चरबी छाना**—घमण्ड में चूर होना।
प्र०—लगता है पिता की सम्पत्ति हाथ लग जाने से इनकी आँखों में चरबी छा गई है; तभी तो इतना बढ़-चढ़कर बातें कर रहे हैं।

६९. **आँखों में धूल झोंकना**—१. धोखा देना।
२. चालबाजी से हानि करना।
प्र०—१. तुम मेरी आँखों में धूल नहीं झोंक सकते हो।
२. आँखों में धूल झोंककर उसने अपने भाइयों की सारी सम्पत्ति हड़प ली।

७०. **आँखों में बसना**—आँखों में जगह करना, किसी के दिल में सम्मान की जगह पाना।
प्र०—कुछ नेता जनता की भलाई के काम करते हैं, इसलिए उनकी आँखों में बस जाते हैं।

७१. **आँखों में रात काटना**—रात-भर जागते रहना।
प्र०—रात बच्चे की तबीयत खराब हो गई थी, इसलिए आँखों में रात कटी।

७२. **आँखों में सरसों फूलना**—बहुत खुश होना।
प्र०—भारतीय प्रशासनिक सेवा (आई० ए० एस०) में चयन हो जाने से उसकी आँखों में सरसों फूल गई।

७३. **आँखों से ओझल होना**—सामने से गायब होना।
प्र०—तुम आँखों से ओझल हो सकते हो, लेकिन तुम्हारी याद मुझे हमेशा आती रहेगी।

७४. **आँच न आने देना**—जरा भी क्षति न पहुँचने देना।
प्र०—हमारे सभी अफ़सर बहुत अच्छे हैं, वे अपने कर्मचारियों पर आँच नहीं आने देते।

७५. **आँधी के आम**—बहुत सस्ती वस्तु।
प्र०—इन चीजों को आँधी के आम न समझो; इन पर बहुत पैसा खर्च हुआ है।

७६. **आँसू का घूँट पीकर रह जाना/आँसू पीकर रह जाना**—हृदय का दुःख प्रकट न करना।
प्र०—उस दिन आपने मेरे साथ जो व्यवहार किया उससे मुझे बेहद दुःख

हुआ और मैं आँसू का घूंट पीकर रह गया।

७७. आँसू पोंछना—दिलासा देना, सांत्वना देना।

प्र०—सरकार ने कर्मचारियों के वेतन में थोड़ी-सी वृद्धि करके उनके आँसू पोंछ दिये हैं।

७८. आँसू बहाना—रोना।

प्रयोग—जो होना था, वह तो हो गया; अब व्यर्थ में आँसू बहाने से कोई लाभ नहीं।

७९. आइने में मुँह देखना—अपनी औकात पर गौर करना।

प्र०—मेरे साथ शादी करने से पहले आइने में मुँह देख लो।

८०. आकाश के तारे तोड़ लाना—असंभव कार्य को संभव कर डालना।

प्रयोग—तुम्हारी खुशी के लिए मैं आकाश के तारे तोड़कर ला सकता हूँ।

८१. आकाश-पाताल एक कर देना—कोशिश करने में कोई कमी न छोड़ना।

प्र०—आप चिन्ता न करें; आपका काम करवाने के लिए मैं आकाश-पाताल एक कर दूंगा।

८२. आकाश से बातें करना—बहुत ऊँचा होना।

प्र०—हिमालय की हिममंडित चोटियाँ आकाश से बातें करती हैं।

८३. आकाश-पाताल का अन्तर होना—बहुत बड़ा अन्तर होना।

प्र०—तुम्हारी पार्टी और मेरी पार्टी के सिद्धान्तों में आकाश-पाताल का अन्तर है।

८४. आग उगलना—१. जोशीला और बगावत की भावना से भरा हुआ भाषण देना।
२. गोले बरसाना।
३. असह्य बातें करना।

प्र०—१. विरोधी दल के नेता सभा में बोलते समय आग उगल रहे थे।
२. युद्ध जारी था; हमारी फौज की तोपें आग उगल रही थीं।
३. जब भी मैं तुम्हारे पास आता हूँ, तुम आग उगलने लगते हो।

८५. आग-बबूला होना—अत्यन्त क्रोधित होना।

प्र०—मैं उनके पास नहीं जाऊँगा। मुझे देखते ही वे आग-बबूला हो जाएँगे और सारा काम बिगड़ जायेगा।

८६. आग में घी डालना/आग पर घी डालना—क्रोध को और बढ़ाना।

प्र०—अब तक मामला शान्त भी हो जाता; लेकिन तुमने यहाँ आकर आग में घी डाल दिया जिससे भीड़ बेकाबू हो गयी।

८७. आग लगने पर कुआँ खोदना—मुसीबत सामने आने पर उसके निवारण का उपाय करना।

प्र०—सारा साल बीत गया है, लेकिन तुमने परीक्षा की कोई तैयारी नहीं की। अब परीक्षा सिर पर आ गयी है तो तुम आग लगने पर कुआँ खोदने चले हो।

८८. **आगा-पीछा करना**—हिचकिचाना।

प्र०—जिस काम को करना है, उसे तुरन्त कर डालना चाहिए; आगा-पीछा करने से उसमें बिगाड़ आ सकती है।

८९. **आटे-दाल का भाव मालूम होना**—होश ठिकाने आ जाना।

प्र०—अभी तो तुम बाप की कमाई खा रहे हो; जब स्वयं कमाना पड़ेगा तब आटे-दाल का भाव मालूम हो जायेगा।

९०. **आधा तीतर, आधा बटेर**—जिसमें एकरूपता या सामंजस्य न हो।

प्र०—वे तो कभी इधर की बातें करते हैं, कभी उधर की। उनका कोई भरोसा नहीं; वे तो आधा तीतर, आधा बटेर हैं।

९१. **आन की आन में**—तत्काल, देखते-ही-देखते।

प्र०—जुआ खेलना भी कितनी बुरी बात है; लोग आन की आन में लाखों रुपये बरबाद कर देते हैं।

९२. **आपे से बाहर होना**—क्रोध में अपने ऊपर नियंत्रण न रख पाना।

प्र०—शर्मा जी ने अपने सहायक से केवल इतना कहा था कि आप समय पर दफ्तर आया करें, लेकिन उन्हें यह टुकाई इतनी बुरी लगी कि वे आपे से बाहर हो गये और न जाने क्या-क्या कहने लगे!

९३. **आवाज उठाना/आवाज बुलन्द करना**—विरोध या प्रतिवाद करना।

प्र०—भ्रष्ट प्रशासन के खिलाफ जब तक जनता आवाज नहीं उठायेगी, तब तक उसमें सुधार होने की संभावना नहीं है।

९४. **आसमान सिर पर उठाना**—बहुत शोर-गुल करना।

प्र०—आपके बच्चों ने आज सुबह से ही आसमान सिर पर उठा रखा है; इन्हें शान्त रहने के लिए कह दीजिए।

९५. **आस्तीन का साँप**—बाहर से मित्र लेकिन भीतर से शत्रु।

प्र०—हमारे देश में कुछ ऐसे लोग हैं जो हैं तो भारतीय नागरिक लेकिन सोचते हैं दूसरे देशों के कल्याण के बारे में, ऐसे आस्तीन के साँपों पर सरकार को नजर रखनी चाहिए।

९६. **इधर की उधर लगाना**—कान भरना, चुगली करना।

प्र०—इधर की उधर लगाने वाले लोग दो प्रिय मित्रों में भी शत्रुता पैदा कर देते हैं।

९७. **इधर कुआँ उधर खाई**—हर तरफ मुश्किल-ही-मुश्किल।

प्र०—यदि गाँव छोड़ता हूँ तो सारी सम्पत्ति बरबाद हो जायेगी और यदि

नौकरी छोड़ता हूँ तो बच्चों की पढ़ाई चौपट हो जायेगी। इधर कुआँ है और उधर खाई है; अब क्या करूँ?

९८. इस कान सुनना उस कान निकाल देना—ध्यान से न सुनना।

प्र०—मैं जिस बात को कह रहा हूँ उसे ध्यान से सुनो और उस पर गहराई से विचार करो। इस कान से सुनकर उस कान मत निकाल देना।

९९. ईंट का जवाब पत्थर से देना—आक्रमण करने वाले को मजा चखा देना।

प्र०—यदि कोई शत्रु हमारे देश पर बुरी नजर रखता है तो हम ईंट का जवाब पत्थर से देंगे।

१००. ईंट से ईंट बजाना—नष्ट-भ्रष्ट करना।

प्र०—तुमने तो उनके साथ ऐसीदुश्मनी पकड़ी कि उनकीईंट से ईंट बजा दी।

१०१. ईद का चाँद होना—दर्शन दुर्लभ होना।

प्र०—कहाँ रहते हैं आप आजकल? दिखाई ही नहीं देते; ईद के चाँद हो गये हो।

१०२. ईश्वर को प्यारा हो जाना—मृत्यु हो जाना।

प्र०—अस्सी वर्ष की अवस्था में वे ईश्वर को प्यारे हो गये और अपने पीछे एक पुत्र और एक पुत्री छोड़ गये हैं।

१०३. उँगली उठाना—निंदा या बदनामी करना, बुराई करना।

प्र०—जबतक तुम अपना काम निष्ठा और ईमानदारी से करते रहोगे, कोई भी तुम्हारी ओर उँगली नहीं उठा सकता।

१०४. उँगली पकड़कर पहुँचा पकड़ना—थोड़ी-सी ढील मिलने पर पूरा अधिकार करने की चेष्टा करना।

प्र०—आप अपने नौकरों को इतनी छूट न दें; वे उँगली पकड़कर पहुँचा पकड़ने लगेंगे।

१०५. उँगली पर नचाना—पूरी तरह वश में रखना, जैसे चाहे वैसे चलाना।

प्र०—इस कालेज के प्रधानाचार्य सारे प्राध्यापकों को उँगली पर नचाकर रखते हैं।

१०६. उड़ती खबर—सुनी-सुनाई, ऐसी खबर जिसकी पुष्टि न हुई हो।

प्र०—उड़ती खबर के अनुसार पहाड़ी मार्ग की एक बस खड्ड में गिर गई जिससे कई लोगों की मृत्यु हो गयी।

१०७. उड़ती चिड़िया पहचानना—बहुत अनुभवी होना, मामूली संकेत में सब-कुछ समझ लेना।

प्र०—तुम असलियत को न छिपाओ; यहाँ उड़ती चिड़िया को पहचान लेते हैं इसलिए कोई बात छिपी नहीं रह सकती।

१०८. उधेड़-बुन—तर्क-वितर्क।

प्र०—काफी उधेड़-बुन करने के पश्चात् हम इस समस्या का हल ढूंढ़ पाये।

१०९. **उन्नीस-बीस का फर्क होना**—मामूली-सा फर्क होना।

प्र०—दोनों जुड़ुवा बहिनों की शक्ल-सूरत एक-सी है; उन्नीस-बीस का ही फर्क होगा।

११०. **उल्टी गंगा बहाना**—जो जैसा होता आया है उसके प्रतिकूल करना, अनहोनी बात करना।

प्र०—यह काम उसी ढंग से होने दीजिए जिस ढंग से होता आ रहा है; उल्टी गंगा बहाने की कोशिश करोगे तो बहुत विरोध होगा।

१११. **उल्टी-सीधी सुनाना**—बुरा-भला कहना।

प्र०—श्रीमती जी बच्चों की छोटी-छोटी बातों पर नाराज हो जाती हैं और उन्हें उल्टी-सीधी सुनाने लगती हैं।

११२. **उल्लू बनाना**—मूर्ख बनाना।

प्र०—नेता लोग लम्बे-चौड़े भाषण देकर जनता को उल्लू बना रहे हैं और अपना स्वार्थ सिद्ध कर रहे हैं।

११३. **उल्लू बोलना**—उजाड़ होना।

प्र०—एक समय था कि इस गाँव में खूब चहल-पहल रहती थी। अब यहाँ के लोग शहरों में चले गये हैं और यहाँ उल्लू बोल रहे हैं।

११४. **एक से इक्कीस होना**—फलना-फूलना, समृद्ध होना।

प्र०—जो गरीबों की मदद करते हैं वे भगवान की दया से एक से इक्कीस हो जाते हैं।

११५. **एड़ी-चोटी का जोर लगाना**—हर संभव साधन जुटाकर कोशिश करना।

प्र०—जिस काम को हाथ में लिया जाये, उसे पूरा करने के लिए एड़ी-चोटी का जोर लगाना चाहिए।

११६. **एड़ी-चोटी का पसीना एक करना**—घोर परिश्रम या प्रयत्न करना।

प्र०—अपने पुत्र को अच्छा डाक्टर बनाने के लिए वर्मा जी ने एड़ी-चोटी का पसीना एक कर दिया।

११७. **कंधे से कंधा मिलाकर चलना**—एक-दूसरे को सक्रिय सहयोग देना, साथ-साथ चलना।

प्र०—हम आज संकल्प लें कि इस योजना को पूरा करने के लिए कंधे से कंधा मिलाकर चलेंगे।

११८. **कच्चा चिट्ठा खोलना**—भंडाफोड़ करना, गुप्त रहस्य खोल देना।

प्र०—निष्कासित सदस्य ने पार्टी का कच्चा चिट्ठा खोल दिया।

११९. **कमर कसना**—तैयार होना, दृढ़ निश्चय कर लेना।

प्र०—परीक्षाएँ निकट हैं, इसलिए मेहनत करने के लिए अब कमर क़सनी

पड़ेगी।

१२०. **कमर टूटना**—उत्साह ढीला पड़ना, एकदम निराश हो जाना, भारी दु:ख पहुँचना।

प्र०—जब से उनके जवान बेटे की मृत्यु हुई है, उनकी कमर टूट गयी है और वे हर समय उदास रहते हैं।

१२१. **कलई खुलना**—भेद खुल जाना।

प्र०—जब से सेठजी के घर पर पुलिस का छापा पड़ा है उनके बड़प्पन की कलई खुल गयी है।

१२२. **कलम तोड़ देना**—मार्मिक बात लिख जाना, बहुत अच्छा लिखना।

प्र०—देहाती जीवन के चित्रण में प्रेमचन्द जी ने कलम तोड़ दी है।

१२३. **कलेजी छलनी होना**—बेहद व्यथित होना, लगातार कष्टों-क्लेशों के कारण हृदय अत्यन्त दु:खी होना।

प्र०—लगातार विपत्तियों को सहते-सहते उनका कलेजा छलनी हो गया है।

१२४. **कलेजा टूक-टूक होना**—अकस्मात् विपत्ति आने से हृदय को गहरा आघात पहुँचना, गहरे मानसिक आघात से हृदय विदीर्ण होना।

प्र०—पति की मृत्यु का समाचार सुनते ही पत्नी का कलेजा टूक-टूक हो गया।

१२५. **कलजा ठंडा होना**—संतोष होना, शान्ति मिलना।

प्र०—तुम्हारा कलेजा तो तब ठंडा होगा जब मैं इस घर से कहीं चली जाऊँगी।

१२६. **कलेजा फटना/कलेजा मुँह को आना**—मन अत्यन्त दु:खी होना, दारुण व्यथा होना।

प्र०—बच्चों और औरतों की नंगी लाशें देखकर मेरा तो कलेजा फटने लगा था।

१२७. **कलेजे पर पत्थर रखना**—विपत्ति में धैर्य धारण करना, जी कड़ा करना।

प्र०—जवान बेटे की मौत से दु:ख किसे नहीं होता, पर अब तो कलेजे पर पत्थर रखना ही पड़ेगा।

१२८. **कलेजे से लगाकर रखना**—बेहद स्नेह के कारण कभी अपने से अलग न करना।

प्र०—मैंने भूगोल के नोट बड़ी मेहनत से तैयार किये थे और उन्हें कलेजे से लगाकर रखा था, लेकिन न जाने कौन उन्हें चुरा ले गया।

१२९. **कसौटी पर कसना**—अच्छी तरह जाँच-परख करना।

प्र०—चन्द्रशेखर आजाद नवयुवकों को कसौटी पर कसकर अपने दल में शामिल करते थे।

१३०. कसौटी पर खरा उतरना—परीक्षा में सफल होना।

प्र०—मैंने अपने घरेलू नौकर की ईमानदारी की कई तरह से परीक्षा की, लेकिन वह हर प्रकार से कसौटी पर खरा उतरा।

१३१. कहने में आना—बहकावे में आना।

प्र०—हर आदमी को अपनी सूझ-बूझ से काम करना चाहिए; किसी के कहने में आकर दूसरों से बुराई मोल नहीं लेनी चाहिए।

१३२. काँटे बिछाना/ काँटा बोना—अनिष्ट की योजना बनाना, कार्य में बाधा उपस्थित करना।

प्र०—तुम्हारे रास्ते में जो काँटे बिछाता है, उसके रास्ते में तुम फूल बिछाओ।

१३३. काँटों में घसीटना/काँटों में खींचना—१. आवश्यकता से अधिक प्रशंसा करना।
२. बहुत कष्ट देना।

प्र०—१. आपने मेरी बहुत अधिक तारीफ कर ली है, अब अधिक मुझे काँटों में न घसीटें।
२. उस बदमाश को जब तक काँटों में नहीं घसीटा जायेगा, वह अपना अपराध स्वीकार नहीं करेगा।

१३४. कागज काले करना—व्यर्थ की बातें लिखना।

प्र०—कोई उपयोगी चीज लिखो; कागज काले करने से क्या लाभ है?

१३५. काठ का उल्लू होना—निपट मूर्ख होना।

प्र०—इतनी देर से समझा रहा हूँ, पर इनकी समझ में कुछ आ ही नहीं रहा है; अजीब काठ के उल्लू हैं!

१३६. कान कतरना/कान काटना—बहुत चतुर निकलना, चतुराई में किसी को बहुत पीछे छोड़ जाना।

प्र०—यह बच्चा इतना छोटा है लेकिन बड़ों के भी कान कतरता है!

१३७. कान का कच्चा—१. बात सुनकर तुरंत यकीन कर लेनेवाला।
२. किसी की शिकायत, चुगली आदि को सच मान लेनेवाला।

प्र०—१. जो आदमी कान का कच्चा होता है, वह हमेशा धोखा खाता है।
२. ज्यादातर स्त्रियाँ कान की कच्ची होती हैं।

१३८. कान पर जूँ न रेंगना—बार-बार कहने पर भी कोई असर न होना।

प्र०—इस मामले को आगे बढ़ाने के लिए मैंने उनसे कई बार प्रार्थना कर ली है, लेकिन उनके कान पर जूँ तक नहीं रेंगती।

१३९. कानों-कान खबर न होना—बिल्कुल पता न चलना।

प्र०—इस योजना के बारे में किसी को कानों-कान खबर नहीं होनी चाहिए, वरना सारा काम बिगड़ जायेगा।

१४०. **कानों को हाथ लगाना**—तौबा करना, फिर न करने की कसम खाना।

प्र०—कानों को हाथ लगाता हूँ, फिर ऐसी गलती कभी नहीं करूँगा।

१४१. **काम आना**—१. उपयोगी होना।

२. युद्ध में वीरगति प्राप्त करना।

प्र०—१. अनिल, तुम अपनी किताबें संभालकर रखना; अगले साल छोटू के काम आयेंगी।

२. भारत-पाक युद्ध में अनेक वीर देश के काम आये।

१४२. **काम तमाम कर देना**—मार डालना।

प्र०—बदमाशों ने धन के लोभ में उस बुड्ढ़े का काम तमाम कर दिया।

१४३. **काया पलट होना**—१. बिल्कुल बदल जाना।

२. एकदम नया रूप ग्रहण कर लेना।

प्र०—१. जब से राजेश को सरकारी नौकरी मिली है, उसकी काया पलट हो गई है।

२. कई गाँवों में बिजली, पानी और सड़कों की सुविधाएँ उपलब्ध हो गई हैं जिससे वहाँ की काया पलट हो गई है।

१४४. **काल के गाल में चले जाना**—मर जाना।

प्र०—बाढ़ आने से देखते-ही-देखते कई पशु काल के गाल में चले गये।

१४५. **कुआँ खोदना**—(किसी के) अनिष्ट या विनाश की योजना बनाना।

प्र०—मैंने आपका क्या बुरा किया है कि आप मेरे लिए कुआँ खोद रहे हैं?

१४६. **कुत्ते की दुम**—जो सदा कुटिल रहे, जिसमें किसी भी तरह का कोई अच्छा परिवर्तन न आये।

प्र०—वह तो कुत्ते की दुम है; लाख समझाने पर भी उस पर कोई असर नहीं पड़ा।

१४७. **खटाई में पड़ना**—कोई काम बीच में रुक जाना या अधूरा रह जाना।

प्र०—तुम्हारी सेवा-पंजी में कई विपरीत प्रविष्टियाँ हो गई हैं, जिससे तुम्हारी पदोन्नति का मामला खटाई में पड़ गया है।

१४८. **खरी-खोटी सुनाना**—भला-बुरा कहना।

प्र०—तुम्हारे गलत कारनामों की वजह से मुझे भी गाँव वालों की खरी-खोटी सुननी पड़ती है।

१४९. **खाला जी का घर**—१. आसान काम।

२. ऐसा स्थान जहाँ आराम-ही-आराम हो।

प्र०—१. प्रथम श्रेणी में उत्तीर्ण होना कोई खाला जी का घर नहीं है, जम-

कर मेहनत करो।

२. यह होटल तो खाला जी का घर है, जो चाहोगे अवश्य मिलेगा।

१५०. **खुशामदी टट्टू**—जो आत्मसम्मान छोड़कर सदा खुशामद में लगा रहे।

प्र०—कुछ लोगों को अपने आत्मसम्मान की बिल्कुल भी परवाह नहीं रहती, वे खुशामदी टट्टू बनकर अफसरों के आगे-पीछे घूमते रहते हैं।

१५१. **खून का प्यासा होना**—जानी दुश्मन होना।

प्र०—उन दोनों में पुरानी दुश्मनी है; एक-दूसरे के खून के प्यासे हैं।

१५२. **खून खौलना**—अत्यन्त क्रोधित होना।

प्र०—गरीबों पर अत्याचार करने वाले लोगों को देखकर मेरा खून खौलने लगता है।

१५३. **ख्याली पुलाव पकाना**—असंभव बातें सोच-सोचकर मन को प्रसन्न करना।

प्र०—जीवन में सफलता प्राप्त करने के लिए कड़ी मेहनत करनी पड़ती है; ख्याली पुलाव पकाने से कुछ भी प्राप्त नहीं होता।

१५४. **गड्ढा खोदना**—१. हानि करना, नुक्सान पहुँचाना।

२. किसी को नीचा दिखाना या गिराने का उपाय करना।

प्र —१. अपने लड़के को इतनी छूट देकर तुम उसके लिए गड्ढा खोद रहे हो।

२. मेरी आपसे कोई दुश्मनी नहीं है, फिर भी न जाने क्यों आप मेरे लिए गड्ढा खोद रहे हैं।

१५५. **गड़े मुर्दे उखाड़ना, गड़े कोयले उखाड़ना**—बीती हुई बातों को व्यर्थ में दोहराना।

प्र०—अब आपको उनके साथ अपने सम्बन्ध सामान्य बना लेने चाहिए; गड़े मुर्दे उखाड़ने से कोई लाभ नहीं।

१५६. **गढ़ जीत लेना**—कोई बहुत कठिन या श्रेय का काम करना।

प्र०—भारत की क्रिकेट टीम यदि वेस्टइंडीज की टीम को पराजित कर लेती है तो समझ लो उसने गढ़ जीत लिया है।

१५७. **गर्दन पर सवार होना**—पीछे पड़ जाना।

प्र०—आज मैं आपके साथ सिनेमा देखने नहीं जा सकता; क्यों गर्दन पर सवार हो रहे हो?

१५८. **गले का हार होना**—अत्यन्त प्रिय होना।

प्र०—नई बहू इतनी सुशील है कि चन्द दिनों में ही वह सबके गले का हार बन गई।

१५९. **गागर में सागर भरना**—थोड़े-से शब्दों में बहुत कुछ कह देना।

प्र०—राष्ट्रपति का भाषण छोटा अवश्य था, लेकिन उन्होंने गागर में

सागर भर दिया।

१६०. **गाल बजाना**—बढ़-चढ़कर बातें करना, लम्बी-चौड़ी बातें करना।
प्र०—ये सज्जन उपयोगी काम तो एक भी नहीं करते; व्यर्थ में ही गाल बजाते रहते हैं।

१६१. **गिन-गिनकर दिन काटना**—बड़े कष्ट से समय बिताना।
प्र०—क्या करूँ भाई, बीमारी की इस हालत में गिन-गिनकर दिन काट रहा हूँ, इससे अच्छा तो मर ही जाना है।

१६२. **गिरगिट की तरह रंग बदलना**—१. जल्दी-जल्दी विचार बदलना। २. कभी किसी की तरफ होना कभी किसी की।
प्र०—उस आदमी पर भरोसा करना बेकार है; वह तो गिरगिट की तरह रंग बदलता है।

१६३. **गीदड़ भभकी**—झूठा डरावा।
इस गीदड़ भभकी का मेरे ऊपर कोई असर नहीं पड़ेगा; मैं तुम्हारी औकात को अच्छी तरह जानता हूँ।

१६४. **गुड़-गोबर कर देना**—बना-बनाया काम बिगाड़ देना।
प्र०—योजना को अन्तिम रूप दिया जा रहा था; लेकिन उन्होंने आकर गुड़-गोबर कर दिया।

१६५. **गुदड़ी का लाल**—देखने में फटेहाल लेकिन वास्तव में अत्यन्त गुणी।
प्र०—राम प्रसाद जी कितने फटेहाल रहते हैं; लगता है कोई भिखारी है। वास्तविकता यह है कि ये बहुत बड़े विद्वान हैं; ये तो गुदड़ी के लाल हैं।

१६६. **गूलर का फूल**—असंभव अथवा सर्वथा दुर्लभ वस्तु।
प्र०—अपने भाग्य में ऐश और आराम कहाँ है! यह तो गूलर का फूल है।

१६७. **गोबर गणेश**—निपट मूर्ख और आलसी व्यक्ति।
प्र०—इतने आसान सवाल को समझाने के लिए मुझे तुम्हारे साथ घंटों माथा-पच्ची करनी पड़ी; तुम तो पूरे गोबर गणेश हो।

१६८. **घड़ों पानी पड़ना**—बेहद लज्जित होना।
प्र०—लाला बनवारी लाल को मैंने एक दिन कम तौलते हुए पकड़ लिया; उन पर घड़ों पानी पड़ गया और अब मेरे सामने आने में वे संकोच करते हैं।

१६९. **घाट-घाट का पानी पिए होना**—तरह-तरह के अनुभवों से युक्त होना।
प्र०—रमेश बाबू ने घाट-घाट का पानी पी रखा है; उन्हें आप आसानी से धोखा नहीं दे सकते।

१७०. **घास खोदना/घास काटना**—वृथा काम करना, व्यर्थ समय गँवाना, कोई भी अनुभव या संपत्ति अर्जित न कर पाना।
प्र०—कई एम० ए०, बी० ए० पास नवयुवक आजकल घास खोद रहे हैं।

१७१. घी के दिए जलाना—खुशियाँ मनाना।

प्र०—भारतीय क्रिकेट टीम ने जिस दिन विश्व-कप जीता, उस दिन पूरे देश में घी के दिए जलाए गए।

१७२. घुटने टेक देना—आत्मसमर्पण कर देना, हार मान लेना।

प्र०—हमारी बहादुर सेना के सामने शत्रु सेना की जब कुछ न चली, तो मजबूर होकर शत्रुओं को घुटने टेकने पड़े।

१७३. घोड़े बेचकर सोना—एकदम निश्चिंत होकर सोना।

प्र०—अजय तो आज जैसे घोड़े बेचकर सो रहा है; लगता है उसकी परीक्षाएँ समाप्त हो गई हैं।

१७४. चकमा देना—धोखा देना।

प्र०—जेबकतरा पुलिस को चकमा देकर गायब हो गया।

१७५. चल बसना—मृत्यु होना।

प्र०—अभी-अभी समाचार मिला है कि विमला की वृद्ध माताजी चल बसी हैं।

१७६. चार चाँद लगाना—शोभा बहुत बढ़ा देना।

प्र०—घर के आगे की सुन्दर-सी पुष्पवाटिका ने इस घर की शोभा में चार चाँद लगा दिए हैं।

१७७. चिकना घड़ा—ऐसा व्यक्ति जिसे किसी भी तरह शर्म न आए; निर्लज्ज।

प्र०—तुम तो चिकने घड़े हो; कितना भी समझाओ लेकिन उल्टे-सीधे काम करने से बाज नहीं आते।

१७८. चिकनी-चुपड़ी बातें करना—बहकावे या धोखा देने के लिए मीठी-मीठी बातें करना, खुशामद के लिए अच्छी-अच्छी बातें करना।

प्र०—तुम्हारा दोस्त बड़ा चालाक है; चिकनी-चुपड़ी बातें करके अपना काम निकाल लेता है।

१७९. चींटी के पर निकलना—मौत का समय निकट आना, हानि का समय नज़दीक आना।

प्र०—पिता की मृत्यु के बाद वह अपना सारा समय जुआ-शराब में बिता रहा है। ठीक ही कहा है—चींटी के जब पर निकलते हैं तब उसकी मौत नज़दीक होती है।

१८०. चुल्लू-भर पानी में डूब मरना—बेहद शर्मिन्दा होना, शर्म के मारे डूब मरना।

प्र०—दूसरों की बहू-बेटियों के साथ ऐसी हरकत करते हुए तुम्हें शर्म नहीं आती; तुम्हें चुल्लू-भर पानी में डूब मरना चाहिए!

१८१. छक्के छुड़ाना—(पारस्परिक मुठभेड़ में) दुर्दशा कर देना, हरा देना।

प्र०—भारतीय फुटबाल टीम ने कोरिया की टीम के छक्के छुड़ा दिए।

१८२. **छठी का दूध याद आना**—ऐसी दुर्गति होना जैसी जीवन में कभी न हुई हो।

प्र०—अभी तो तुम माँ-बाप की कमाई पर मस्ती मार रहे हो; जब खुद कमाना पड़ेगा तब छठी का दूध याद आ जाएगा।

१८३. **छाती पर मूंग दलना**—सामने या पास रहकर (किसी के लिए) निरन्तर दु:ख का स्रोत बने रहना।

प्र०—जब तक तुम इस घर में रहोगे, मेरी छाती पर मूँग दलते रहोगे।

१८४. **छाती पर साँप लोटना**—ईर्ष्या या डाह में अत्यन्त दु:खी होना।

प्र०—पड़ोसी की खुशहाली को देखकर तुम्हारी छाती पर साँप क्यों लोट रहा है!

१८५. **छीछदालेर करना/छीछालेदर उड़ाना**—

१. पोल खोलना।

२. चुटकी लेना, हँसी उड़ाना।

प्र०—१. आखिर इतने आदमियों के बीच उसकी छीछालेदर उड़ाकर आपने क्या पाया?

२. वह इतना मुँहफट है कि सभी की छीछालेदर उड़ाया करता है।

१८६. **छोटे मुंह बड़ी बात**—हैसियत से बढ़कर बात करना।

प्र०—अपनी हैसियत के अनुसार बातें करें, छोटे मुँह बड़ी बात करने से क्या लाभ?

१८७. **जली-कटी सुनाना**—भला-बुरा कहना, खरी-खोटी सुनाना।

प्र०—मैंने तुम्हारा क्या बिगाड़ा है जो बात-बात पर मुझे खरी-खोटी सुनाते रहते हो।

१८८. **जले पर नमक छिड़कना/जख्म पर नमक छिड़कना**—कष्ट में और कष्ट देना, दु:खी व्यक्ति पर व्यंग्य करके उसे और भी दु:खी करना।

प्र०—क्यों गरीबों के जखम पर नमक छिड़क रहे हो?

१८९. **जहर उगलना**—बहुत कड़वी बातें करना।

प्र०—जैसे ही उसे अपने बेटे के अनुत्तीर्ण होने का समाचार मिला, वह जहर उगलने लगा।

१९०. **जान के लाले पड़ना**—जीना दूभर हो जाना, अत्यन्त कष्ट में पड़ना।

मिल मालिक ने फैक्ट्री बन्द कर दी, अब कई मजदूरों के जान के लाले पड़ रहे हैं।

१९१. **जान पर खेलना**—जान की परवाह न करके किसी काम में कूद पड़ना, जान जोखिम में डाल देना।

प्र०—वीर अब्दुल हमीद ने जान पर खेलकर अपनी सीमा की रक्षा की।

१९२. **जान हथेली पर रखना**—मरने की परवाह न करना।

प्र०—सीमा सुरक्षा के जवान जान हथेली पर रखकर शत्रुओं पर निगरानी रखते हैं।

१९३. **जी खट्टा होना**—अरुचि होना, मन फिर जाना।

प्र०—इस विभाग में व्याप्त भ्रष्टाचार को देखकर यहाँ जी खट्टा हो गया है।

१९४. **जी तोड़कर काम करना**—दिल लगाकर परिश्रम से काम करना।

प्र०—एक सप्ताह तक जी तोड़कर काम करके मैंने यह लेख तैयार किया है।

१९५. **जूती चाटना**—अपनी इज्जत का कुछ भी ख्याल न करके, किसी की खुशामद करना।

प्र०—तुम तो जूती चाटकर अपना काम निकाल लेते हो, लेकिन यह अपने सिद्धान्त के खिलाफ है।

१९६. **जौहर दिखाना/जौहर खोलना**—१. पराक्रम का प्रमाण देना। २. खूबी या गुण का प्रदर्शन करना।

प्र०—१. हमारे वीर जवान युद्ध के समय अपना जौहर दिखाते हैं।

२. रमेश लगता तो सीधा-सादा है लेकिन समय आने पर वह अपना जौहर खोल देता है।

१९७. **झंडा गाड़ना**—धाक जमाना।

प्र०—उसने इतना शानदार भाषण दिया कि पूरी सभा में अपनी विद्वत्ता का झंडा गाड़ दिया।

१९८. **झाँसा देना**—धोखा देना।

प्र०—झाँसा देकर उसने मुझसे एक हजार रुपये ऐंठ लिए और अब अपनी शकल भी नहीं दिखाता।

१९९. **टका-सा जवाब देना**—साफ इनकार कर देना।

प्र०—मैं उसके पास स्कूटर माँगने गया था, उसने टका-सा जवाब दे दिया।

२००. **टक्कर का/मुकाबले का**—वह जो बराबरी कर सके।

प्र०—आजकल उसकी टक्कर का इस इलाके में कोई पहलवान नहीं है।

२०१. **टस से मस न होना**—अपनी जगह या अपनी जिद पर अड़े रहना।

प्र०—आगे पढ़ने के लिए लोगों ने उसे बहुत समझाया, लेकिन वह टस से मस नहीं हुआ है।

२०२. **टाँग अड़ाना**—बेकार दखल देना, बाधा डालना।

प्र०—यदि आप स्वयं कुछ नहीं करना चाहते तो दूसरों के काम में टाँग भी नहीं अड़ाना चाहिए।

२०३. **टूट पड़ना**—वेग से धावा बोल देना, जोरों से आक्रमण कर देना।

प्र०—सीटी बजते ही हमारा दल विपक्षी दल पर टूट पड़ा।

२०४. **टेढ़ी खीर**—अत्यन्त कठिन कार्य, अत्यन्त जटिल समस्या।

प्र०—एवरेस्ट की चोटी पर चढ़ना टेढ़ी खीर है।

२०५. **ठकुर सुहाती कहना**—चापलूसी की बातें करना, जिसको जैसी भावे, वैसी बातें करना।

प्र०—दफ्तरों में वे ही लोग कायदे में रहते हैं, जो ठकुरसुहाती कहते हैं।

२०६. **ठगा-सा रह जाना**—आश्चर्यचकित रह जाना।

प्र०—हिमालय की हिममंडित चोटियों के सौंदर्य को देखकर मैं ठगा-सा रह गया।

२०७. **ठोकरें खाना**—मारे-मारे फिरना, कहीं शरण न मिलना।

प्र०—इस समय बेरोजगारी की समस्या विकट है; लाखों एम० ए०, बी० ए० नवयुवक ठोकरें खा रहे हैं।

२०८. **डंके की चोट पर**—स्पष्ट घोषणा करके, सबको सुनाकर।

प्र०—मैं डंके की चोट पर कहता हूँ कि आप लोगों ने यदि मुझे सेवा का मौका दिया तो इस इलाके की मैं काया ही पलट दूँगा।

२०९. **डींग मारना/डींग हाँकना**—बढ़-चढ़कर बातें करना।

प्र०—क्या डींग मारते हो; तुम्हारा पूरा हाल मैं जानता हूँ।

२१०. **डोरे डालना**—प्रेम के जाल में फँसाना।

प्र०—बड़े सज-धजकर जा रहे हो; आजकल किस पर डोरे डाल रहे हो?

२११. **ढिंढोरा पीटना**—किसी बात को लोगों में फैलाना, कोई बात चारों ओर प्रचारित करना।

प्र०—नगर पालिका ने सारे शहर में ढिंढोरा पिटवा दिया है कि अब कोई भी सज्जन फुटपाथ पर दूकान नहीं लगाएगा।

२१२. **ढेर करना**—मारकर गिरा देना।

प्र०—शिकारी ने एक ही गोली से नरभक्षी बाघ को ढेर कर दिया।

२१३. **तलवार की धार पर चलना**—अत्यन्त कठिन और जोखिम का काम।

प्र०—बहादुर लोग तलवार की धार पर चलने से बिल्कुल नहीं डरते।

२१४. **तलवे चाटना**—आत्मसम्मान खोकर दूसरे की खुशामद करना।

प्र०—अफसरों के तलवे चाटकर उसने तरक्की ले ली है।

२१५. **तहस-नहस करना**—नष्ट-भ्रष्ट करना, ध्वस्त करना।

प्र०—उग्र भीड़ ने पूरी बिल्डिंग को तहस-नहस कर दिया।

२१६. **ताक पर रखना**—उपेक्षा करना, कोई महत्त्व न देना।

प्र०—तुम्हारे सारे उपदेशों को उन्होंने ताक पर रख दिया है।

२१७. **ताक में रहना**—मौक़े की तलाश में रहना।

प्र०—ये सज्जन हर समय इस ताक में रहते हैं कि कोई चाय पिला दे।

२१८. **तारे गिनना**—रात में नींद न आना, बेचैनी से रात काटना।

प्र०—जब से पत्नी मायके गई है, तारे गिनकर रात बिताता हूं।

२१९. **ताल ठोंकना**—लड़ाई के लिए ललकारना।

प्र०—मैं ताल ठोंककर कहता हूं कि तुम्हारे में से कोई भी मेरे साथ कुश्ती लड़ सकता है।

२२०. **ताव आना**—१. क्रोध आना।
२. जोश आना।

प्र०—१. अगर मुझे ताव आ गया तो तुम्हारे बरतन-भांडे सब बाहर फेंक दूँगा।
२. तुम्हें देखकर मुझे भी एम० ए० करने का ताव आ गया है।

२२१. **तिल का ताड़ बनाना**—छोटी-सी बात को बहुत बड़ी बना देना।

प्र०—जितनी बात तुमसे वास्तव में कही गई है, उतनी ही कहो, व्यर्थ में तिल का ताड़ मत बनाओ।

२२२. **तिलांजलि देना**—सदा के लिए त्याग देना।

प्र०—जी हाँ, कल्याण इसी में है कि सिगरेट और शराब को आप तिलांजलि दे दें।

२२३. **तीन-तेरह करना**—तितर-बितर करना, संगठित न रहने देना।

प्र०—अलगाववादी नीति का अनुसरण करके तुम देश को तीन-तेरह कर दोगे।

२२४. **तूती बोलना**—प्रभाव जमाना, धाक़ जमाना, दबदबा होना, बोलबाला होना।

प्र०—जब से हीरा लाल जी ग्राम-प्रधान बने हैं, पूरे इलाके में उनकी तूती बोलती है।

२२५. **तूल देना**—किसी बात या मामले को बढ़ा देना।

प्र०—इस घटना को यदि आप तूल देंगे तो बदनामी आपकी ही होगी।

२२६. **त्रिशंकु की-सी गति होना**—कहीं का न रहना, बीच में लटके रहना।

प्र०—दिल्ली से मात्र मसूरी तक का किराया लेकर चला था। मसूरी पहुंचने पर पाया कि पिताजी मुझे लेने दिल्ली गए हैं। मेरी त्रिशंकु की-सी गति हो गई। न मसूरी में ही रह सकता था न ही वापस दिल्ली जा सकता था।

२२७. **थाली का बेंगन**—ऐसा आदमी जिसका कोई सिद्धान्त न हो, कभी इस तरफ हो जाए तो कभी उस तरफ।

प्र०—तुम कभी इस दल में मिल जाते हो, कभी उस दल में। तुम्हारा अपना कोई सिद्धान्त नहीं। तुम तो थाली के बैंगन हो।

२२८. **दबी जबान से कह देना**—धीरे से, संकोच और संकेत से कह देना।

प्र०—जो भी कहना है, साफ-साफ और निर्भीक होकर कहिए, दबी जबान से क्यों कह रहे हैं?

२२९. **दबे पाँव आना**—चुपचाप धीरे से आना ताकि आहट भी न हो।

प्र०—क्या कोई खास बात है जो तुम दबे पाँव आ रहे हो?

२३०. **दम तोड़ना/दम छोड़ना**—आखिरी साँस लेना, मर जाना।

प्र०—काफी लम्बे समय से वह बीमारी से संघर्ष कर रहा था, लेकिन आज बेचारे ने दम तोड़ दिए।

२३१. **दाँत खट्टे करना**—बुरी तरह हरा देना।

प्र०—युद्ध के मैदान में हमारी सेना ने शत्रु सेना के दाँत खट्टे कर दिये।

२३२. **दाँत दिखाना**—१. गिड़गिड़ाकर प्रार्थना करना, अपनी विवशता प्रकट करना।
२. भयभीत करना।

प्र०—१. भिखारी दाँत दिखाकर भीख माँग रहा था। मुझे उसपर दया आ गई और मैंने उसे कुछ पैसे दे दिये।
२. दाँत क्या दिखाते हो; मैं तुमसे डरने वाला नहीं हूँ।

२३३. **दाँत पीसना/दाँत किटकिटाना**—क्रोध प्रकट करना।

प्र०—व्यर्थ में दाँत पीस रहे हो; असलियत को जानने की कोशिश कीजिए।

२३४. **दाल गलना**—१. निभना। २. मतलब निकलना।

प्र०—१. हम आपको अपने साथ नहीं ले जायेंगे क्योंकि हमारे साथ आपकी दाल नहीं गलेगी।
२. यदि दाल गल गई तो समझूँगा कि प्रयत्न सफल हो गया।

२३५. **दाल-भात में मूसलचंद**—रंग में भंग करने वाला।

प्र०—इस समय हम मनोरंजन के लिए जा रहे हैं; तुम हमारे पीछे लगकर दाल-भात में मूसलचंद मत बनो।

२३६. **दाल में कुछ काला होना**—संदेह की बात होना।

प्र०—काफी समय से पुलिस वाले इस मकान के आसपास चक्कर लगा रहे हैं; जरूर दाल में कुछ काला है।

२३७. **दिन दुनी रात चौगुनी बढ़ना—खूब उन्नति करना, खूब बढ़ना।**

प्र०—करोड़ीमलजी ने जब से यह दूकान खरीदी है; उनकी आमदनी दिन दूनी रात चौगुनी बढ़ रही है।

२३८. **दिन पूरे होना**—मृत्यु या अंत निकट होना।

प्र०—पंडितजी ने खाना-पीना और बोलना छोड़ दिया है; अब उनके दिन पूरे हो गये हैं।

२३९. **दिमाग सातवें आसमान पर होना**—बहुत घमंड होना।

प्र०—इस लड़की को इंजीनियर पति क्या मिला, दिमाग सातवें आसमान पर हो गया है।

२४०. **दिल की कली खिलना / दिल का कँवल खिलना / दिल बाग-बाग होना**—चित्त प्रसन्न अथवा प्रफुल्लित होना।

प्र०—तुम्हारी सफलता का समाचार सुनकर मेरे दिल की कली खिल गई।

२४१. **दुम दबाकर भागना**—डरकर भाग या हट जाना।

प्र०—प्रधानाचार्य जी ज्योंही अपने कार्यालय से बाहर निकले, विद्यार्थी दुम दबाकर अपनी-अपनी कक्षाओं में भाग गये।

२४२. **दूध का धुला**—जिसपर कोई कलंक न हो, निर्दोष।

प्र०—रमेशजी, आप ये आदर्श की बातें तो अवश्य कर रहे हैं; लेकिन दूध के धुले आप भी नहीं हैं।

२४३. **दूध पीता बच्चा**—नासमझ, नादान।

प्र०—तुम्हारा बेटा अब दूधपीता बच्चा नहीं है जो इतनी छोटी-छोटी बातों को भी न समझ सके।

२४४. **दूर की कौड़ी लाना**—खींच-तान करके दूर का सूत्र जोड़ने की कोशिश करना।

प्र०—जितनी बात प्रश्न में पूछी गई है, उतनी ही लिखा करें; दूर की कौड़ी लाने से परीक्षक पर अच्छा प्रभाव नहीं पड़ता।

२४५. **दूर से ही नमस्कार करना**—पास न आने देना।

प्र०—जो व्यक्ति हर समय परनिंदा करता रहता है, उसे तो मैं दूर से ही नमस्कार कर देता हूँ।

२४६. **दो कौड़ी का**—तुच्छ, घटिया।

प्र०—यदि तुम उस दो कौड़ी के आदमी से दोस्ती करोगे तो तुम्हारी इज्जत पर भी धब्बा लगेगा।

२४७. **दो टूक जवाब देना**—साफ इनकार कर देना।

प्र०—राजीव ने पिक्चर जाने के लिए मुझसे पैसे माँगे; मैंने दो टूक जवाब दे दिया।

२४८. **धरती पर पाँव न पड़ना**—बहुत खुश होना, खुशी से फूले न समाना।

प्र०—जब से तुम्हारे मित्र को यह नया पद मिला है, उनके पाँव धरती पर नहीं पड़ते।

२४९. **धावा बोलना**—पूरे जोर-शोर से आक्रमण कर देना।

प्र०—दिल्ली जाने वाली बस पर डाकुओं ने धावा बोल दिया और यात्रियों का सारा सामान लूट लिया।

२५०. **धुन का पक्का**—लगनवाला (व्यक्ति)।

प्र०—धुन के पक्के लोग ही जीवन में सफलता प्राप्त करते हैं।

२५१. **धुन सवार होना**—(कोई काम) करने की लगन होना।

प्र०—अब मुझे मकान खरीदने की धुन सवार हो गई है।

२५२. **धूप में बाल सफेद नहीं किये हैं**—अनुभवहीन नहीं हैं।

प्र०—अरे मुझे इस तरह से मत बहकाओ, मैं असलियत को जान गया हूँ। यहाँ धूप में बाल सफेद नहीं किये हैं।

२५३. **धूल में मिला देना**—नष्ट-भ्रष्ट कर देना, बेकार कर देना।

प्र०—वर्मा जी को समझौता कर लेना चाहिए, वरना वह बदमाश आदमी उन्हें धूल में मिला देगा।

२५४. **नक्कारखाने में तूती की आवाज होना**—ऐसी आवाज होना जिस पर कोई ध्यान न दे।

प्र०—मेरी आवाज तो उस सभा में नक्कार खाने में तूती की आवाज थी।

२५५. **नमक-मिर्च लगाना/नमक-मिर्च मिलाना**—किसी बात को बढ़ा-चढ़ाकर कहना।

प्र०—बात तो छोटी-सी थी, लेकिन उनकी पत्नी ने नमक-मिर्च लगाकर उसे बहुत गंभीर बना दिया।

२५६. **नाक-भौं सिकोड़ना/नाक-भौं चढ़ाना**—अरुचि घृणा, अप्रसन्नता आदि व्यक्त करना।

प्र०—गंदगी को देखकर सभी नाक-भौं सिकोड़ते हैं।

२५७. **नाक रगड़नता**—बहुत दीनता दिखाते हुए विनती करना।

प्र०—बहुत नाक रगड़ने पर भी उन्होंने मेरी कोई मदद नहीं की।

२५८. **नाकों चने चबवाना**—बहुत तंग करना।

प्र०—मेरा पुत्र इतना शरारती है कि उसने पूरे परिवार वालों के नाकों चने चबवा दिये हैं।

२५९. **निन्यानबे के फेर में डालना**—धन बढ़ाने की फिक्र में रहना।

प्र०—जो निन्यानबे के फेर में आ जाता है, वह कभी चैन से नहीं रह सकता।

२६०. **नींव का पत्थर**—मूल आधार।

प्र०—ये ही वे सज्जन हैं, जो इस संस्था के नींव के पत्थर हैं। इन्हें इस संस्था में उचित सम्मान मिलना ही चाहिए।

२६१. **नौ-दो ग्यारह होना**—एकदम चंपत हो जाना।

प्र०—परीक्षा समाप्ति की घंटी बजते ही समस्त परीक्षार्थी परीक्षा-भवन से नौ दो ग्यारह हो गये।

२६२. **पंथ निहारना/पंथ देखना**—राह देखना, प्रतीक्षा करना।

प्र०—एक सप्ताह से पंथ निहार रही हूँ लेकिन वे दिल्ली से अभी तक नहीं लौटे।

२६३. **पत्थर की लकीर**—अटल बात, ऐसी बात जो बदली या काटी न जा सके।

प्र०—हीरा जबान का पक्का है; जो कह दिया समझो पत्थर की लकीर है।

२६४. **परलोक सिधारना/परलोकगामी होना**—मर जाना।

प्र०—एक दिन तो परलोक सिधारना ही है, फिर इस दुनिया में रहकर क्यों न अच्छे कर्म किये जाएँ।

२६५. **पलक पाँवड़े बिछाना/पलकें बिछाना**—सप्रेम स्वागत करना।

प्र०—मानवीय अतिथि की अगवानी जनता ने पलक पाँवड़े बिछाकर की।

२६६. **पहाड़ टूट पड़ना/आसमान टूट पड़ना**—बहुत बड़ी आफत आ जाना।

प्र०—यदि आप मेरी कुछ मदद कर देंगे तो आप पर पहाड़ नहीं टूट पड़ेगा।

२६७. **पहुँचा हुआ**—पारंगत, सिद्ध, जिसे सिद्धि प्राप्त हो।

प्र०—धीरेन्द्र जी को आप सामान्य आदमी न समझें, वे पहुँचे हुए महात्मा हैं।

२६८. **पाँव उखड़ जाना**—१. अस्थिर या डाँवाडोल हो जाना।
२. हार जाना।

प्र०—१. किसी जगह से एक बार यदि पांव उखड़ गये तो फिर सँभलना मुश्किल हो जाता है।
२. प्रारंभ में तो हमारी टीम ने बहुत अच्छा खेला, लेकिन अन्त में उसके पाँव उखड़ गये।

२६९. **पाँव तले की जमीन खिसक जाना**—होश गुम हो जाना, होश-हवास खो बैठना।

प्र०—परीक्षा में अनुत्तीर्ण होने का समाचार सुनते ही, उसके पाँव तले की जमीन खिसक गई।

२७०. **पानी का बुलबुला**—अस्थाई, क्षणभंगुर।

प्र०—जीवन पानी का बुलबुला है; कल के भरोसे काम को छोड़ना बुद्धिमानी नहीं है।

२७१. पानी न माँगना—तुरंत मर जाना।

प्र०—लाठी के एक ही प्रहार से साँप पानी न माँग सका।

२७२. पानी-पानी होना—बेहद लज्जित होना।

प्र०—शर्मा जी ने जब यह सुना कि उनके पुत्र ने पड़ोसी के घर से पैसे चुराये हैं, तब वे पानी-पानी हो गये।

२७३. पानी फेर देना—बर्बाद कर देना, बेकार कर देना।

प्र०—मेरी सारी मेहनत पर तुमने पानी फेर दिया है।

२७४. पानी में आग लगाना/डालना—१. असंभव को संभव कर देना।
२. शांति की स्थिति में झगड़ा पैदा कर देना।

प्र०—१. अंग्रेजों को भारत से बाहर खदेड़ना मानो पानी में आग लगाना था।
२. यदि तुम यहाँ न आते तो सब कुछ शांत हो जाता; लेकिन तुमने यहाँ आकर पानी में आग लगा दी।

२७५. पापड़ बेलना—जगह-जगह मारे-मारे फिरना, बहुत दुःख झेलना।

प्र०—तीस साल तक पापड़ बेलने के बाद अब उन्हें एक छोटी-सी नौकरी मिल पाई है।

२७६. पार उतारना/पार लगाना—उद्धार करना, कष्ट से मुक्त करना।

प्र०—मैं आपके अहसान को कभी नहीं भूल सकता; आपने ही मुझे पार उतारा है।

२७७. पार पाना—१. जीतना। २. बराबरी करना। ३. रहस्य जान लेना।

प्र०—१. आप ही की हिम्मत थी कि सारी मुसीबतों से पार पा गए; हम जैसे तो मर जाते।
२. दारा सिंह नामी पहलवान है; छोटा-मोटा पहलवान उससे क्या पार पाएगा।

२७८. पारा चढ़ना—गुस्सा आना।

प्र०—कमरे में सामान को बिखरा हुआ देखकर, मेरा पारा चढ़ जाता है।

२७९. पासंग भी न होना—तुलना में अत्यन्त तुच्छ होना।

प्र०—आजकल के लेखकों की कहानियां प्रेमचन्द की कहानियों के पासंग भी नहीं हैं।

२८०. पीठ ठोंकना—प्रोत्साहित करना, हौसला बढ़ाना।

प्र०—अच्छे काम करने पर बच्चों की पीठ ठोंकनी चाहिए।

२८१. पीठ दीखाना—(युद्ध क्षेत्र से) भाग जाना, पराजय स्वीकार करना।

प्र०—वीर युद्ध भूमि में पीठ नहीं दिखाता, शत्रुओं को ललकारता है।

२८२. **पेट में चुहे कूदना/पेट में चूहों का दौड़ना/पेट में चूहों का फुदकना**—

प्र०—देवी जी, खाना तैयार हुआ है या नहीं ? यहां पेट में चूहे कूद रहे हैं

२८३. **पेट में दाढ़ी होना**—छोटी उम्र में बहुत चालाक, बुद्धिमान होना।

प्र०—लड़का छोटा जरूर है, लेकिन उसके पेट में दाढ़ी है।

२८४. **पोल खोलना**—रहस्य प्रकट करना, किसी की कमी या कमजोरी जाहिर कर देना।

प्र०—आज तक सब उसका सम्मान करते थे; लेकिन उसकी पोल खोलकर तुमने उसे बदनाम कर दिया।

२८५. **प्रकाश डालना**—स्पष्ट करना, समझाना, विवेचना करना, उजागर करना।

प्र०—सबसे पहले डॉ० हरिकृष्ण इस विषय पर प्रकाश डालेंगे।

२८६. **फूंक-फूंककर पैर रखना**—बहुत सावधानी से काम करना।

प्र०—नए अफसरों को फूंक-फूंककर पैर रखना चाहिए।

२८७. **फूटी आंख न सुहाना/फूटी आंखों न भाना/फूटी नजरों न भाना**—तनिक भी अच्छा न लगना, बहुत बुरा लगना।

प्र०—जो आदमी अपने काम में लापरवाही बरतता, वह मुझे फूटी आंख भी नहीं सुहाता।

२८८. **फूला न समाना**—अत्यन्त प्रसन्न होना।

प्र०—अपने लहलहाते खेतों को देखकर किसान फूला नहीं समाता।

२८९. **बंदर घुड़की**—झूठा डरावा।

प्र०—तुम्हारी बन्दर घुड़की से डरने वाला नहीं हूं।

२९०. **बच्चों का खेल**—सरल कार्य।

प्र०—गीता के रहस्य को समझना बच्चों का खेल नहीं है।

२९१. **बदन चुराना**—लाज से सिमट-सिमट जाना।

प्र०—नई बहू मुझे देखते ही बदन चुरा लेती है।

२९२. **बराबर कर देना**—मुश्किल या मेहनत से पाई हुई चीज गंवा देना।

प्र०—तो ये हैं वे सज्जन; जिन्होंने चंद दिनों में ही अपने पिता की गाढ़ी कमाई को बराबर कर दिया है।

२९३. **बाछें खिल जाना**—अत्यन्त प्रसन्नवदन दिखाई देना। बहुत खुश होना।

प्र०—अपने पुत्र की प्रगति को देखकर हर पिता की बाछें खिल जाती हैं।

२९४. **बाट जोहना**—राह देखना, प्रतीक्षा करना।

प्र०—आप अब आ रहे हैं; मैं एक घंटे से आपकी बाट जोह रहा हूं।

२९५. **बाल की खाल निकालना**—१. बेहद बारीकियों में जाना, नुक्ताचीनी करना।

प्र०—आप सीधे-सादे तौर पर अपनी बात कह रहे थे; लेकिन शर्माजी बाल की खाल निकालने लगे और उसका न जाने क्या-क्या अर्थ लगाने लगे।

२६६. **बाल बांका न होना**—तनिक भी आंच न आना, कुछ भी हानि न पहुंचना।

प्र०—तुम्हारे झूठे प्रचार से मेरा बाल बांका नहीं हो सकता।

२६७. **बाल-बाल बचना**—मुसीबत में पड़ते-पड़ते बच जाना।

प्र०—अचानक बस के ब्रेक फेल हो गए और बस खड्ड में गिरने से बाल-बाल बची।

२६८. **बालू की भीत**—क्षणस्थाई, जो ठोस और दृढ़ न हो।

प्र०—ओछे आदमी की दोस्ती बालू की भीत की तरह है; नष्ट होने में देर नहीं लगती।

२६६. **बीड़ा उठाना**—कोई महत्त्वपूर्ण कार्य करने का संकल्प करना अथवा जिम्मेदारी लेना।

प्र०—सरकार ने भूमिहीनों को जमीन बांटने का बीड़ा उठा लिया है।

३००. **बेड़ा पार लगाना/बेड़ा पार करना**—उद्धार करना, कष्ट से मुक्त करना।

प्र०—ईश्वर पर भरोसा रखो; वही तुम्हारा बेड़ा पार लगाएगा।

३०१. **बे-सिर-पैर का**—जिसमें कोई क्रम व्यवस्था या संगति न हो, असंगत।

प्र०—नेताजी के भाषण में कोई भी संगत बात नहीं थी; बिल्कुल बे-सिर-पैर का भाषण था।

३०२. **भंडा फोड़ना**—भेद खोलना।

प्र०—अगर करीम ने गिरोह का भंडा फोड़ दिया तो हम सब लोग फँस जाएंगे।

३०३. **भनक पड़ना**—सुनाई पड़ना।

प्र०—मेरे कानों में भनक पड़ी है कि शर्माजी अपने पद से बहुत जल्दी ही त्याग-पत्र दे रहे हैं।

३०४. **भाड़े का टट्टू**—किराए का आदमी।

प्र०—उस अखबार के संपादक का कोई दीन-ईमान नहीं है। वह तो भाड़े का टट्टू है; जो भी दो-चार पैसे मुंह के आगे डाल देगा उसी का गुण गाने लगेगा।

३०५. **भेड़ चाल/भेड़िया धसान**—अंधाधुंध अनुकरण।

प्र०—अपनी बुद्धि से भी काम किया करो; भेड़ चाल से कब तक चलते रहोगे!

३०६. **मक्खन लगाना मक्खन मलना**—चापलूसी करना।

प्र०—मक्खन लगाने की कला में आप भी पारंगत हैं!

३०७. **मक्खी पर मक्खी मारना**—बिना सोचे-समझे ज्यों-की-त्यों नकल करना।

प्र०—टाइपिस्ट को इस लेख में कुछ नहीं करना; बस मक्खी पर मक्खी मारनी है।

३०८. **मक्खी मारना**—कुछ भी काम न करना, समय काटना।

प्र०—जनवरी और फरवरी के महीनों में मसूरी के दूकानदार मक्खी मारते हैं।

३०९. **मटियामेट कर देना**—नष्ट-भ्रष्ट कर देना।

प्र०—अंग्रेजों ने भारत के आर्थिक ढांचे को मटियामेट कर दिया।

३१०. **मन के लड्डू खाना**— निरर्थक आशा में प्रसन्न होना।

प्र०—सरकार कर्मचारियों के वेतन में कोई सुधार नहीं कर रही है; मन के लड्डू खाकर तसल्ली कर लो।

३११. **मन छोटा करना**—किसी चीज को प्राप्त न होने पर निराश होना।

प्र०—मन छोटा न करो; मेहनत करो और सफलता अवश्य मिलेगी।

३१२. **मल्हार गाना/मलार गाना**—प्रसन्नता प्रकट करना।

प्र०—बड़े लड़के की शादी हो गई हैं; वह तो मल्हार गा रहा पर छोटा लड़का अभी स्कूल में ही पढ़ रहा है।

३१३. **माथा रगड़ना**—दीनता दिखाते हुए खुशामद करना।

प्र०—हीरा ने सेठ जी से सौ रुपये प्राप्त करने के लिए बड़ा माथा रगड़ा, लेकिन उसे पैसे नहीं मिले।

३१४. **मिट्टी का माधो**—निपट मूर्ख।

प्र०—चन्दू भी मिट्टी का माधो है; मंगाए तो आम थे और आड़ू लेकर आ गया।

३१५. **मिट्टी में मिला देना**—नष्ट-भ्रष्ट कर देना, समाप्त करना।

प्र०—मेरे मित्र ने एक बदचलन लड़की से शादी करके अपनी इज्जत मिट्टी में मिला दी है।

३१६. **मुँह-तोड़ जवाब देना**—निरुत्तर कर देना।

प्र०—अध्यापक ने छात्र से सिगरेट न पीने को कहा। छात्र ने यह कहकर मुंह-तोड़ जवाब दिया कि आप भी तो सिगरेट पीते हैं।

३१७. **मुँह मोड़ना**—विमुख होना।

प्र०—संघर्षों से मुँह मोड़ना कायरों का काम है।

३१८. **मुंह लटकाना**—रुष्ट हो जाना।

प्र०—अपनी पत्नी का स्वभाव भी अजीब है; छोटी-सी बात पर मुंह लटका लेती है।

३१९. **मुंह से फूल झड़ना**—मधुर और प्यारी बातें करना।

प्र०—इस बच्चे की बातें बडी प्यारी हैं;बोलता है तो मुँह से फूल झड़ते हैं।

३२०. **यमपुर पहुंचाना**—मार डालना।

प्र०—अगर इस रहस्य को खोलोगे तो सीधे यमपुर पहुंचा दिए जाओगे।

३२१. **रंग में भंग होना**—मजा किरकिरा होना।

प्र०—नृत्य और नाटकों के बहुत अच्छे कार्यक्रम चल रहे थे; लेकिन बिजली के चले जाने से रंग में भंग हो गया।

३२२. **रंगा सियार**—१. धूर्त; २. ऊपर से कुछ, भीतर से कुछ।

प्र०—तुम्हारे सारे दोस्त रंगे सियार हैं; उन पर बिल्कुल भी भरोसा मत करो।

३२३. **राई से पर्वत करना**—छोटी-सी बात को बहुत बड़ी बना देना।

प्र०—बात तो कुछ नहीं थी, लेकिन अखबार वालों ने राई से पर्वत कर दिया।

३२४. **रोड़ा अटकाना**—बाधा डालना, अड़चन डालना।

प्र०—आप अपना काम करें; दूसरों के काम में रोड़ा न अटकाएं।

३२५. **लंका कांड होना**—मार-काट अथवा लड़ाई-झगड़ा होना।

प्र०—मेरे पड़ोस के एक परिवार में पति और पत्नी के बीच रोज लंका-कांड होता है।

३२६. **लकीर का फकीर**—परम्परा का अंधानुकरण करने वाला।

प्र०—दुनिया तो राकेट की गति से आगे बढ़ रही है और तुम अब भी छुआ-छूत पर विश्वास करके लकीर के फकीर बने हो।

३२७. **लकीर पीटना/लकीर पर चलना**—परम्परा का अंधानुकरण करना।

प्र०—नए विचारों और नए आदर्शों को अपनाने में तनिक भी संकोच नहीं करना चाहिए; लकीर पीटने से तो प्रगति में बाधा पड़ती है।

३२८. **लट्टू होना**—मोहित होना।

प्र०—चित्रकार पहाड़ों के सौंदर्य पर लट्टू हो गया।

३२९. **लूटिया डुबोना**—सर्वनाश करना।

प्र०—तुम्हारी पढ़ाई पर इतना पैसा खर्च किया लेकिन तुम हाई स्कूल पास भी नहीं कर सके; तुमने तो हमारी लुटिया डुबो दी है।

३३०. **लेना एक न देना दो**—कोई सरोकार न होना।

प्र०—तुम अपना काम करो, मुझे अपना काम करने दो। मुझे तुमसे लेना एक न देना दो।

३३१. **लोहा लेना**—वीरता से मुकाबला करना।

प्र०—जीवन में सफलता प्राप्त करने के लिए मुसीबतों से लोहा लेना पड़ता है।

३३२. **लोहे के चने चबाना**—अत्यन्त कठिन कार्य में लगना।

प्र०—इस मकान को पूरा करने के लिए आपको लोहे के चने चबाने पड़ेंगे।

३३३. **शामत आना**—पिटने या मुसीबत में फंसने की घड़ी आना।

प्र०—गीदड़ की जब शामत आती है तब वह गांव की ओर भागता है।

३३४. **शेखी बघारना/डींग हांकना/शेखी मारना**—बढ़-चढ़कर बातें करना।

प्र०—उतनी ही बात करनी चाहिए जितनी अपनी सीमा हो; शेखी बघारना ठीक नहीं होता।

३३५. **शेर के दांत गिनना**—अत्यन्त साहस का कार्य करना।

प्र०—वर्षा ऋतु में यमुना नदी को तैरकर पार करना शेर के दांत गिनना है।

३३६. **श्रीगणेश करना**—कोई कार्य आरम्भ करना।

प्र०—परीक्षा समीप है, इसलिए आज से पढ़ाई का श्रीगणेश कर रहा हूं।

३३७. **सत्यानाश करना**—पूरी तरह बर्बाद कर देना।

प्र०—ओलों ने धान की सारी फसल का सत्यानाश कर दिया है।

३३८. **सफाचट करना**—खत्म कर देना, खा डालना।

प्र०—दीमक ने आलमारी में रखी हुई सारी किताबों को सफाचट कर दिया।

३३९. **सफाया करना**—(पूरी सेना आदि को) मार डालना, पूरे घर, शहर इत्यादि को लूट लेना, बरबाद कर देना।

प्र०—डाकुओं ने पूरे परिवार का सफाया कर दिया।

३४०. **सब्ज बाग दिखाना**—व्यर्थ की आशा बंधाना!

प्र०—हमारे देश में कुछ ऐसी एजेंसियां हैं जो बेरोजगार युवकों को सब्ज-बाग दिखाकर, उनसे पैसा ऐंठ लेती हैं।

३४१. **सांचे में ढला**—अत्यन्त सुगठित और सुडौल।

प्र०—उसके सांचे में ढले हुए रूप को देखकर कौन उसकी ओर आकर्षित नहीं होगा।

३४२. **सांप-छछूंदर की-सी दशा होना**—दुविधा में पड़ना।

प्र०—यदि नीचे कूदता हूं तो बच नहीं सकता और भागता हूं तो पुलिस पकड़ लेगी; मेरी सांप-छछूंदर की-सी दशा हो गई है, समझ में नहीं आ रहा है क्या करूं!

३४३. **सात घाट का पानी पिए होना**—तरह-तरह के अनुभवों से युक्त होना।

प्र०—वर्मा जी को आप क्या बेवकूफ बनाएँगे; वे तो सात घाट का पानी पिए हुए हैं।

३४४. **सात तालों के अन्दर रखना**—बहुत सुरक्षित रखना, ऐसी जगह रखना जहां किसी की पहुंच न हो।

प्र०—ये बहुत ही गोपनीय कागज हैं। इन्हें आप सात तालों के अन्दर रखें जिससे किसी को इनका पता न चले।

३४५. **सात-पांच करना**—छल-कपट करना।

प्र०—सात-पांच करने वाला व्यक्ति कभी भी सुखी नहीं रह सकता।

३४६. **सिक्का जमाना**—प्रभाव जमाना, धाक जमाना।

प्र०—डॉ० सेनी अभी नये हैं, लेकिन पूरे शहर में उन्होंने अपना सिक्का जमा लिया है।

३४७. **सिट्टी-पिट्टी गुम होना**—होश-हवाश गुम होना।

प्र०—बिल्ली को देखकर चूहों की सिट्टी-पिट्टी गुम हो जाती है।

३४८. **सितारा बुलंद होना**—भाग्य का उत्कर्ष होना।

प्र०—मेरे एक मित्र की परसों ही एक लाख रुपये की लाटरी निकली है। अब उनका सितारा बुलन्द हो गया है।

३४९. **सिर-माथे पर बैठाना**—बहुत आदर देना।

प्र०—रावत जी अपने मेहमानों को हमेशा सिर-माथे पर बैठाते हैं।

३५०. **सीधी सुनाना**—स्पष्ट शब्दों में कह देना।

प्र०—मैं तुम्हें कई बार सीधी सुना चुका हूं कि मुझसे बात मत किया करो।

३५१. **सुनी-अनसुनी कर देना**—सुनकर भी ध्यान न देना।

प्र०—जो विद्यार्थी अपने अध्यापकों की बात सुनी-अनसुनी कर देते हैं, उन्हें बाद में पश्चात्ताप करना पड़ता है।

३५२. **सोने की चिड़िया**—अत्यन्त सुन्दर और सम्पन्न देश अथवा व्यक्ति आदि।

प्र०—एक समय था जब भारत को सोने की चिड़िया कहा जाता था, लेकिन अंग्रेजों ने इसके आर्थिक ढांचे को नष्ट कर दिया।

३५३. **सोने में सुगंध**—एक अच्छे गुण के साथ दूसरे दुर्लभ गुण का संयोग होना, और भी अच्छा हो जाना।

प्र०—बड़ा अधिकारी बनकर नम्र होना, सोने में सुगंध होना है।

३५४. **हँसी-खेल**—आसान काम।

प्र०—इस समस्या को सुलझाना तो हँसी-खेल है, इसमें इतना समय क्यों बरबाद कर रहे हो?

३५५. **हथियार डाल देना**—१. हार मान लेना। २. आत्म-समर्पण कर देना।

प्र०—सन् १९७१ के भारत-पाक युद्ध में पाकिस्तानी सेना ने भारतीय सेना के आगे अपने हथियार डाल दिये थे।

३५६. **हवा से बातें करना**—बहुत तेज चलना।

प्र०—आपका घोड़ा भी कमाल का है; हवा से बातें करता है।

३५७. **'हां' में 'हां' मिलाना**—हर बात में साथ देना।

प्र०—किसी की 'हां' में 'हां' मिलाना मैं पसन्द नहीं करता।

३५८. **हाथ की कठपुतली होना**—(किसी के) वश में होना।

प्र०—आपके कॉलेज के प्राध्यापकगण तो प्राचार्य के हाथ की कठपुतली हैं।

३५९. **हाथ पर हाथ धरकर बैठना**—कुछ भी प्रयत्न न करना।

प्र०—हांथ पर हाथ धरकर बैठे रहोगे तो आपको अपने कार्य में सफलता नहीं मिल सकती।

३६०. **हाथ बंटाना**—साथ देना, सहायता करना।

प्र०—पत्नी के घरेलू कामों में पति को भी हाथ बंटाना चाहिए।

३६१. **हाथ मलते रह जाना**—पछताते रह जाना।

प्र०—यदि समय के अनुसार नहीं चलोगे तो हाथ मलते रह जाओगे।

३६२. **हाथों के तोते उड़ जाना**—बहुत घबरा जाना।

प्र०—श्री 'क' को जब यह सूचना मिली कि उन्हें नौकरी से निकाला जा रहा है, तब उनके हाथों के तोते उड़ गये।

३६३. **हाथों-हाथ बिक जाना**—लाते ही बिक जाना।

प्र०—उस पुस्तक की पचास प्रतियां लाया था; वे हाथों-हाथ बिक गईं।

३६४. **होश उड़ जाना/होश गुम हो जाना**—घबरा जाना, कुछ भी न सूझना।

प्र०—निर्जन वन में बाघ की गर्जना को सुनकर मेरे होश उड़ गये।

३६५. **होश ठिकाने होना**—घमंड चूर होना।

प्र०—मेरी एक ही धमकी से तुम्हारे लीडर के होश ठिकाने हो गये

परिशिष्ट

विशेष भावसूचक शब्द

अनाथ—जिस बच्चे के माता-पिता तथा कोई भी निकट सम्बन्धी जीवित न हो।

अग्रज—बड़ा भाई।

अनुज—छोटा भाई।

अमरावती—इन्द्रपुरी की राजधानी।

अपराह्न—दोपहर के बाद का समय।

अस्ताचल—सूर्य जिस पर्वत के पीछे डूबता है।

उदयाचल—जिस पर्वत की ओट से सूर्योदय होता है।

उषाकाल—सूर्य निकलने से कुछ पहले का समय।

ऐरावत—इन्द्र का हाथी।

कुंज—लताओं, फूलों तथा पेड़ों से सुशोभित स्थान।

कैलाश—शिवजी के निवास-स्थान का पर्वत।

कोकनद—लाल रंग का कमल।

खगराज—गरुड़, भगवान विष्णु का वाहन।

गन्धर्व—देवताओं की एक जाति जो गाने में निपुण होते हैं।

चक्रवर्ती राजा—सारी पृथ्वी का राजा।

जयन्त—इन्द्र का पुत्र।

तपोवन—वह स्थान जहां ऋषि तप करते हैं।

पुष्पक—एक विमान का नाम।

पिनाक—शिवजी के धनुष का नाम।

पराग—फूलों का रज।

बन्ध्या—जिस स्त्री के सन्तान पैदा न होती हो।

वैतरणी—पौराणिक नदी जो यमराज के द्वार पर है।

वज्र—इन्द्र का हथियार।

सम्प्रदाय—एक ही मत को मानने वाले व्यक्तियों का समुदाय।

सुदर्शन—भगवान अथवा श्रीकृष्ण के चक्र (विशेष हथियार) का नाम।

पशु-पक्षियों तथा वस्तुओं के शब्द तथा ध्वनि

अन्य भाषाओं की तरह पशु-पक्षियों तथा वस्तुओं की ध्वनियों तथा शब्दों के लिए हिन्दी में साधारण रूप से विशेष शब्दों का प्रयोग होता है।

प्राणियों की ध्वनि के शब्द

१. ऊँट बलबलाता है।
२. कबूतर गुटर-गूँ करता है।
३. कोयल कूकती है।
४. कौवा काँव-काँव करता है।
५. कुत्ता भौंकता है।
६. गधा रेंकता है।
७. गाय, बैल, भैंस रंभाते हैं।
८. गीदड़ हुआं-हुआं करता है।
९. घोड़ा हिनहिनाता है।
१०. चिड़िया चहचहाती है।
११. चूहा चूँ-चूँ करता है।
१२. झींगुर झिंगारता है।
१३. तोता टें-टें करता है।
१४. पपीहा पी-पी करता है।
१५. बकरी मिमियाती है।
१६. बन्दर खों-खों करता है।
१७. बिल्ली म्याऊँ-म्याऊँ करती है।
१८. भौंरा गुनगुनाता है।
१९. मक्खी भिनभिनाती है।
२०. मुर्गा कुकड़ूँ-कूँ करता है।
२१. मेंढ़क टर्राता है।
२२. शेर दहाड़ता है।
२३. मोर कुहुकता है।
२४. सर्प फू-फू करता है।
२५. हाथी चिंघाड़ता है।

जड़ पदार्थों की ध्वनि के लिए शब्द

१. आँसू छलछलाते हैं।
२. आग धू-धू करती है।
३. इंजन फक-फक करता है।
४. खाट चरमराती है।
५. घंटा टनाटन करता है।
६. जीभ लपलपाती है।
७. जूता चरमराता है।
८. झंडा फहराता है।
९. तारे जगमगाते हैं।
१०. नेत्र चौंधियाते हैं।
११. नाड़ी चलती है।
१२. नाव डगमगाती है।
१३. पंख फड़फड़ाते हैं।
१४. बिजली चमचमाती है।
१५. मोटर पों-पों करती है।
१६. मेघ गरजते हैं।
१७. रेल धड़धड़ाती है।
१८. हवा सनसनाती है।

विशेष अर्थबोधक-संख्यावाचक शब्द

एक—ईश्वर, चन्द्रमा, पृथ्वी, गणेश का दाँत, शंकराचार्य का नेत्र।

दो फल—पाप, पुण्य ।

द्विज—ब्राह्मण, क्षत्रिय, वैश्य, पक्षी, दांत ।

तीन कर्म—संचित, प्रारब्ध, क्रियमाण ।

तीन काण्ड—कर्म, उपासना, ज्ञान ।

तीन काल—भूत, भविष्य, वर्तमान ।

तीन गुण—सत, रज, तम ।

तीन दोष—वात, पित्त, कफ ।

तीन देव—ब्रह्मा, विष्णु, महेश ।

तीन लोक—स्वर्गलोक, मृत्युलोक, पाताललोक ।

तीन अग्नि—बड़वाग्नि, दावाग्नि, जठराग्नि ।

तीन ऋण—देवऋण, ऋषिऋण, पितृऋण ।

तीन ताप—दैहिक, दैविक, भौतिक ।

चतुरंगिणी सेना—हाथी, घोड़े, रथ, पैदल ।

चार आश्रम—ब्रह्मचर्य, गृहस्थ, वानप्रस्थ, संन्यास ।

चार योनियां—अण्डज, पिण्डज, स्वेदज, उद्भिज ।

चार युग—सत्ययुग, त्रेता, द्वापर, कलियुग ।

चार फल—धर्म, अर्थ, काम, मोक्ष ।

चार वर्ण—ब्राह्मण, क्षत्रिय, वैश्य, शूद्र ।

चार वेद—ऋग्वेद, यजुर्वेद, सामवेद, अथर्ववेद ।

चार अवस्था—जाग्रत, स्वप्न, सुषुप्त, समाधि ।

चार उपाय—साम, दाम, दंड, भेद ।

चार रिपु—काम, क्रोध, लोभ, मोह (मद) ।

पांच पंचामृत—दूध, दही, घृत, शहद, शक्कर ।

पांच तत्त्व—पृथ्वी, जल, अग्नि, वायु, आकाश ।

पांच प्राण—प्राण, अपान, व्यान, उदान, समान ।

पांच यज्ञ—संध्या, अग्निहोत्र, बलिवैश्वदेव, पितृ-यज्ञ, अतिथियज्ञ ।

पांच ज्ञान-इन्द्रियाँ—आँख, कान, नाक, जीभ, त्वचा ।

छः ऋतुएं—वसन्त (चैत, बैसाख), ग्रीष्म (ज्येष्ठ, आषाढ़), वर्षा (श्रावण, भाद्रपद), शरद (क्वार, कार्तिक), हेमन्त (अगहन, पौष), शिशिर (माघ, फाल्गुन) ।

छः दर्शन—न्याय, सांख्य, वैशेषिक, योग, वेदान्त, कर्म मीमांसा ।

छः रस—मीठा, खारा, चरपरा, कसैला, कड़वा, खट्टा ।

छः वेदांग—छन्द, कल्प, ज्योतिष, निरुक्त, शिक्षा, व्याकरण ।

सात ऋषि—कश्यप, अत्रि, भरद्वाज, विश्वामित्र, गौतम, वसिष्ठ, जमदग्नि ।

सात पाताल—अतल, वितल, सुतल, महातल, तलातल, रसातल, पाताल।

सात रंग—लाल, नारंगी, पीला, हरा, नीला, आसमानी, बैंगनी।

सात सागर— लवण, इक्षु, दधि, क्षीर, मधु, मदिरा, घृत।

सात द्वीप—जम्बु, शाक, कुश, क्रौंच, शाल्मली, गोमेद, पुष्कर।

सात स्वर—सा, रे, ग, म, प, ध, नि।

सात लोक—भूलोक, भुवलोक, स्वर्गलोक, महालोक, जनलोक, तपलोक, सत्य-लोक।

आठ छाप—(अष्टछाप, ब्रज के आठ कवि) सूरदास, कृष्णदास, परमानन्ददास, कुम्भनदास, चतुर्भुज, छीतस्वामी, नन्ददास, गोविन्द स्वामी।

आठ पहर—(दित के चार पहर)—पूर्वार्द्ध(पूर्वाह्न), मध्याह्न, अपराह्न, सायं तथा (रात के चार पहर)—प्रदोष, निशोध, त्रियामा, उषा।

आठ योगांग—यम, नियम, आसन, प्राणायाम, प्रत्याहार, धारणा, ध्यान, समाधि।

आठ सिद्धियाँ—अणिमा, महिमा, लघिमा, गरिमा, प्राप्ति, प्राकाम्य, ईशत्व, वशित्व।

नौ ग्रह—रवि, सोम, मंगल, बुद्ध, गुरु, शुक्र, शनि, राहु, केतु।

नौ निधि—पद्म, महापद्म, शंख, मकर, कच्छप, मुकुन्द, नील, खर्व।

नौ भक्ति—श्रवण, कीर्तन, स्मरण, पादसेवन, अर्चन, वन्दन, दास्य, सख्य, आत्म-निवेदन।

नौ रस—श्रृंगार, करुण, शान्त, रौद्र, अद्‌भुत, हास्य, भयानक, वीभत्स।

दस अवतार—मच्छ, कच्छप, वराह, नृसिंह, वामन, परशुराम, राम, कृष्ण, बुद्ध, कल्कि।

दस दिशाएँ—उत्तर, दक्षिण, पूर्व, पश्चिम, ऊपर (आकाश), नीचे (पाताल), नैऋत्य, वायव्य, ईशान, आग्नेय।

दस दिग्पाल—इन्द्र, यमराज, कुबेर, वरुण, रुद्र, अग्नि, नऋत, पवन, ब्रह्मा, विष्णु।

ग्यारह रुद्र—प्राण, अपान, व्यान, समान, उदान, नाग, कुर्म, देवदत्त, धनंजय, आत्मा।

बारह राशियाँ—मेष, वृष, मिथुन, कर्क, सिंह, कन्या, तुला, वृश्चिक, धन, मकर, कुम्भ, मीन।

चौदह लोक—सात लोक और सात पाताल लोक मिलाकर चौदह लोक हैं।

चौदह रत्न—लक्ष्मी, मणि, रम्भा, वारुणी, अमृत, शंख, धनुष, धन्वन्तरी, काम-धेनु, ऐरावत, चन्द्र, कल्प वृक्ष, विष,अश्व।

सोलह कलाएँ—अमृता, मानदा, पूषा, तुष्टि, पुष्टि, रति, धृति, शशिनी, चन्द्रिका, कान्ति, ज्योत्स्ना, श्री, प्रीति, अंगदा, पूर्णा, पूर्णामृत।

सोलह श्रृंगार—शौच, उबटन, स्नान, केशबन्धन, अंगराग, अंजन, महावर, दंत-

रंजन, ताम्बूल, वसन, भूषण, सुगन्ध, पुष्पहार, कुमकुम, भाल तिलक, चिबुक बिन्दु।

सोलह सस्कार—गर्भाधान, पुंसवन, सीमन्त, जातकर्म, नामकरण, निष्क्रमण, अन्न-प्राशन, चूड़ाकर्म, कर्णवेध, उपनयन, वेदारम्भ, समापवर्तन, विवाह, वानप्रस्थ, संन्यास, अन्त्येष्टि।

अठारह पुराण—ब्रह्म, पद्म, विष्णु, शिव, भागवत, नारद, मार्कण्डेय, अग्नि, भविष्य, लिंग, वाराह, स्कन्द, कुर्म, वामन, मत्स्य, गरुड़, ब्रह्माण्ड, ब्रह्मवैवर्त।

सत्ताईस नक्षत्र—अश्विनी, भरणी, कृतिका, रोहिणी, मृगशिरा, आर्द्रा, पुनर्वसु, पुष्य, अश्लेषा, मघा, पूर्वा-फाल्गुनी, उत्तरा फाल्गुनी, हस्त, चित्रा, स्वाति, विशाखा, अनुराधा, ज्येष्ठा, मूल, पूर्वाषाढ़, उत्तराषाढ़, श्रवण, धनिष्ठा, शतभिषा, पूर्वभाद्र, उत्तरभाद्र, रेवती।

तैंतीस देवता—आठ वसु, ग्यारह रुद्र, बारह आदित्य, इन्द्र और प्रजापति।

हिंदी की वर्तनी में सुधार के दस नियम

भाषाविज्ञान-विभाग, रविशंकर विश्वविद्यालय, रायपुर, (म०प्र०)

हिन्दी की वर्तनी सुधारिए, इसका स्थिरीकरण कीजिए, इसे एकरूप बनाइए। इससे हिन्दी सरल होगी, लोकप्रिय होगी और सबल होगी।

एकरूपता ही भाषा के मानकीकरण का उच्चतम मानदंड है। रूपों में विविधता हिन्दी के राष्ट्रीय स्वरूप के लिए घातक है। अनेकरूपता का मतलब है क्षेत्रीय भेद या व्यक्तिगत भेद। अनेकरूपता के रहते हुए किसी भाषा के मानक रूप का स्तर ऊंचा नहीं जा सकता।

उपलब्ध विकल्पों के कारण हिन्दी-वर्तनी पर्याप्त दुविधाजनक और बोझिल है। हमें इसे सुदृढ़ बनाने के लिए इन वैकल्पिक रूपों में से केवल एक-एक को मान्यता देनी होगी, और इसके लिए याद रखने को, मुद्रण की, और टंकन की सुविधा, एवं व्यावहारिकता, मितव्ययता और समरूपता, आदि आधारों को ध्यान में रखना पड़ेगा।

उपर्युक्त आधारों पर विविध वर्तनी-रूपों को तोलते हुए, भिन्न-भिन्न संस्थाओं और विद्वानों के मत-मतांतरों से लाभ उठाते हुए, तथा उच्चारणानुकूलता व्याकरण, व्युत्पत्ति, और आधुनिकता आदि दृष्टियों से इस समस्या पर विचार करते हुए आगे ऐसे दस नियम दिये गये हैं जिनके अनुसार लिखने से हिन्दी-वर्तनी अनेक रूढ़ियां तोड़कर बहुत सीमा तक एकरूप हो जाएगी।

(१) वैकल्पिक श्रुति य् को कभी न लिखा जाए; जैसे—
संज्ञा—रुपए, किराए; अनुयाई, जग-हँसाई।
विशेषण—नए; नई, उत्तरदाई, स्थाई, भाषाई।
क्रिया—गए, जाएगी, लीजिए, चाहिए; सोई, दिखाई।
अव्यय—के लिए।

(२) पंचम वर्ण से अनुस्वार का विकल्प होने पर सदैव अनुस्वार का प्रयोग किया जाए, जैसे—आकांक्षा, चंचल, दंड, हिंदी, संबंध, अहं।

(३) सभी प्रकार के परसर्गीय शब्दों और उनके पूर्व के विभाज्य मुक्त रूप को अलग-अलग लिखा जाए; जैसे—आप का, आप सब का, राम भर के साथ, मुझ ही को, इस तक के लिए, जाने से भी, रो-रो कर तो, गांधीजी, अलग से काम कर और करवा के।

(४) द्वित्व और एकाकी व्यंजन के विकल्प से सदा एकाकी व्यंजन को चुना जाए; जैसे—मूर्छा, कर्तव्य, अर्थ, वर्मा, माधुर्य, तत्व, महत्व।

(५) जब पूरे और आधे व्यंजन का विकल्प हो, तो पूरा ही लिखा जाए, आधा नहीं, जैसे—अँगरेजी, अकसर, इँगलिश, गरदन, गरमी, पारटी, बरतन, बरदाश्त, उलटा, बिलकुल।

(६) जहाँ हलंत व्यंजन का स्थान पूर्ण व्यंजन ले रहा है, वहाँ व्यंजन को हलंत न किया जाए; जैसे—पृथक, सम्यक, सम्राट, अर्थात, पश्चात, शब्दवत, परिषद, भगवान, महान, विद्वान।

(७) यथानुकूल विकल्प होने पर संयुक्त वर्णों को उनके संयोगी वर्णों में तोड़कर आगे-पीछे लिखा जाए; जैसे—शक्ति, विघ्न, बुड्ढा, पत्ता, सिद्धि, विद्या, द्विवितीय, गन्ना, आह्लाद, जिह्वा।

(८) आवश्यकतानुसार या तो सटा कर या समास-चिह्न से जोड़कर संयुक्त शब्दों को एक-एक शब्द के समान लिखा जाए; जैसे—आत्महत्या, प्रतिशत, मानवमात्र, यथासमय, राजकुमार, कम-से-कम, कहाँ-कहाँ, तुम-सा, देख-रेख, भू-तत्व, लड़ना-झगड़ना, सीता-राम-विवाह।

निम्नलिखित दो नियम विशेषकर तकनीकी लेखन, कविता और बाल-शिक्षा के लिए अधिक उपयोगी माने जाएँ (भारत सरकार ने भी इन्हें आवश्यकतानुसार सही माना है)

(९) चंद्रबिंदु और अनुस्वार का भेद रखा जाए, जैसे—हँस, हंस, पाँच, पांचजन्य, सिँचाई, सिंचन, धुँधला, धुंध, पेँच, पेंट, भैँस, चोँगा, ओंकार, कँध, क्रौंच।

(१०) देवनागरी की भेदकारी शक्ति-संपन्नता के लिए ऑ, क़, ख़, ग़, ज़,

फ़ का भी प्रयोग किया जाए; जैसे—हॉल, हाल; क़ौल, कौल, ख़ाना, खाना, ग़ौर, गौर, ज़माना, जमाना, फ़न, फन।

हिन्दी वर्तनी का मानकीकरण
(भारत सरकार के अनुसार)

हिन्दी वर्तनी की मानक पद्धति निर्धारित करने और हिन्दी शब्दों की वर्तनियों में अधिकाधिक एकरूपता लाने के लिए शिक्षा मंत्रालय, भारत संरकार, ने १९६१ में एक विशेषज्ञ समिति नियुक्त की। समिति की चार बैठकें हुईं जिनमें गंभीर विचार-विमर्श के बाद वर्तनी के संबंध में एक नियमावली निर्धारित की गई। समिति ने तदनुसार अप्रैल, १९६२ में अपनी अंतिम सिफारिशें प्रस्तुत कीं जो सरकार द्वारा अनुमोदित हुई। उनका सारांश नीचे दिया जा रहा है—

१. हिन्दी के विभक्ति चिह्न सर्वनामों के अतिरिक्त सभी प्रसंगों में प्रातिपदिक से अलग लिखे जाएं, जैसे, राम ने, स्त्री को, मुझको। परन्तु प्रेस की सुविधाओं को ध्यान में रखकर पत्र-पत्रिकाओं में संज्ञादि शब्दों में भी विभक्तियां मिलाने की छूट रहे। **अपवाद** :—(क) सर्वनामों के साथ यदि विभक्ति चिह्न हों तो उनमें से पहिला मिलाकर और दूसरा अलग लिखा जाए; जैसे. उनके लिए इनमें से।

(ख) सर्वनाम और विभक्ति के बीच 'ही' 'तक' आदि का निपात हो तो विभक्ति अलग लिखी जाए, जैसे आप ही के लिए, मुझ तक को।

२. संयुक्त क्रियाओं में सभी अंगभूत क्रियाएं अलग-अलग लिखी जाएं; जैसे पढ़ा करता है, आ सकता है।

३. 'तक, 'साथ' आदि अव्यय सदा अलग लिखे जाएं; जैसे, आपके साथ, यहां तक।

४. पूर्वकालिक प्रत्यय 'कर' क्रिया से मिलाकर लिखा जाए; जैसे, मिलाकर, खा-पीकर, रो-रोकर।

५. द्वंद्व समास में पदों के बीच में हाइफन रखा जाय, जैसे, राम-लक्ष्मण, शिव-पार्वती-संवाद।

६. 'सा,' 'जैसा' आदि से पूर्व हाइफन रखा जाए; जैसे, तुम-सा, राम-जैसा चाकू-से तीखे।

७. तत्पुरुष समास में हाइफन का प्रयोग केवल वहीं किया जाए जहां उसके बिना भ्रम होने की संभावना हो, अन्यथा नहीं। जैसे, भू-तत्त्व रामराज्य।

८. जहां श्रुतिमूलक य-व का प्रयोग विकल्प से होता है वहां न किया जाए अर्थात किए-किये नई-नयी हुआ-हुवा आदि में से पहले (स्वरात्मक रूपों का ही

प्रयोग किया जाए।) यह नियम क्रिया, विशेषण, अव्यय आदि सभी रूपों में माना जाए।

९. हिन्दी में ऐ (ै), औ (ौ) का प्रयोग दो प्रकार की ध्वनियों को व्यक्त करने के लिए होता है। पहले प्रकार की ध्वनियां 'है' 'और' आदि में है तथा दूसरे प्रकार की 'गवैया' 'कौवा' आदि में, इन दोनों ही प्रकार की ध्वनियों को व्यक्त करने के लिए इन्हीं चिह्नों (ऐ, ओ 'ौ') का प्रयोग किया जाए 'गवय्‌या' 'कव्वा' आदि संशोधनों की आवश्यकता नहीं।

१०. संस्कृतमूलक तत्सम शब्दों का वर्तनी में सामान्य संस्कृत रूप ही रखा जाए परन्तु जिन शब्दों के प्रयोग में हिन्दी में हलंत चिह्न लुप्त हो चुका है उनमें उसको फिर से लगाने का यत्न न किया जाए, जैसे महान, विद्वान आदि में।

११. जहां पंचमाक्षर के बाद उसी वर्ग के शेष चार वर्णों में से कोई वर्ण हो वहां अनुस्वार का ही प्रयोग किया जाए, जैसे अंत, अन्य, गंगा, वाङ्‌मय, संपादक, साम्य, सम्मति।

१२. चंद्रबिंदु के बिना प्रायः अर्थ में भ्रम की गुंजाइश रहती है, जैसे हँस, हंस, अँगना, अंगना, आदि में। अतएव ऐसे भ्रमों को दूर करने के लिए चंद्रबिन्दु का प्रयोग अवश्य करना चाहिए किन्तु जहां चंद्रबिन्दु के प्रयोग से छपाई आदि में बहुत कठिनाई हो और चंद्रबिंदु के स्थान पर अनुस्वार का प्रयोग किसी प्रकार का भ्रम उत्पन्न न करे वहां चंद्रबिंदु के स्थान पर अनुस्वार के प्रयोग की भी छूट दी जा सकती है; जैसे 'नहीं' 'में' 'मैं'। परन्तु कविता आदि के ग्रन्थों में छंद की दृष्टि से चंद्रबिंदु का यथास्थान अवश्य प्रयोग किया जाए। इसी प्रकार छोटे बच्चों की प्रवेशिकाओं में जहां चंद्रबिंदु का उच्चारण सिखाना अभीष्ट हो वहां उसका यथास्थान सर्वत्र प्रयोग किया जाए; जैसे, नहीं, में, मैं, नंद-नंदन।

१३. अरबी-फारसीमूलक वे शब्द जो हिन्दी के अंग बन चुके हैं और जिन विदेशी ध्वनियों का हिन्दी ध्वनियों में रूपान्तर हो चुका है, हिन्दी रूप में ही स्वीकार किए जाएं, जैसे—जरूर। परन्तु जहां उनका शुद्ध विदेशी रूप में प्रयोग अभीष्ट हो वहां उनके हिन्दी में प्रचलित रूपों में यथास्थान नुक्ता लगाए जाएं, जिससे उनका विदेशीपन स्पष्ट रहे, जैसे राज़, नाज़।

१४. अंग्रेजी के जिन शब्दों में अर्ध विवृत 'ओ' ध्वनि का प्रयोग होता है उनके शुद्ध रूप का हिन्दी में प्रयोग अभीष्ट होने पर 'आ' की मात्रा (ा) के ऊपर अर्द्धचंद्र का प्रयोग किया जाए (ऑ-ॉ)।

१५. संस्कृत के जिन शब्दों में विसर्ग का प्रयोग होता है वे यदि तत्सम रूप में प्रयुक्त हों तो विसर्ग का प्रयोग अवश्य किया जाय; जैसे 'दुःखानुभूति' में। परन्तु यदि उस शब्द के तद्‌भव रूप में विसर्ग का लोप हो चुका हो तो उस रूप में विसर्ग के बिना भी काम चल जाएगा; जैसे 'दुख-सुख के साथी'।

सोदाहरण व्याख्या—हिन्दी एक विकासशील भाषा है। संघ की राजभाषा घोषित हो जाने के बाद यह धीरे-धीरे अखिल भारतीय रूप ग्रहण कर रही है। अन्य भारतीय भाषाओं के संपर्क में आकर, उनसे बहुत कुछ ग्रहण करके और अहिन्दीभाषियों द्वारा प्रयुक्त होते-होते हिन्दी का जो अखिल भारतीय रूप विकसित होगा उसकी स्पष्ट कल्पना करना कठिन है।

किसी भी विकासशील भाषा के शब्दों में अनेकरूपता होनी स्वाभाविक है। ऐसी भाषा को कठोर नियमों में नहीं जकड़ा जा सकता और उसे बोलने और लिखने वालों को किसी ऐसे शब्द के जिसके दो या अधिक समानान्तर रूप प्रचलित हो चुके हों, एक विशेष रूप को प्रयुक्त करने के लिए बाध्य नहीं किया जा सकता। ऐसे शब्दरूपों के विषय में किसी विशेषज्ञ समिति द्वारा निर्णय देने के बाद भी उनकी ग्राह्यता-अग्राह्यता के विषय में मतभेद बना ही रहता है।

भाषा विषयक कठोर नियम बना देने से उनकी स्वीकार्यता तो संदेहास्पद हो जाती है, साथ ही भाषा के स्वाभाविक विकास में भी अवरोध आने का डर रहता है। फलतः भाषा गतिशील, जीवंत और सप्राण नहीं रहती।

इन्हीं तथ्यों को ध्यान में रखते हुए वर्तनी समिति ने वर्तनी विषयक नियम बनाने में बहुत उदारपूर्ण नीति अपनाई है। मूल पुस्तिका में दिए गए नियमों को उदाहरण आदि द्वारा यहां अधिक स्पष्ट किया जा रहा है—

१. पहला नियम स्पष्ट है। इस नियम में जो छूट और अपवाद दिए गए है वे भी स्पष्ट हैं।

२. दूसरा नियम भी स्पष्ट है। कुछ और उदाहरण इस प्रकार हैं—जाया करता है, खाया करता है, जा सकता है, कर सकता है, किया करता था, पढ़ा करता था, खेला करेगा, घूमता रहेगा आदि।

३. तीसरे नियम को कुछ और उदाहरण देकर स्पष्ट करना आवश्यक है। हिन्दी में आह, ओहो, अहा, ऐ, ही, तो, सो, भी, न, जब, तब, कब, यहां, वहां, कहां, सदा, क्या, श्री, जी, तक, भर, मात्र, साथ, कि, किन्तु, मगर, लेंकिन, चाहे, या, अथवा, तथा, यथा, और आदि अनेक प्रकार के भावों का बोध कराने वाले अव्यय हैं, कुछ अव्ययों के आगे विभक्ति चिह्न भी प्रयोग में आते हैं, जैसे अब से, तब से, यहां से, वहां से, सदा से आदि के नियम के अनुसार अव्यय सदा पृथक लिखे जाने चाहिए; जैसे आप के ही लिए, मुझ तक को, आपके साथ, गज भर कपड़ा, देश भर, रात भर, दिन भर, वह इतना भर कर, मुझे जाने तो दो, काम भी नहीं बना, पचास रुपये मात्र आदि। सम्मानार्थक 'श्री और जी' अव्यय पृथक लिखे जायेंगे; जैसे श्री श्रीराम जी, श्री कन्हैया लाल जी, महात्मा जी आदि।

४. परन्तु समस्त पदों में प्रति, मात्र, यथा आदि अव्यय पृथक नहीं लिखे जाएंगे; जैसे प्रतिदिन, प्रतिशत, मानवमात्र, निमित्तमात्र, यथासमय, यथोचित

आदि। यह सर्वविदित नियम है कि समास होने पर समस्त पद एक माना जाता है। अतः उसे विभक्त रूप में न लिखकर एक साथ लिखना ही संगत है। यह सामान्य नियम मानते हुए भी समिति ने जहां भ्रम की गुंजाइश देखी, वहां उसका निवारण करने के लिए 'हाइफन' का विधान किया है।

५. नियम ४, ५ और ६ भी स्पष्ट हैं। 'हाइफन' का विधान स्पष्टता के लिए किया गया है। द्वंद्व समास के लिए अन्य उदाहरण हैं—देख-रेख, चाल-चलन, हँसी-मजाक, लेन-देन, पढ़ना-लिखना, खाना-पीना, खेलना-कूदना आदि।

६. नियम ७ के अनुसार तत्पुरुष समास होने पर समस्त पद में हाइफन का प्रयोग केवल उसी स्थिति में करने का विधान है जहां उसके बिना भ्रम होने की सम्भावना हो, अन्यथा नहीं। उदाहरण के लिए यदि भू-तत्व (पृथ्वी-तत्व) समस्त पद में हाइफन का उपयोग न किया जाए तो उनके 'भूतत्व' (भूत होने का भाव) पढ़े जाने की आशंका है, यद्यपि वर्तनी और अर्थ दोनों दृष्टियों से दोनों शब्द भिन्न हैं। सामान्य तत्पुरुष समासों में जैसे रामराज्य, राजकुमार, गंगाजल, ग्रामवासी, आत्महत्या आदि में 'हाइफन' लगाने की आवश्यकता नहीं है।

७. आठवें नियम में श्रुतिमूलक य-व का वैकल्पिक प्रयोग न करने का विधान है। यह निषेध सभी शब्द रूपों और स्थितियों के लिए किया गया है, जैसे दिखाए गए, राम के लिए, पुस्तक लिये हुए, नई दिल्ली आदि।

८. नवां नियम स्पष्ट है। दसवें नियम में संस्कृतमूलक तत्सम शब्दों की वर्तनी को ज्यों का त्यों ग्रहण करने का निर्देश है। अतः 'ब्रह्मा' को 'ब्रम्हा' 'चिह्न' को 'चिन्ह', 'उऋण' को 'उरिण' में बदलना उचित नहीं होगा। इसी प्रकार ग्रहीत दृष्टव्य, प्रदर्शिनी, अत्याधिक, अनाधिकार आदि अशुद्ध प्रयोग ग्राह्य नहीं हैं। जिन शब्दों के प्रयोग में हिन्दी में हलंत चिह्न लुप्त हो चुका है, उनमें उसे लगाने का प्रयत्न न किया जाए, हिन्दी में महान, विद्वान आदि शब्दों में हलंत चिह्न लुप्त हो गया है, अतः उनमें फिर से हलंत लगाने की परिपाटी चालू न की जाए।

९. ग्यारहवां नियम पंचमाक्षर और अनुस्वार के प्रयोग के सम्बन्ध में है। जहां पचमाक्षर के बाद उसी के वर्ग के शेष चार वर्णों में से कोई वर्ण हो तो अनुस्वार का ही प्रयोग होना चाहिए। जैसे गंगा, संपादक, संध्या, धंधा आदि में पंचमाक्षर के वर्ग का ही वर्ण आगे आता है अतः पंचमाक्षर के स्थान में अनुस्वार का प्रयोग किया जा सकता है। परन्तु यदि पंचमाक्षर के बाद किसी अन्य वर्ग का कोई वर्ण आए अथवा वही पंचमाक्षर दोबारा आए तो पंचमाक्षर अनुस्वार में परिवर्तित नहीं होगा, जैसे वाङ्मय, अन्य, सम्मति, तन्मय, चिन्मुख आदि। अतः वांमय, संमति, तंमय, चिंमुख आदि रूप अशुद्ध हैं।

१०. चंद्रबिंदु के प्रयोग पर सहानुभूतिपूर्वक विचार करके समिति ने आवश्यकतानुसार इसके प्रयोग का विधान किया है। नियम स्पष्ट है।

११. अंग्रेजी, अरबी और फारसी से हिन्दी में आए हुए शब्दों और उनकी विशिष्ट ध्वनियों से सम्बन्धित नियम १३ और १४ स्पष्ट हैं। जहां तक अंग्रेजी और अन्य विदेशी भाषाओं से नए शब्द ग्रहण करने और उनके देवनागरी लिप्यंतर का सम्बन्ध है, अगस्त-सितम्बर १९६२ में वैज्ञानिक तथा तकनीकी शब्दावली आयोग द्वारा वैज्ञानिक शब्दावली पर आयोजित भाषाविद सेमीनार द्वारा अन्तर्राष्ट्रीय शब्दावली के देवनागरी लिप्यंतरण के सम्बन्ध में की गई सिफारिश उल्लेखनीय है। उसमें यह कहा गया है कि अंग्रेजी शब्दों का देवनागरी लिप्यंतरण इतना क्लिष्ट नहीं होना चाहिए कि इसके लिए वर्तमान देवनागरी वर्णों में नए संकेत चिह्न लगाने की आवश्यकता हो जाए। अंग्रेजी शब्दों का देवनागरी लिप्यंतरण मानक अंग्रेजी उच्चारण से अधिक-से-अधिक निकट होना चाहिए। उसमें भारतीय शिक्षित समाज में प्रचलित उच्चारण सम्बन्धी थोड़े-बहुत परिवर्तन किए जा सकते हैं। अन्य भाषाओं के शब्दों के सम्बन्ध में भी यही लागू होना चाहिए।

हिन्दी में कुछ शब्द ऐसे हैं जिनके दो-दो रूप बराबर चल रहे हैं। विद्वत-समाज में दोनों रूपों की एक-सी मान्यता है। फिलहाल इनकी एकरूपता आवश्यक नहीं समझी गई है। कुछ उदाहरण हैं—गरदन/गर्दन, गरमी/गर्मी, बरफ/बर्फ, बिलकुल/बिल्कुल, सरदी/सर्दी, कुरसी/कुर्सी, भरती/भर्ती, फुरसत/फुर्सत, बरदाश्त/बर्दाश्त, वापिस/वापस, आखीर/आखिर, एकाई/इकाई, बरतन/बर्तन, दोबारा/दुबारा आदि।

१२. अन्तिम नियम स्वतः स्पष्ट है।

(केन्द्रीय हिन्दी निदेशालय, शिक्षा तथा समाज कल्याण मंत्रालय भारत सरकार द्वारा स्वीकृत 'हिन्दी वर्तनी का मानकीकरण' से साभार उद्धृत)

संशोधित हिन्दी वर्णमाला

शिक्षा मंत्रालय, भारत सरकार द्वारा स्वीकृत

स्वर : अ आ इ ई उ ऊ ऋ ॡ ए ऐ ओ औ
अं अः

मात्राएं : ा ि ी ु ू ृ े ै ो ौ ं ः

व्यंजन : क ख ग घ ङ च छ ज झ ञ
ट ठ ड ढ ण त थ द ध न
प फ ब भ म य र ल व श
ष स ह क्ष त्र ज्ञ श्र ड़ ढ़

स्पष्टीकरण

१. हिन्दी में ॠ (दीर्घ ऋ) का प्रयोग नहीं होता, अतः इसे स्वरों में सम्मिलित नहीं किया गया है।

२. **संयुक्ताक्षर** : खड़ी पाई वाले व्यंजनों का संयुक्त रूप खड़ी पाई को हटाकर ही बनाया जाना चाहिए। यथा : ख्याति, लग्न, विघ्न, कच्चा, छज्जा, व्यंजन, नगण्य, कुत्ता, पथ्य, ध्वनि, न्यास, प्यास, डिब्बा, सभ्य, रम्य, शय्या, उल्लेख, व्यास, श्लोक, राष्ट्रीय, स्वीकृत, यक्ष्मा।

३. **अन्य व्यंजन** :

(क) 'क' और 'फ' के संयुक्ताक्षर बनाने का वर्तमान ढंग ही कायम रहेगा। यथा : संयुक्त, पक्का, दफ्तर (संयुक्त आदि नहीं)।

(ख) ङ, छ, ट, ठ, ड, ढ और द के संयुक्ताक्षर हल् चिह्न लगाकर ही बनाए जाएं। यथा : वाङ्मय, लट्टू, बुड्ढा, विद्या आदि (लट्टू विद्या आदि नहीं)।

(ग) संयुक्त 'र' के पुराने तीनों रूप यथावत् रहेंगे; यथा : प्रकार, धर्म, राष्ट्र

(घ) 'श्र' का पुराना रूप जैसा 'श्री' में है वैसा ही कायम रहेगा।

(ङ) 'त्र' के स्थान पर अब 'त' और 'र' का संयुक्त अक्षर 'त्र' रहेगा।

(च) 'ह' का संयुक्त रूप वर्तमान प्रणाली के साथ ही चिह्न लगाकर भी किया जा सकेगा। यथा : चिह्‌न (चिह्न नहीं)।

(छ) संस्कृत में संयुक्ताक्षर पुरानी शैली से भी लिखे जा सकेंगे।

४. अन्य निश्चय जो १९५३ में हुए थे वे ही कायम रहेंगे। यथा—

(१) शिरोरेखा का प्रयोग प्रचलित रहेगा।

(२) फुलस्टाप को छोड़कर शेष विराम आदि चिह्न वही ग्रहण कर लिये जाएं जो अंग्रेजी में प्रचलित हैं। यथा : ( ) - — , ; ? !

(विसर्ग के चिह्न को ही कोलन का चिह्न मान लिया जाए)।

(ख) पूर्ण विराम के लिए खड़ी पाई (।) का प्रयोग किया जाए।

(ग) जहाँ तक संभव हो टाइपराइटर के कुंजीपटल में निम्नलिखित चिह्न सम्मिलित कर लिये जाएं :

(॰ ∴ % " " ( ) + — ÷ × = ˘ *)

(३) अनुस्वार (ं) और अनुनासिक (ँ) दोरों प्रचलित रहेंगे।

(केन्द्रीय हिन्दी निदेशालय के सौजन्य से)

भारतीय अंकों के नागरी लिपि में मानक रूप

(भारत सरकार, शिक्षा मंत्रालय द्वारा मान्य)

१. एक
२. दो
३. तीन
४. चार
५. पांच
६. छह
७. सात
८. आठ
९. नौ
१०. दस
११. ग्यारह
१२. बारह
१३. तेरह
१४. चौदह
१५. पन्द्रह
१६. सोलह
१७. सत्रह
१८. अठारह
१९. उन्नीस
२०. बीस
२१. इक्कीस
२२. बाईस
२३. तेईस
२४. चौबीस
२५. पच्चीस
२६. छब्बीस
२७. सत्ताईस
२८. अट्ठाईस
२९. उनतीस
३०. तीस
३१. इकतीस
३२. बत्तीस
३३. तैंतीस
३४. चौंतीस
३५. पैंतीस
३६. छत्तीस
३७. सैंतीस
३८. अड़तीस
३९. उनतालीस
४०. चालीस
४१. इकतालीस
४२. बयालीस
४३. तैंतालीस
४४. चवालीस
४५. पैंतालीस
४६. छियालीस
४७. सैंतालीस
४८. अड़तालीस
४९. उनचास
५०. पचास
५१. इक्यावन
५२. बावन
५३. तिरपन
५४. चौवन
५५. पचपन
५६. छप्पन
५७. सतावन
५८. अठावन
५९. उनसठ
६०. साठ
६१. इकसठ
६२. बासठ
६३. तिरसठ
६४. चौंसठ
६५. पैंसठ
६६. छियासठ
६७. सड़सठ
६८. अड़सठ
६९. उनहत्तर
७०. सत्तर
७१. इकहत्तर
७२. बहत्तर
७३. तिहत्तर
७४. चौहत्तर
७५. पचहत्तर
७६. छिहत्तर
७७. सतहत्तर
७८. अठहत्तर
७९. उनासी
८०. अस्सी
८१. इक्यासी
८२. बयासी
८३. तिरासी
८४. चौरासी
८५. पचासी
८६. छियासी
८७. सतासी
८८. अठासी
८९. नवासी
९०. नब्बे
९१. इक्यानवे
९२. बानवे
९३. तिरानवे
९४. चौरानवे
९५. पचानवे
९६. छियानवे
९७. सदानवे
९८. अठानवे
९९. निन्यानवे
१००. सौ

Ordinals(**क्रम सूचक संख्याएं**)

पहला	First	चौथा	Fourth
दूसरा	Second	पाँचवाँ	Fifth
तीसरा	Third	छठा	Sixth

Note 'वां' is added to the rest of cardinal numbers e. g.

सात—सातवाँ	Seventh
आठ—आठवाँ	Eighth
नौ—नौवाँ	Ninth
बीस—बीसवाँ	Twentieth
पच्चीस—पच्चीसवाँ	Twentyfifth

Fractions (भिन्न सूचक संख्याएं)

१/४	पाव (चौथाई)
१/२	आधा
३/४	पौना (पौन)
१ १/४	सवा
१ १/२	डेढ़
१ ३/४	पौने दो
२ १/४	सवा दो
२ १/२	ढाई (अढ़ाई)
३ १/२	साढ़े तीन

Days of the Week (सप्ताह के दिन)

रविवार(इतवार)	Sunday
सोमवार	Monday
मंगलवार	Tuesday
बुधवार	Wednesday
गुरुवार (वृस्पतिवार)	Thursday
शुक्रवार (जुमा)	Friday
शनिवार (शनीचर)	Saturday
दिन	Day
सप्ताह/हफ्ता	Week
पक्ष/पखवारा/	Fortnight
पखवाड़ा/पाक्षिक	Fortnightly

Months of the year (महीने)

जनवरी	January
फरवरी	Feubrary
मार्च	March
अप्रैल	April
मई	May
जून	June
जुलाई	July
अगस्त	August
सितम्बर	September
अक्तूबर	October
नवम्बर	November
दिसम्बर	December

Directions (दिशाएं)

पूर्व/पूरब	East
पश्चिम/पच्छिम	West
उत्तर	North
दक्षिण	South
दायाँ	Right
बायाँ	Left
सामने	In front of
पीछे	Back side
ऊपर	Above
नीचे	Below

Time (समय)

सैकिंड (पल-क्षण)	Second
मिनट	Minute
घंटा	Hour
तड़के	Early morning/dawn
सुबह/सवेरा/प्रातःकाल	Morning
पूर्वाह्न	Forenoon
मध्याह्न/दोपहर	Noon
अपराह्न/तीसरा पहर	Afternoon
शाम/संध्या	Evening
रात/रात्रि	Night
आधी रात/अर्धरात्रि	Mid-night

□